临江仙 〔明〕杨慎

滚滚长江东逝水，
浪花淘尽英雄。
是非成败转头空。
青山依旧在，
几度夕阳红。

白发渔樵江渚上，
惯看秋月春风。
一壶浊酒喜相逢。
古今多少事，
都付笑谈中。

李国文 2016.4

万卷楼

李国文说 明

李国文 著

北方联合出版传媒（集团）股份有限公司

万卷出版公司

目录

明朝的偏执 ＼ 1

明朝的诛九族 ＼ 14

明朝的腰斩 ＼ 24

明朝的权力场 ＼ 33

万历年间 ＼ 49

明朝的末日那年 ＼ 59

解学士之死 ＼ 73

你疼你的儿子，但你的儿子不一定疼你 ＼ 85

严氏父子 ＼ 94

独为迥出铃山堂 ＼ 106

海瑞骂皇帝 ＼ 118

上善若水 ＼ 135

「闲来写就青山卖」 ＼ 139

袁中道游高梁桥 ＼ 148

李贽之死 ＼ 151

徐渭之死 ＼ 164

屠长卿的风流病 ＼ 178

强人张居正 ＼ 190

张居正返乡 ＼ 205

汤显祖与莎士比亚 ＼ 212

文学的粉丝 ＼ 219

王世贞的感觉 ＼ 227

「升沉不过一秋风」 ＼ 241

山人陈眉公 ＼ 251

两面董其昌 ＼ 261

品味张大复 ＼ 274

「三言二拍」冯梦龙 ＼ 289

名士张岱 ＼ 297

文人的龃龉 ＼ 312

钱谦益的歧路 ＼ 324

明朝的偏执

　　明代这位开国帝王，自称起自布衣，托迹缁流，掠入行伍，适天下大乱，遂起兵滁州。这当然都是拣好听的说，他明白，当过和尚，当过兵痞，游方讨饭，打家劫舍，并非十分光彩之事。所以，他在自撰《朱氏世德碑记》的文中，总是强调"上世以来，服勤农业""先祖营家泗上，置田治产"。其实，他只是一个无家无业的"流民"，与土地，与农业，与春种秋收，了无关系。

　　"流民"，属于江湖，而江湖，是周旋于统治阶层和被统治阶层之间的流离分子组合体。他们有时站在官方立场，鱼肉百姓；有时也站在民间立场，反抗苛政。当统治者强，他们是统治者的狗腿子；当受压迫者强，他们又成为造反的急先锋。每当天下大乱，民不聊生之日，便是他们铤而走险，亡命冒险，举事起义，投机搏命之时。农民因为田地的羁绊，其革命性，远不如这些没有什么害怕失去的流氓无产者、痞子先锋来得坚决，所以，朱元璋就因为他非本质上的"农民"，而单枪匹马在江湖上历练了差不多四十年，才打下这片江山。说实在的，这是他的光荣，完全用不着讳莫如深的。

明代陈继儒《狂夫之言》中载："太祖常躬祭历代帝王庙，至汉高像前曰：'我与公皆布衣，起得天下。公是好汉子！'命再加一爵。"其实，朱元璋这个赤贫无产阶级，或流氓无产者，根本没法跟泗水亭长相比。从他自叙《朱氏世德碑记》"某自幼多疾，舍身皇觉寺中。甲申岁，父母长兄俱丧，某托迹缁流。至正二十四年，天下大乱，淮兵蜂起，掠入行伍……"来看——

他的职业：当过和尚，混过盲流，干过兵痞，做过蟊贼。

他的履历：在地主家放过牛，在庙宇里挂过单，在流浪时讨过饭，在落草中打过劫。

虽然按照今天的观点，这都是他的优势，他比刘邦更无产阶级，更苦大仇深，更彻底革命，更立场坚定。但在封建时代人们眼里，这都成为他的劣势，这些不光彩的过去，那是上不得台盘的。为这些阶级胎记，当上皇帝以后的朱元璋，很自卑，很恼火，很觉得玷污自己，很耻于谈论。这样，他说，可以；别人说，不行，构成他绝对碰不得、始终解不开的心结。

洪武年间，开科考士，太祖翻阅考中的生员名单，一名来自江西婺源的姓朱的举子，吸引住他的目光。如果此人是南宋朱熹后裔的话，排个转折亲，攀上一位先贤当祖宗，岂不很是光彩吗？那个考生当然了解太祖杀人不眨眼的脾气，哪敢撒谎，连忙申辩与朱熹并非同宗，连远房也不是。朱元璋一想，这样一个学子，都不冒认圣人为祖，朕就更犯不着了，遂寝息了这个认祖的念头。

这是一件小事，但可解了朱元璋心底里的这个结左右着他的一生。

现在无从知道，明太祖在他闯荡江湖，厮杀搏斗，走投无路，跌倒爬起的早期岁月中，是如何饱受生员官吏、豪门士族、衙隶差役、地主富户欺压的。当初游方乞讨，流浪为生之际，没有机会读书，没有可能成为读书人，是如何被同龄人笑话他不识字，笑话他大老粗，耍他蒙他，从而产生对知识分子的嫉妒和厌恶心理的。一个活生生的人，被迫害而无法抗争，被镇压而不能反弹，郁积于胸，深藏于心，总有爆炸的一天，何况朱元璋？积怨生恨，久恨成仇，就像酵母一样膨胀，便酿成对官员、对富户、对读书人的血海深仇。待他有了报复的机会，有了报复的手段，嗜杀，便是他那数十年积郁心结的一次释放、一种补偿。

所以，他老婆马皇后跟他厮杀一生，最后沉疴不起，直到死之将至，无法挽救。太医们精心会诊，尽力治疗。谁知她宁可等死，坚决拒绝用药。朱元璋大火，跑到后宫去，责问她为什么？马皇后说："我吃药也是死，不吃药也是死，可我吃了药死后，你一定要砍这些太医的头，与其如此，还不如不吃药而死，可以保全这些太医们。"这一段野史，人称"马皇后怜惜太医"，由此可见，这位皇帝的嫉恨心结，发作起来，其残忍，其猜忌，其动辄杀人之不问情由，与他同生死共患难的老婆，对他无所不用其极的狠毒，斩草除根的决绝，也是无可奈何。

清代赵翼在《廿二史札记》中说："盖明祖一人，圣贤豪杰盗贼之性，实兼而有之者也。"清代万斯同论朱元璋："盖自暴秦以后所绝无而仅有者。此非人之所敢谤，亦非人之所能掩也。"按照近代精神病学的研究，他的这种近乎疯狂的嗜杀行径，基本上属于心理变态。从清代谈迁的《谈氏笔乘》中提到的："太祖好微行，察政理，微行恐人识其貌，所赐诸王侯御容，盖疑象也。真幅藏之太庙。"看来，他的嫉恨心结，随着他登基以后，愈演愈烈，他的嗜杀之性，随着他为帝以后，变本加厉。

有人做过统计，历代王朝的开国之君，出身于流民者几达百分之五十。而像五代十国的那些短命君王，更等而下之，为兵痞、为无赖、为邪教、为盗贼，不堪口及。流民，为失去土地的农民，或已不依附土地，不再从事农业劳动的农民。这群人由于游手好闲，走乡串里，逞强不法，横行江湖，逐渐形成其冒险、暴力、亡命徒和痞子先锋的生存状态。而由流民到暴徒，只是一步之遥的距离。所以在历来的农民起义、造反、举事、铤而走险的乱世中，这群"怒从心边起，恶向胆边生"的流民，便因其不畏生死，残忍凶恶，冲锋在先，敢打敢拼，脱颖而出而成为主力，成为骨干，成为核心，最终推翻旧政权，成为新皇帝，小和尚朱元璋就是这样南面而王的。

可是，流民文化、小农意识、暴虐禀性、嫉恨心理，以及对于知识、文明的本能抵制，对于知识分子、文化精华的难以认同，这些旧日习气，是改不了的。据《孤树哀谈》云："国初重典，凌迟处死之外，有洗刷，裸置铁床，沃以沸汤，以铁帚扫去皮。有枭令，以钩钩脊悬。有称秆，似半悬而称之。有抽肠，亦挂架上，以钩钩入谷道而出。有剥皮，剥赃贪吏之皮，置公座之侧，令代者见而微惩云。"此等酷刑，也就只有无恶不作的流民兼暴徒的朱皇帝才想得出来。

明代无名氏的《翦胜野闻》载："太祖视朝，若举带当胸，则是日诛夷盖寡。若按而下之，则倾朝无人色矣。中涓以此察其喜怒云。"据吴晗的《朱元璋传》，他打江山30年，坐江山30年，当上皇帝以后杀掉的人，要比他未当上皇帝前所杀掉的人，只多不少。光一个胡惟庸案，一个蓝玉案，株连人数之多，牵扯地域之广，前后共屠杀三四万人，真是骇人听闻的人口灭绝。"村墟断炊烟，陇上无行人"，这是当时诗人笔下对大案开杀之惨状的描写。那时，大臣早朝，临行前，全家人都出来与之挥泪送别，因为不知道晚间下了班，他回得了家，还是回不了家。

这个嗜杀的太祖，就是明朝的开国皇帝朱元璋。在中国三百多个帝王中间也就只有他，是真正来自草根阶层的卑微人物。几千年来，农民起来造反者无数，失败者也无数，而他却是成功坐上龙椅的唯一。与他景况相类似者，还有一个，那就是汉高祖刘邦。近人钱穆说："除却汉高祖，中国史上由平民直起为天子者，只有明太祖。"（钱穆《国史大纲》）不过，刘邦非绝对之平民，当过泗水亭长，介乎派出所长与街道委员会主任之间，官职不高，但吃公粮，领取九品或从九品的俸禄，用公帑支付工资，那就是官员。在中国，再小的官也是官，官，就是管，管，就是权。亭长，管辖约方圆十里的范围，后来，他发达了，又回到他当亭长的老家，一张口，"大风起兮云飞扬，威加海内兮归故乡"。那底气，那声势，绝非一朝一夕之功，也绝非一个升斗小民吼得出来的。

朱元璋好杀人，这一点，刘邦有点惭愧，但要论牛气、大气，朱元璋就差得多了。

在明人笔记中，关于朱元璋私访而大开杀戒的记载颇多，如无名氏的《翦胜野闻》中载："太祖尝微行京城中，闻一老妪密指呼上为老头儿。帝大怒，至徐太傅家，绕室而行，沉吟不已。时太傅外出，夫人震骇，恐有他虞，稽首再拜曰：'得非妾夫徐达负罪于陛下耶？'太祖曰：'非也，嫂勿以为念。'亟传令召五城兵马司总诸军至，曰：'张士诚小窃江东，吴氏至今呼为张王。今朕为天子，此邦居民呼朕为老头儿，何也？'即令籍没民家甚众。"如马生龙《凤凰台记事》中载："元宵都城张灯，太祖微行至聚宝门外，见民间张一灯，上绘一大足妇人，怀一西瓜而坐。上意其有'淮西妇人好大足'之讪，乃剿除一家九族三百余口，邻里俱发充军。"

封建社会的小农经济，决定了个体农民的生存状态。无非四件事，春耕，夏播，秋收，冬藏；无非四个头，生活在炕头，劳动在地头，最远到村头，最终到坟头，终其一生，仅此而已。所以，在一个农民的心目中，地头乃维系生存的根本，对朱元璋这样一个当了皇帝的农民来讲，国家，就是他的地头。所以，他把宰相取消，耕耘、灌溉、锄草、施肥，事无巨细，无不亲手操持，即或佣工，两眼也盯得溜直。清代黄宗羲《明夷待访录》中说："有明一代政治之坏，自高皇帝废宰相始。"凡农民（或原来的农民），凡庄稼汉（或早先的庄稼汉），只要手中拥有权（上至一个国家，下至一个单位），都崇尚权力高度集中，决不相信他人，更不假手他人。然而，国家那么大，你朱元璋纵有三头六臂，日理万机，也有管不过来的时候。于是，具体而微的国家行政事务，唯有托付给有知识、有文化、有能力的人进行管理。正如一个老农忙不完地头的庄稼活，不得不请邻居帮忙，不得不雇长工短工，尽管他信不过，但不得不耳。

如果说，朱元璋微行察访，是因为他不放心老百姓，而朱元璋主持朝政，那就更加不放心读书人了。因为他内心中这个结，总在提醒他，这些知识分子，会不会给他耍心眼，会不会跟他不合作，会不会看他的笑话，会不会出他的洋相。尤其那些有思想、有才能、有威信、有人望的知识分子，更被视作心腹之患。朱元璋这种残暴阴刻的念头，自负偏狭的行为，猜忌怀疑的心态，与人为敌的戒惧，自然与他早年受欺压、遭摧残、被排斥而抬不起头来的成长过程有关。自然也与过去人家不把他当人对待，现在他也不将这些人当人对待，产生强烈的逆反心理有关。因此，他对手下的这些功臣宿将，文武官员，总提防着，总戒备着，总敏感着，总介意着，甚至有点病态的神经质，而神经绷紧到一定程度，就要开刀问斩。

在《国史大纲》中，钱穆分析朱元璋的这种与读书人为敌的意识形态之形成渊源时说：

> 宋太祖惩于唐中叶以后武人之跋扈，因此极意扶植文儒。明太祖则觉胡元出塞以后，中国社会上比较可怕的只有读书人。但是所谓传统政治，便是一种士人的政治。明太祖无法将这一种传统政治改变，于是一面广事封建，希望将王室的势力扩大。一面废去宰相，正式将政府直辖于王室。既不能不用士人，遂不惜时时用一种严刑酷罚，期使士人震慑于王室积威之下，使其只能为

吾用而不足为吾患。

在中国封建社会中，朱元璋是皇权至上主义者。为此，非常反感孟子，因为这位民本主义者强调："民为贵，社稷次之，君为轻"（《孟子·尽心章句下》）；"君之视臣如土芥，则臣视君如寇仇"（《孟子·离娄篇下》）；"残贼之人谓之一夫，闻诛一夫纣矣，未闻弑君也"（《孟子·梁惠王下》）。太不把皇帝当回事，而触怒了他。他说：这老儿要活在当日，不杀了他才怪！洪武二年（1369）罢其配享，剥夺受祭祀的资格，洪武五年（1372），撤其神牌，不准供奉在孔庙大殿里。农民出身，造反起家，当过和尚，做过盗贼的朱元璋，对文明、文化、文人，有一种抵触情绪。因之他比较另类，不怎么买圣人的账，尤其反感孟子。主要是这位"亚圣"，不把帝王放在最恭敬的首位。满朝文武都慌了手脚，大家都是孔孟之徒，不执行命令不行，执行命令又感到极其纰谬。于是，一位刑部尚书，准备好了棺材，誓与"亚圣"共存亡，但也没能制止住这位皇帝。幸亏，钦天监的星象专家出来说话了。他说，荧行于惑，是天要发怒的先兆，陛下是不是有些什么政策举措，让上天感到不安了呀？

朱元璋愣住了，迟疑了。第一，他终究是个农民，而且是小农经济社会下靠天吃饭的赤贫农民。由于靠天吃饭，在基因中就种下了对天的敬畏之心，别人是不敢对他怎么样的，但老天爷要对他怎么样，他还是不能不买账的。第二，他虽然贵为天子，唯辟作威，唯辟作福，谁也奈何他不得。可是，他再伟大，他再英明，他的命也是掌握在老天手里的，阎王要你五更死，决不留你到天明。所以，这位本质上的农民，让步了，撤销圣旨，总算让孟夫子在祭祀时，可以有一盘冷猪头享用。这样，孟子没被扫地出门。不过，老朱相当小人，总对孟子耿耿于怀，洪武二十七年（1394），到底让大学士刘三吾编了一本《孟子节文》，将他不受用的词句删去。事隔二十来年，老朱犹怀恨在心，可见小人的记仇，是多么可怕了。（全祖望《鲒埼亭集》）

这事发生在朱明王朝一统天下以后，江山坐定，再也不是当造反派不管不顾、无法无天之时。他要修理与他相距千年的孟子，有点近似相声《关公战秦琼》，两个不同朝代的人，偏要进行较量，岂不令人喷饭？举国上下，没有一个人不觉得此事荒唐可笑，可没有一个人敢对此事公开笑出声来。因为这出闹剧的主角是朱皇帝，你如果不想死，你就只有掩住嘴，要笑也只能在心里笑，要乐也只能关起门来偷着乐。

早年间，朱元璋与元军，与其他起义军作战打天下的时候，还是很注意延揽士人，以为己用的。譬如"高筑墙，广积粮，缓称王"的高升，譬如"不嗜杀人，故能定天下于一"的唐仲实，再譬如刘基，譬如宋濂，等等。而且，他能够从淮北起家，渡过长江，西与陈友谅战，南与方国珍战，东与张士诚战，然后，北驱元朝，定鼎金陵，为他出谋划策，运筹帷幄者，都是这批由他敦请入幕的知识分子。但江山坐稳，这些有着自己观点信念的军师谋士，这些在征战中立下卓著功勋的名帅宿将，很有碍于他的统治。登基没几年，他就开始收拾这些老伙计、老战友，和那些不得不使用，可又不得不防范的文人了。

明初，元朝知识分子看不起朱元璋，就因为他小和尚出身，为兵为匪的经历，并不积极合作。加之后来他对待臣下的手段恶劣，名声不佳。尤其他暴虐的"廷杖"，当着陛下，当着朝廷，揍他的臣下，尤其令人生畏。当众脱下裤子被按住了打屁股，每五棍换一个打手，这种施之于朝臣的"廷杖"：第一，非常羞辱；第二，即使被杖者命大，不致毙命，也将终身残疾不起。在中国历史上，以明朝最为盛行，就是太祖带的头，一直到末帝崇祯，终明之世，廷杖逮治，不绝于书。因此，当时的士人以服官为畏途，清代赵翼《廿二史札记》载："时京官每旦入朝，必与妻子诀，及暮无事，则相庆以为又活一日。"

朱元璋一看文人纷纷借故推托，指名也不来，给官也不做，顿时火起，下了一道御旨，叫作"寰中士夫不为君用"的律例。这意思就是，别以为朝廷多么待见你们这班文人，可我需要尔等为朕效力的时候，必须马上报到上班，不来就是犯罪行为。"贵溪儒士夏伯启叔侄断指不仕，苏州人才姚润、王谟被征不至"，就按照这条"不为君用"的律令，将他们"诛而籍没其家"（《明史·刑法志》）。

如果说，引发朱元璋对开国元勋大开杀戒的借口，是谋反叛乱，那么他对知识分子的镇压，就是不能容忍这些读书人对他的"讥讪"，尤其不要碰他的"忌讳"。他的心结，是绝对禁区，谁碰谁就遭殃。鲁迅先生笔下的阿Q，因为头秃，连"光"、连"亮"都在忌讳之列，这种农民心理，可算是一脉相承。那个小D，曾经语带不逊地讥讽过，阿Q不但怒目而视，还扭抱住他打了一架。如果阿Q成了皇帝，金口玉言，那小 D 肯定抓起来拉出去毙了。说到底，朱元璋是农民，而农民在小农经济状态下形成的狭隘、封闭的意识，就免不了要有阿 Q 这种由极其自卑乖戾转成极其自尊的护短心理。

明代黄溥《闲中今古录》载：杭州教授徐一夔撰写了一份贺表，上呈朱元璋讨好。马屁拍得够响的，其中有"光天之下，天生圣人，为世作则"等阿谀奉承语句。谁知朱元璋阅后大怒，他说："'生'者，僧也，以我尝为僧也，'光'则无发也，'则'字音近贼也。"遂下令把教授斩了。《闲中今古录》又载：洪武甲子，朱元璋开科取士，一些功勋大臣不服，认为他轻武重文，朱元璋讲："世乱则用武，世治则用文。"勋臣们提醒他："此固然，但此辈善讥讪。"并举了朱元璋当年的死对头，另一位起义军领袖张士诚的例子告诫他。张原名九四，对儒士相当礼遇的，因嫌九四做名不雅，请教这些儒士，才改为张士诚这个名字的。朱元璋一听，说："这名字不是蛮好吗？"哪知道这些勋臣说："《孟子》里有一句'士诚小人也'，这根本就是在变着法儿骂他，他不明白罢了！"这正好碰上朱元璋的心结上，从此对士人和他们的文字，挑剔找碴儿，没完没了。

明代皇甫录《皇明纪略》载，太祖曾经命令状元张信教他的儿子们写字，张信用杜甫诗"舍下笋穿壁"作为临摹字式。朱元璋一见这五个字，莫名其妙地大怒："堂堂天朝，何讥诮如此？"后来，借科场案除弊将他处死。僧人来复上谢恩诗，其中有"金盘苏合来殊域""自惭无德颂陶唐"两句，朱元璋阅后发火了，头一句认为"殊"字是"歹"和"朱"二字合起来的，是在咒骂他；后一句认为是讽刺他无德，"虽欲以陶唐颂我而不能也，遂斩之"。而相反，"新淦有邓伯言者，宋潜溪（濂）以诗人荐之（太祖）。廷试《钟山晓寒诗》，太祖爱其中二句曰：'鳌足立四极，钟山蟠一龙。'不觉御手拍案诵之。伯言俯伏墀下，误疑上触天怒，遂惊死，扶出东华门，始苏。次日遂授翰林。"明代吕毖《明朝小史》里所载这则记事，可以想象这位朱皇帝统治的天下里，知识分子如惊弓之鸟，居然当场吓得休克过去，那该是一个怎样恐怖的世界啊！

这种毫无理性的"忌讳"，这种纯系脑残的"找碴儿"，其实，是和这位皇帝的文化弱势相联系的，是受到他那可怕的阴暗心结所驱使的，也是历代草根阶层出身的帝王，仇视知识，痛恨文明，轻蔑文人，憎恶文化的必然结果。现在，我们终于读懂《阿Q正传》最后第九章《大团圆》中，为什么阿Q使尽了平生的力画圆圈，立志要画得圆啦？说白了，这个未庄农民，也是生怕别人笑话，与当上皇帝的农民朱元璋一样，有着与生俱来的对于读书人、对于文化人、对于知识分子的嫉恨心结啊！

按照主流历史学家的观点，中国历代农民"豁出一身剐，敢把皇帝拉下马"的造反行为，推翻旧王朝，建立新王朝，是推动社会前进的原动力，因而也就具有革命的意义。教科书都这样写着的。但实际上，中国封建王朝这种由张三而李四，由李四而王二麻子的改朝换代，龙床上的脑袋变了，冠冕下的面孔变了，但今天的农民，打倒昨天的农民以后，那锅封建制度的老汤，是永远也不会变的。所以，这锅老汤在中国这块土地上，以不变应万变，居然"咕嘟"了三千年之久。这正好说明农民革命乃时代进步的推力，是经不起历史检验的一个似是而非的命题。

一部二十四史告诉我们，每一次这种换汤不换药的变化，都是以血腥的战争为代价，是以赤地千里，人口锐减，神州陆沉，一劫不复的巨大社会成本为代价而实现的。朱元璋，当他洗干净腿上的泥巴，在金銮殿上南面为王的时候，比起所有同类项的皇帝，对于文人、才俊、学者、儒生，官佐、吏员、书办、刀笔之类的知识分子，其警惕、戒惧、防范、敌视之心，其打击、镇压、排斥、杀戮之意，有过之而无不及。他在位30年，也是中国历史上文字狱最盛行的时期。因此，有人说，朱元璋坐江山后杀掉的人，比他打江山时杀掉的人还要多。

所以，明史专家吴晗作《朱元璋传》二十年，四易其稿，就是因为他无法将这个皇帝，写成主流历史学家所希望的那个样子。

明朝的诛九族

在中国，自明初方孝孺被诛十族以后，再也没有一个知识分子以死报君了。

从此以后的中国人，为主义赴死者，有；为真理牺牲者，有；为情人割腕切脉者，有；甚至，为赌一个什么东道以生命下注者，有；但是，在最高层面的权力斗争中，像方孝孺这样傻不拉几地去为一个背时的皇帝，献出老命者，是不会有的了。不是士不肯为知己者死，从此狡猾，也不是以死来一报知己的价值观，从此绝迹，而是在统治者无休无止的夺权游戏中，为失败者殉葬的愚蠢性，已为智者所不取。

皇帝死了还会有皇帝，而脑袋掉了却不会再长出一个来。随后的士大夫，渐渐地聪明起来。陪你玩，可以；陪你死，则决不干了。为争权夺位的统治者火中取栗，犯不着，弄不好会烫伤自家的爪子；而最后坐在龙椅上剥吃糖炒栗子的那位，未必会赐你几粒尝尝。于是，做出慷慨激昂者，有之；喊出誓死捍卫者，有之；而为了效忠，甘心陪葬，找来一根绳子勒死自己，或者喝下一碗鸩汁毒杀自己，如此这般的傻瓜，就不多见了。

方孝孺（1357—1402），字希直，号逊志，浙江宁海人。在朱棣发动"靖难之役"攻入南京篡位后，为朱元璋孙朱允炆之师的方孝孺，拒绝合作，敌对到底。因为他是惠帝的老师，朱棣要他为自己登基起草诏书。一是考虑到他国之大儒的尊崇地位，二是考虑到其帝王之师的法理身份。但是，好说歹说，决不从命。被激怒了的朱棣，拍案顿足，威胁他说，难道你就不怕诛灭九族吗？方孝孺说，你就是诛十族，我也不会为你写一个字。朱棣气急败坏，在九族（上数四代、下数四代的直系及旁支同宗同族者）之外又加一族，即他的老师和门生也受牵连，在中国历史上，这是最残忍的一次血腥屠杀。大开杀戒的朱棣，凌迟，杀头，入狱，充军，无所不为，此案遇难者，总数当超过八百人。

据鲁迅晚年的《病中杂记》，朱棣在处理惠帝朝黄子澄、刘泰、铁弦等人时，除实施极刑，以泄其愤外，亲笔御批，要将他们的妻女，送进军营，令军士轮奸，生出小龟儿子，可以想见朱氏父子做了皇帝，其实内里，很大程度上还是一个畜生。至此，中国文人彻底明白一条，死得再多，不耽误人家当皇帝。与其死了白死，不若不死，看谁熬得过谁。于是，豁然贯通，能不朝枪口上碰，就决不主动找死，尤其不能为皇帝殉葬。虽然，由明而清的文字狱迫害，到了登峰造极的地步，中国知识分子的命运，总是凄风苦雨，如肉俎上，不怎么见好，但命运尽管不济，生命力倒是十分顽强。就像东北地区那种叫作"死不了"的植物，看似一段死气沉沉的枯木朽枝，只要稍沾一点水，就会透出一线生机，隔不数日，居然青枝绿叶，甚至还能开出一两朵小小的花来。所以，对

"士"而言，即或是苟且地活，也要活下来，决不去壮烈。

所以，商末孤竹国的伯夷、叔齐，耻不食周粟，饿死在首阳山。虽然在正史上，是以肯定的口气来叙述这哥儿俩的原则立场，但这种其实是挺傻帽儿的行为，在后来的知识分子眼里，是不以为然的。只有那些非常一根筋，特别认死理的"士"，才认定天底下都像华山那样，只有一条路好走。方孝孺，恐怕是中国最后一位伯夷、叔齐式的知识分子，他，只有选择死之一途。

其实，就在方孝孺的明代，读书人也并不那么傻了。朱由检在煤山（今景山）上吊，陪他死的只是贴身太监，没有一位知识分子为之殉难。清兵逼近南京，那个钱谦益本来想跳水赴死，效忠崇祯的，可是一摸湖水太凉，就不想成仁了。那个龚鼎孳也想以一死回报君王，可是想到漂亮的小老婆马上要被别人搂着，便打消死节的念头。所以，方孝孺在朱棣攻下南京下落不明后，唯求速死，在这两位江左名流眼里，自是不识时宜的方巾迂腐了。

因为，他本可以不死，有一个叫道衍的和尚，很为他在朱棣面前说了情。

> 先是，成祖发北平，姚广孝以孝孺为托，曰："城下之日，彼必不降，幸勿杀之。杀孝孺，天下读书种子绝矣！"成祖颔之。（《明史·方孝孺传》）

这个保方孝孺的姚广孝，可不是凡人。燕王朱棣，敢于冒天下之大不韪，夺他侄子朱允炆的江山，某种程度上说，这个和尚所起的作用，是决定性的。他对于朱棣来讲，远不是一个普通的军师或者谋士这样的角色，说他是朱棣这次靖难之役的总智囊、总策划，也不为过分。据明人笔记《革除逸史》载：朱到南京后，"未几，获文学博士方孝孺，上欲用之，示其意，执不从，遂就刑"，看来，朱的确打算放方一马，甚至，还想重用的。所以，很给大儒一点面子，召至帝座跟前，下榻握手，捧茶延坐，商量起草登基诏书事宜。朱棣本有乃父朱元璋的流氓气，但此刻依旧以国师之礼待方，显然，姚广孝的话，是相当起作用的。

然而，一切都如和尚所料，方"必不降"，朱也必"杀孝孺"。死难消息一来，他只有双手合十，阿弥陀佛，摇头轻叹了事。因为，姚广孝与方孝孺，虽同为知识分子，却分属两类，姚是明白人中极明白的一类，决不做傻事，方则是看似明白，其实并不明白的一类，常常倒做不成什么事。方不可能降朱，朱也不可能宥方，他早就估计到这出性格悲剧。但是，若不为方求情，有点说不过去，情求过了，朱也点头了，他的良心也就得到安宁。虽然他对朱说了"幸勿杀"，并没有说绝对不能杀，再说他有什么资格，对未来的皇帝下命令。因此，方不领情，是方的事，朱要杀方，是朱的事，与本人无关。我做到我能做的，不做我不能做的，这是姚广孝的行事方式。我能做到的偏不做，做不到的偏要做，这是方孝孺相当不明白的地方。

最后，朱棣把话对方孝孺说到这种地步：这是我们朱家的事，用得着你狗拿耗子，多管闲事？方偏要管，一个劲地激朱求死。朱哪里受得了，大开杀戒，方孝孺一案死难者达

847 人，充军发配者不可胜计。方得到了于事无补的壮烈，气节是有了，可多少人陪着粉身碎骨啊！古人对此也有微言。"孝孺十族之诛，有以激之也。愈激愈杀，愈杀愈激，至于断舌碎骨，湛宗燔墓而不顾。"（钱士升《皇明表忠记》）

中国的所谓"士"，所谓"文人"，所谓"知识分子"，如果一定要分类，不是方孝孺式的，偏执、拘谨、认死理、不知好歹，常常采取霸王硬上弓的方法蛮干；就是姚广孝式的，灵活、圆通、识大局、趋利避害，往往以低姿态矮身段不张扬的手法达到目的。非此即彼，非彼即此，至多程度上有所不同而已。历史有时爱开开玩笑的，偏偏让这两类价值取向不同的知识分子，奇巧地组合在同一舞台，同一背景下，一个辅永乐，得到大成功，一个佐建文，结局大失败。所有看过这出戏的观众，都会做出自己的选择。于是，从此以后，像姚这类明白人，越来越多，像方这类傻而直、呆而方、迂而正的不明白人，越来越少。这或许就是时代的进步了，要是知识分子总那么傻不拉几，还真是够呛呢！

《明史》中描写的姚广孝和方孝孺，一为"目三角，形如病虎"的方外和尚，一为"双眸炯炯""虽粗蔬粝食，视其色，如饫万钟者"的读书种子。一为"颇毁先儒，识者鄙焉"的左道旁门，一为"顾末视文艺，恒以明王道，致太平为己任""讲学不倦，陈说道德"的一代学宗，两人几乎找不到共同点。虽然姚"少好学，工诗""宋濂亦推奖之"，按说，方孝孺出宋濂门下，应该与这个看来不三不四的和尚，有些往来才对，然而，史无记载。不过，一个正襟危坐、过于严肃的方正君子，与和尚坐不到一条板凳上，说不定有点鄙视和不屑，也有可能。但是，姚能张嘴向朱棣说情，其识见，其气度，就不是书呆子方孝孺可比的了。

方孝孺应该做学问，姚广孝才是玩政治的。从他一生行状看，他是一个不那么安分的和尚，不安于做一日和尚撞一日钟的日子，是一个迫切追求成就感的知识分子。恰巧马皇后逝世，朱元璋把儿子从分封地集中到南京来守孝，据《明史·姚广孝传》，"太祖选高僧侍诸王，为诵经荐福"。于是，姚广孝通过关系，与野心勃勃的燕王朱棣挂上了钩。

这个和尚私下里对朱棣许诺："你要用我的话，我会给王爷一顶白帽子戴。"如此露骨的暗示，连黄口小儿都猜得出来，"王"字上面加一"白"字，不就是一个"皇"字吗？朱心领神会，引为知己，遂将这位主录僧带回北平。从此，他便成了燕王的思想库和进行反中央地下活动的总指挥。"阴选将校，勾军卒，收材勇异能之士。燕邸，故元宫也，深邃。道衍练兵后苑中。穴地作重屋，缭以厚垣，密甃翎甒瓶缶日夜铸军器，畜鹅鸭乱其声。"（《明史·姚广孝传》）

他那时"住持庆寿寺"，但"出入府中，迹甚密，时时屏人语"，朱棣当然想造他侄子的反，因为，建文帝接受了齐泰、黄子澄，还有方孝孺的削藩建议，正准备收拾他。但是，以一隅反天下，朱棣也不由得心虚。有一天，他作对联，刚吟出上句："天寒地冻，水无一点不成冰。"姚立刻应口而出："世乱民贫，王不出头谁作主。""王"字出头，即为"主"，看似文字游戏的小手段，却起到坚定其信心的作用。

所以，没有姚的煽动，朱未必敢举事，没有姚的擘画，朱也未必能成事。起兵以后，靖难军经过两三年与中央军的拉锯战，姚突出奇招，建议轻骑挺进，径取南京，"毋下城邑，疾趋京师，京师单弱，势必举"。这场争斗无妨说是姚广孝与方孝孺的角力，玩政治的行家，终于把只会做学问的书呆子摆平。朱棣很快渡过长江，取得天下，当上了他的永乐皇帝。

所以，这位特别倚仗的心腹，出来为方孝孺求情，对于朱棣，那影响力是可想而知的。朱棣起事，檄文天下，以清君侧的名义，矛头指向建文帝倚为股肱的齐泰、黄子澄。其实，方孝孺作为建文帝的老师，在他眼里，也是参与过对他的迫害，属于铲除的奸恶之列，是毫无疑问的。然而，姚广孝求他"幸勿杀"，居然"颔之"，看来姚广孝面子够大。

在中国封建社会中，围绕在皇帝身边，有头有脸有发言权者，说一不二，使帝王言听计从者，大有人在。但伴君如伴虎，最后能够得到好下场者，就比较罕见了。姚广孝这样一个不官不民、亦官亦民的和尚，作为皇帝的宾客，运筹帷幄，出谋划策，位极人臣，倚重中枢，最后能够善始善终，实在是极为奇特的例子。

他披的这件袈裟，固然冲淡了朱棣对他的戒心，更主要的是姚广孝深谙与狼共舞的游戏规则。越得意，越检束，越成功，越退缩，越是登峰造极，也越要激流勇退。可是，能懂得这点道理而做到抽身自退者，实在太少。权力这东西，如海洛因，上瘾以后，是太难戒掉的。唐人胡曾《咏史诗》："上蔡东门狡兔肥，李斯何事忘南归？功成不解谋身退，直待云阳血染衣。"那个不可一世的李斯，最后的悲剧下场，不就是他"不解"进退之道吗？等到身首异处这一天，老先生想起与儿子牵黄犬，出上蔡东门逐狡兔的快乐不再，刀架在脖颈上，哭悔也来不及了。

姚广孝按《老子》"功成身退，天之道""为而不恃，功成而弗居"的箴言行事。靖难之役，朱棣率军"转战山东、河北，在军三年，或旋或否，战守机事皆决于道衍。道衍未尝临战阵，然帝用兵有天下，道衍力为多"，等朱棣得天下后，论功行赏，姚为第一，举朝上下，竭力推崇，甚至到了"帝与语，呼少师而不名"的亲昵程度，他老兄还是坚持在庙里，当他的和尚，做他的佛事。朱棣急了，"命蓄发，不肯，赐第及两宫人，皆不受。常居僧寺，冠带而朝，退仍缁衣"。(《明史·姚广孝传》)

这样一个能够扭转明室乾坤的和尚，还保持其清醒的分寸感，一生不敢越位。那么，有济世之志、无匡时之才的方孝孺，就缺乏自知之明了。居然在南北激战的烽火硝烟之下，还饶有兴致地引导建文帝进行复古改制的尝试。宫殿名、城门名，悉数回复古称。官制，也按《周官》重订，本是翰林侍讲的他，改成颇有20世纪味道的文学博士。当时的老百姓，肯定分不清他这个博士和茶楼酒肆里的茶博士，有些什么区别。大概，越没有什么真本事的人，越喜欢做表面文章，以表示那一股虚火的革命激情。"文革"期间的红卫兵，也曾经歇斯底里地将东安市场改成东风市场，将协和医院改成反帝医院，结果又如何，不过给历史添笑柄而已。

最不可思议的滑稽，莫过于这位博士计划恢复古代的井田制度了。在明代历史上，除了方孝孺，还有一个海刚峰，都是背时的保守主义者，都好笑地进行过这种白日见鬼的讨论，可见让一个或数个严重与现实脱节的知识分子，进入权力高层发号施令，是多么致命的决定。建文帝的倒霉，多少也是他咎由自取，谁教他任用非人呢！应该说，好学不倦的朱允炆，与这位帝师切磋学问，是可以的，但是把国家交给这位书呆子，那就是开天大的玩笑了。

据明人姜清的《姜氏秘史》："初，孝孺被召入京，王叔英预以书告之曰：'天下事有可行于今者，有行于古而难行于今者。可行者行之，则人之从之亦易，而乐其利。难行者行之，则人之从之也难，而受其患。此用世所以贵时措之宜也！'孝孺好古，故叔英及之。"显然，有识之士早看到了他性格中的保守、愚直、迂腐、偏执的一面，作为一个学问家，确是好的榜样。作为一个政治家，就远远不及格了。作为一个军事家，更是糟糕得一塌糊涂。建文帝用人不当，贻患无穷。虽然，他为建文帝殉节，死得那样壮烈，也算对得住年轻皇帝。但若是说方孝孺为朱允炆的催命鬼，也并不冤枉他。

坐镇北平的姚广孝，辅佐王子，确保后方；率大军步步进逼京师的朱棣，胜利在望。而齐泰、黄子澄，加上方孝孺，书生意气，清谈误国，欲罢不能，欲战不成，弄得建文帝输不起，赢不了，进退失据，不知所措。同是知识分子，姚广孝有把握全局之力，一盘棋下得无子不活；方孝孺无审时度势之能，每步棋都走成了死着。

最可怕的，方孝孺还相信自己特棒，还要瞎指挥。第一手，他搞了一次缓兵计，派人到北平做燕王工作，赦他无罪，要他罢兵，谁知这位信使，到了那里连大门也不敢出。第二手，他又搞了一次离间计，想挑拨燕王两个儿子内讧。哪知道事与愿违，朱棣的大儿子朱高炽把送信人和信，一块儿交给他的父王，以示清白。这就是方孝孺书读得太多的本本主义了，孙子兵法上有成功的例子，但到你方大军师此刻就不灵了。你不想想，南京已经不站在优势一方，北平干吗要买你的账呢？

"燕兵遂渡江，时六月乙卯也。帝忧惧，或劝帝他幸，图兴复。孝孺力请守京城以待缓兵，即事不济，当死社稷。"（《明史·方孝孺传》）历史上有很多从首都出逃，然后回来复辟的帝王，为什么建文帝就不可以？何况，朱棣虽攻下京师，大半壁江山并不在他的控制之下，转圜的余地还是很大的。然而，他要求朱允炆"死社稷"，这是方孝孺最臭最臭的一招了。

尤其令方孝孺恶心的，偏偏打开金川门，不战自降，迎接燕王进京的，是他的好友、朱元璋的女婿李景隆。据《姜氏秘史》："说者又谓孝孺与景隆父子交谊甚笃，景隆帅师北伐，实由孝孺，既而兵败，渐有异志，人多知之，告于帝，帝雅信孝孺，遂不复疑，卒成开门之变，盖不免于误国云。"

方孝孺，这个历史上的唯一，"三代以来所未有也"（姜清语），最终倒在了血泊之中。然而，顶个屁用，连朱棣的毫毛，也未触动一根。如果方孝孺聪明一点，智慧一点，转换一下思路，从长计议，徐图报复，君子报仇，十年不晚，还未必就能断定未来的局面，不会发生变化。谁笑到最后，恐怕还得两说着呢！所以，以死抗争的古老做法，在今天看来，便是十分的愚不可及了。

活着，就是一切。

明朝的腰斩

在中国，当文人遭遇皇帝，最不幸，最倒霉，被收拾得最残酷，下场最悲惨者，莫过于秦朝的李斯和明朝的高启了。

皇帝收拾文人，无非两端，一是让你活得不痛快，一是让你死得不痛快。前者的极致，就是要这个犯错误的文人，觉得与其苟且地活着受罪，还不若死去。后者的极致，则是要将这个出问题的文人，在缓慢中被消遣着死，让其在活着的清醒状态下，看着自己的生命一点一滴地死去。

不能痛快地活，固然难熬，不能痛快地死，其实更难熬。

"腰斩"是一种颇费工夫的酷刑，需要的刑具也颇为复杂。如果只是砍头的话，磨得飞快的大刀片子即可胜任。而像高启这样，是朱元璋特别关照，要一分为八的"腰斩"，那一段一段锯劈下来，刽子手的行刑过程应该是相当长的，一时半刻且断不了气。

在中国漫长的封建社会里，即使草菅人命的独裁寡头，也并不常常使用"腰斩"。

李斯死于公元前208年，高启死于公元1374年。李斯生年不详，死时至少应该有60岁以上年纪。高启生于公元1336

年，死时才 38 岁。

在非正常死亡的中国文人中间，李斯是自己把自己玩死的。他似乎早知道会有这一天，行刑那刻，对受他株连一齐受刑的儿子李由说：从此，咱爷儿俩再不可能在那秋高气爽的季节里，牵着黄狗，架着猎鹰，出上蔡东门，在那广阔天地里追捕野兔了。他知道自己该死，知道咎由自取，是个死得明白的人。

而高启，甚至被押到刑场那一刻，他还弄不明白一篇《上梁文》，一篇只是应景的、凑趣的、图个吉利的、讨个彩头的文章，为何会惹得朱元璋勃然大怒。十万火急，圣旨急传，不由分说，动此极刑，不知所为何来？我们这位文人，做了鬼，也不知道那位要过饭，偷过牛，当过和尚，做过蟊贼的朱皇帝，为什么竟上火到如此地步？他觉得自己不应该死，不知为什么非要死不可，是个死得不明不白的人，可怜哪！

高启，长洲（今江苏苏州）人，字季迪，号槎轩。元末大乱，曾避难松江青丘，又号青丘子。文学史习惯将他与杨基、张羽、徐贲称为"吴中四杰"，也有人称他们为"明初四杰"。当代的读者，即使读过中文系的，也不会太关注这位在文学史上，已经很冷门的诗人了。

高启之死，在吴晗的《朱元璋传》里是这样表述的："苏州知府魏观把知府衙门修在张士诚的宫殿遗址上，被人告发。元璋查看新房子的《上梁文》有'龙蟠虎踞'四字，大怒，把魏观腰斩。金事陈养浩作诗：'城南有嫠妇，夜夜哭征夫。'元璋恨他动摇士气，取到湖广，投在水里淹死。翰林院编修高启作《题宫女图》诗：'小犬隔花空吠影，夜深宫禁有谁来？'

元璋以为是讽刺他的，记在心里。高启退休后住在苏州，魏观案发，元璋知道《上梁文》又是高启的手笔，旧恨新罪一并算，把高启腰斩。"

这位叫魏观的知府，修浚河道，重建衙门，本想留下一点德政，没想到他还拖累了高启，一齐成了刀下之鬼。旧时盖房子上梁，是屋顶的关键工程，要烧点香烛纸马，要奉上三牲贡献，要有一篇朗朗上口的《上梁文》，这是规矩。苏州是座人文荟萃的古城，盖的是知府衙门，自然要请一位当地的文人动笔。魏观认为这件事非高启莫属，便派人到松江青丘去请他。谁也没料到，正是这篇文章断送了国子监祭酒魏观（因他是湖北蒲圻人，故称"魏蒲圻"）和翰林院编修高启（因他曾避难松江青丘，人称之为"高青丘"）的两条命。

俗话说，不怕贼偷，就怕贼惦记，皇帝老子要是小人起来，你躲到天边也不行的。何况，在中国数百个帝王中间，朱元璋是最小人的一个。清人赵翼谈到这位朱皇帝，说他"盖明祖一人，圣贤豪杰盗贼之性，实兼而有之者也"。（赵翼《廿二史劄记》）其实，"盗贼"之后，还应加上"流氓"二字，那描画才更准确。

遭遇这样一位"流氓"皇帝，躲了初一，也躲不了十五，高启死定了。

这位出身于无赖、草贼、小和尚、流氓无产者的皇帝，为什么对苏州所发生的事情，对苏州这两位文人采取如此极端措施呢？高启百思不得其解，因为他不了解，凡非常非常的小人，都是特别容易结仇，特别能够记仇的。而当了皇帝的朱元璋，尤其是要想方设法报仇出气的一个小人。

据明代杨循吉《吴中故语》，朱元璋对原来张士诚的属地江苏南部的老百姓，一百个不放心。因为他打败张士诚，拿得天下后，吴地的黎民百姓，依旧怀念这位怜民的张王，依旧怀念他的宽柔统治，依旧偷偷地给他烧"九四香"（张士诚的小名叫张九四）。为此，朱元璋很不安，但更嫉妒。所以，对于曾经是张士诚的政治文化经济中心的苏州城，不断派遣过来很多特务，打探消息，巨细必报。所以，此间的一动一静，无不在他掌握之中。

> 蒲圻（即魏观）硕学夙充，性尤仁厚，莅临之久，大得民和。因郡衙之隘，乃按旧地以徙之，正当伪宫之基。初城中有一港曰"锦帆泾"，云阖闾所凿，以游赏者，久已湮塞，蒲圻亦通之。时右列方张，乃为飞言上闻，云："蒲圻复宫开泾，心有异图也。"时四海初定，不能不关圣虑，乃使御史张度觇矣。御史至郡，则伪为役人，执搬运之劳，杂事其中。斧斤工毕，择吉构架，蒲圻以酒亲劳其下人予一杯，御史独谢不饮。是日高太史为上梁文。御史还奏。蒲圻与太史并死都市，前功遂辍。

而明代祝允明《野记》，更是骇人听闻：

> 魏守（观）欲复府治，兼疏溶城中河。御史张度劾公，有"典灭王之基，开败国之河"之语。盖以旧治先为伪周所处，而卧龙街西洴川，即旧所谓锦帆泾故也。上大怒，置公极典。高太史启，以作《新府上梁文》与王彝

皆与其难。高被截为八段云。

李斯在咸阳被斩成几截，司马迁的《史记》没有记载。高启在南京被斩成八段，是有据可查的。除了祝允明外，明代李贤《古穰杂录》，也有类似文字。数百年后重读这类史料，令人发指的刑戮场面，惨不忍睹的世间悲剧，仍令人怵目惊心。一个大活人，拦腰斩成两截，就够残忍的了，还要再分切成八段，那就更为恐怖，与剁成肉泥相差无几。你不能不佩服这位绝对贫下中农，绝对流氓无产者出身的皇帝，对知识分子下手之狠、之毒、之无所不用其极。史称之为"暴秦"的统治者，从屠夫的角度，恐怕也要对他肃然起敬，甘拜下风。

明太祖嗜杀成瘾，特别热衷于消灭文人，一是源于农民的狭隘意识，对于知识分子非我族类的排斥、怀疑、压根儿的不信任；二是来自草根阶层的他，坐上龙椅以后，那种先天的自卑心理，当过小和尚，做过盗牛贼的过去，是绝对碰不得的。他一波一波地制造文字狱案件，清除知识分子，是与他由自卑到自尊的蹦极，所导致的失衡，是处于劣势文化状态下那种郁闷，对优势文化的逆反。于是，血腥镇压，疯狂屠杀，便是他那卑劣心理的释放宣泄之道。

据吴晗《朱元璋传》引《明朝小史》，朱元璋刚当上皇帝，修玉牒（即皇室自传）时，很想借名人的光，好遮住自己腿上未洗净的牛粪和泥巴。物色了半天，南宋的同姓大儒朱熹，那位得以配享祀孔庙的圣人，还可以利用。后来，有一徽州姓朱的典史朝觐他，他打算套个本家关系，好借此标榜，便问这个典史是不是朱文正公的后裔。那小官连称不是，因为此人哪敢对这杀人不眨眼的皇帝撒谎。朱元璋顿时省悟过来，区区小八腊子都不冒认祖宗，我堂堂大皇帝干此等事，被戳穿了岂不贻人笑柄？

每个人都有其软弱的下肋，这就是老朱的一块心病。今天来看，他拥有多么响当当的好出身，好成分。放到"文革"时期他该是地道的红五类，血统纯正的贫雇农，可在五百年前，那就是上不了台盘的贱民，是人家看了听了不禁要撇嘴的人下之人。于是，他学汉代那位造反派，"王侯将相，宁有种乎"，干脆撕破脸皮，不讳自己为"出身寒微"的"淮右布衣"，系"起自田亩"的"江左匹夫"。

但是，他自己怎么说都可以，别人说不行。你知识分子，哪怕眼光里流露出一丝蔑视，就要拿脑袋来见。当时，就有许多上奏表的官吏，当然都是有文化的人了，由于一些字、一些词，或音同，或意似，能够与他当过和尚、做过盗贼的历史联系附会上，那就找倒霉了，马上就处决。据明代无名氏的《蓂胜野闻》："太祖视朝，若举带当胸，则是日诛夷盖寡，若按而下之，则倾朝无人色矣。中涓以此察其喜怒云。"

在中国古代，一个农民，当他属于土地的时候，可能还是本质上的农民，善，是他的主要方面；当他离开安身立命的土地，就可能成为不可知的异数，恶，便成为他全部生命的支撑点。中国古代的农民起义，其浩浩荡荡的基本队伍，都是这些离开土地的农民。农民失去土地，再也没有值得顾惜的东西，便剩下破坏和毁灭。正因为一无所有，战斗力特别强，摧毁力特别大，所到之处，无不赤土，然后裹胁着更多新产生出来的饿殍，离开土地，接着再流下去。

在官修的史书中，对这些流动着的武装农民，如张角、黄巢、李自成、张献忠，一律呼之曰"流寇"。"寇"当然是毫无疑义的蔑称，"流"却是准确的状态描写。农民只要一流起来，手里握有武器，便什么事都做得出来。尤其流民中的先锋分子，也就是流氓无产者，如朱元璋，暴得富贵，即使坐了江山，也不会在一代、两代间改变其先天的由于小农经济所造成的在心理上的文化劣势。于是，便注定了这些掌权的农民，尽管穿上了龙袍，也是充满了对于知识分子的敌视，对于优势文化的憎恶。

千古以来，文化史兴衰起落，与这些统治者的文明水准和昌明程度，息息相关。君王明白一点，文人的日子好过一点，君王糊涂一点，再加之混蛋一点，尤其再加之自以为是一点，那神州大地上，必然就是斯文扫地，知识遭殃，大师呻吟，白卷称王，一部二十四史，就是这样白纸黑字写着的。

据说，朱元璋登基后杀的人，比他登基前杀的人，少不到哪里去。仅胡惟庸案、蓝玉案，至少有三四万人，死于非命。试想，连与他一起揭竿起义的同志，与他一起南征北战的战友，乃至于追随多年的部下，历尽艰辛的亲属，包括一起打江山的他的儿女亲家李善长，都被杀害殆尽，他会对你知识分子客气？

因此，当皇帝的，未必不小人，未必不记仇，未必不睚眦必报。一篇《上梁文》，送到御案上，老朱跳起来，朕正等着呢。于是，高启伏法，一分为八，惨不忍睹。

总而言之，你倘不沉默，你就被腰斩；你倘不想被腰斩，你就只有沉默。这是朱皇帝的逻辑，也是许多中外统治者奉为圭臬的逻辑。在沉默和腰斩之间，若是任择其一的话，如果高启先生征求我对这道选择题的看法，我会建议他采取沉默一道，谁也不会把他当哑巴卖了。因为宁肯咬断舌头，也要设法保住脑袋，才是上上策呀！脑袋掉了，你即使有八斗之才，也白搭了。脑袋留着，你那八斗之才虽废了，至少，作为一个观众，活着看收拾过你的人死，也不让收拾你的人看你死，这样算账，我觉得划得来。

有人对我坚持这种笑到最后，写到最差，或最后的笑，最后连屁也写不出的做法，不怎么赞成。我也同意这种属于我个人经验的怯懦、苟且、好死不如赖活着的生存哲学，很没出息，很下三烂，屡被具有斗士精神的同行所讪笑、鄙视、看不起。我也死猪不怕开水烫，骂就骂吧，很无所谓的了。

对文学史来说，高启是重要的，但对朱元璋来说，多一个天才，少一个天才，算个狗屁？高启的不幸，是碰上了朱元璋，这样一位从穷乡僻壤中，从封闭环境中走出来的统治者。第一，闭塞，则偏执；偏执，则守旧。而长期守旧的结果，便是拒绝文明。第二，贫穷，则愚昧；愚昧，则无知。而长期无知的结果，便是敌视文化。对大多数既非天才，也非大师的中国文人来说，作为朱皇帝的子民，保住脑袋的同时，还要护住屁股，避免吃棍子，避免挨板子，便是第一要务了。高启啊高启，你高估了朱元璋，你把你的皇帝看成一个正常的人，大错而特错了，他是一个你简直想不到的那种非常之人。什么叫非常，就是非常伟大的同时，又非常渺小；非常英明的那刻，又非常卑鄙；非常正确的刹那间，又非常谬误，谬误到不可收拾的程度。

对帝王而言，天才固然重要，但为了天才而罔顾一切，那就是被朱元璋打败的对手张士诚，那种老文青的幼稚了。记住苏联电影里的一句名言，好像是列宁的警卫员瓦西里对他的妻子说的"面包会有的"，那是真理得不能再真理的真理。在朱元璋的眼里，天才，不过是面包而已，总是会有的。这个朝代出不来，换个朝代，或者，再换个朝代，也许就出来了。

用得着你鸡蛋往石头上碰吗？

明朝的权力场

公元 1528 年（明嘉靖七年），在国子监坐冷板凳的严嵩，突然接获一道谕旨，朝廷委派他以礼部右侍郎的身份，到湖北安陆去祭奠显陵。

显陵，即嘉靖死去多年的父亲兴献王朱祐杬的陵墓。因为儿子当上皇帝，老子跟着沾光。原是藩王的陵墓，重新按帝王规格，加高碑基，加厚封土，加宽神道，加上更多石人石马。严格说，这是违制的，你朱祐杬只是生了一个做皇帝的儿子朱厚熜，但本人则是分封在湖北，驻国安陆的藩王。如今享受皇帝陵寝的待遇，就绝对是僭越了。所以，朱厚熜不亲自回老家拜奠，让别人代替他去，若是有人责难，他可以用"不知情"三字搪塞过去。于是，便叫内阁找一个说得过去，也拿得出手的官员，替他来做这件事。某种意义上来说，有一点"打枪的不要"，悄悄行动的性质。因为，他知道嘉靖三年那场"大礼仪"之争，是好不容易通过廷杖的镇压，也就是用打大臣屁股的办法才终于平息下来的。不想再起波澜，另添事端。

这样，一个馅饼，从云端落到了严嵩的头上，让他捡了便宜。

严嵩捧读谕旨，心痒难禁。任何朝代，任何社会，凡进入权力场中的这个人，只要有眼睛，有耳朵，无不眼观六路、耳听八方地关注政治动向。看来，这不但是光荣之至的美差，更是政治上得到重视的信号。

中国文人对于权力的渴慕，着实强烈。这应该是孔夫子"学而优则仕"的遗训数千年来发酵的结果了。溶化在血液，浇铸于灵魂，潜移默化，无师自通。所以，封建社会里的知识分子，热爱权力、羡慕权力、追求权力、酷嗜权力，一门心思要做官，权力乃一生奋斗不已的目标。在文人眼中，权力乃身家性命之事，岂容半点懈怠；权力乃稻菽粱谷之重，不可须臾或缺。因之，没有权力的时候努力要得到权力，得到权力的时候拼命要抓住权力。

说来可怜，严嵩进士出身之后，虽由庶吉士，授编修，进侍讲，署南京翰林院事，召为国子祭酒，一路走来，几乎都是清水衙门。你不能说他没有做官，官是做着的，不过像脱水蔬菜，缺乏生气；你不能说他手中无权，权也是有的，不过像兑水白酒，度数太低。因此，他既不是白丁、庶民、老百姓、引车卖浆者之流，也不是多么炙手可热、脑满肠肥、官运亨通、威风凛凛的人物。在明代，凡官员被打发到南都，也就是南京去吃粮混事，在北京执政者的眼中，都是舅舅不疼、姥姥不爱，既拍不得、打不得，也拿不起、用不着的闲散大老爷。面子是有的，里子却不免水裆尿裤。所以，这道黄绫缎子包裹着的谕旨，让那些同坐冷宫的僚佐，仰起脑袋，两眼放光，艳羡这个大个子走了狗运。《明史》称严嵩"长身戌削，疏眉目，大音声"，可这回，个子高高，嗓门亮亮的严嵩，却保持难得的沉默。不是谦虚，而是琢磨：是谁关心着他，是谁惦记着他，是谁在丹墀之上向当今圣上谏言而选中了他？

可以设想，那时，没有春节晚会，没有小品表演，但肯定有人会对朱厚熜说类似的台词：这个严嵩，他太有才了！陛下，此去拜奠，非国子监那位祭酒严嵩莫属。

严嵩脑筋快，他的同伴脑筋更快，立刻就想到了是当朝的第一红人，官职不高，地位重要的兵部给事中夏言，他的江西老乡举荐的。于是，有人叹气，到底是朝中有人好做官啊！美不美，故乡水；亲不亲，故乡人，谁让人家是老乡呢！嘉靖初年，朱厚熜嗣位以来，夏言为最重用之人，立规矩，改章法，新皇帝无不嘉纳。因此，他的话，一言九鼎，非同小可，他要为严嵩说项陈词，郑重推介的话，那就等于拍板定案。大家知道，严嵩为江西分宜人，夏言为江西贵溪人。虽然，分宜在宜春附近，靠近湖北；贵溪离鹰潭不远，紧挨福建，一西一东，相距甚远。但是，江西人只要出了省，碰在一起，叙起乡谊，一律以"老表"的昵称招呼，以示一种地缘上的亲近。因此，老乡夏言将老乡严嵩在皇帝面前予以美言，也是顺理成章之事。

据明代焦竑在其《玉堂丛话》中写过，这个严嵩是挺能拉这种"老表"关系的："高中玄为严介溪门生，师生好相谈谑，为编修时，严自内直回，往候之，适其乡人如墙而立，严一至，众张拱以前，高曰：'有一雅谑，敢为老师道之否？《韩诗》中两语，与目前事酷相类。'曰：'何语？'曰：'大鸡昂然来，小鸡竦而待也。'严亦大笑。人素嘲江西人为鸡，故云。"看来，这种乡党关系，从来就有，各省之中，江西最盛。一声"老表"，不亲自近，绝对有可能的。

不过，严嵩之对夏言，或夏言之对严嵩，很有点给江西人丢脸。这两位"老表"，既说不上抱团儿，更谈不到亲近。夏言把严嵩压在屁股底下，让他喘不过气来，凌辱得够呛。严嵩更不是好饼子，以柔克刚，以小事大，一方面向他点头哈腰，装三孙子；一方面在嘉靖耳朵根子底下，日以继月、月以继年地说他的坏话。最后，水滴石穿，到底让朱厚熜对夏言大为光火，砍了这个"老表"的脑袋。如果他们两个始终是文人，只是文人，仙人洞，开笔会；滕王阁，办讲座；鄱阳湖，赛诗歌；井冈山，写小说，这两位必然是文学赣军的主力，足可以横扫大明文坛。可一玩政治，一弄权力，便完蛋了。据说，严嵩的老婆欧阳氏，在他火得一塌糊涂的时候，曾经浇过他的凉水，"君莫忘钤山十年苦读时"，严嵩一听，虽有醍醐灌顶之感，可他已经身不由己，如同骑在虎背上，下来是死，不下来也是死。在这场政治角力中，只有奉陪到底。于是，以血为墨，以头做笔，来书写自己人生的句号，两人都未得善终，细想起来，真是不胜悲夫！

唐人王勃作《滕王阁序》，"物华天宝，人杰地灵"的江西，确实出现不少优秀人才，宋、明两代，尤以为最。夏言和严嵩，这两个基本上的同龄人（严生于1480年，夏生于1482年），不仅是玩政治的高手，在文学上也具有相当造诣。明代沈德符《万历野获编》卷八里，专门有一节讲到这两位首辅的文学成就。

严分宜自为史官，即引疾归卧数年，读书赋诗，其集名《钤山堂集》，诗皆清利，作钱刘调，五言尤为长城，盖李长沙流亚，特古乐府不逮之耳。夏贵溪亦能诗，然不其当行，独长于新声，所著有《白鸥园诗蕙》，豪迈俊爽，有辛幼安、刘改之风，其谋复河套，作《渔家傲》词，亦其一也。二公故风流宰相，非伏猎弄獐之比，独晚途狂谬取败耳。

将严嵩的五言诗抬到"李长沙流亚"的高度，恐怕非沈德符一人的见解，而是当时比较一致的看法。连与严嵩有杀父之仇的王世贞，也认为"孔雀虽毒，不掩文章"，不能以人废文，否定他的诗作。后来，清代的纪昀，主编《四库全书》，在其《总目提要》中，对严嵩的诗，也不得不承认其吟咏之工。现在，几乎没有什么人谈到他的诗，连他的《钤山堂集》，也难见踪影。诗文之外，这位权奸的书法，同样值得称道。圆润丰腴，浑厚泰然，功力不凡，别具一格，绝非当代那些手中既握权、也握笔的长官级书法家，所能望其项背的。别人写出来的字，是你看它，而严嵩写出来的字，是它看你。字好字坏，厉害就在这里。谓予不信，北京城里至今还留存着他的遗墨，一是卖酱菜的六必居，一是卖中药的鹤年堂。前者在煤市街，后者在菜市口，这两块招牌仍挂在那儿，路过那里，大可贴近体验一番。

夏言《桂州集》的诗词，纪昀评价不高，"集内词亦未甚工，诗文宏整而平易，犹明中叶之旧格"。不过，对他的《南宫奏稿》，较为肯定。"明代典章，至嘉靖而一大变，史志但撮举纲要，不能具其建议之所以然。观于是集，端委一一俱在，录而存之，亦议礼者得失之林，非谓其持论之皆当也"。如今，夏言更不为世人所知，恐怕连当下江西"老表"也早把他忘了，远不如他的同乡严嵩，在中国普通老百姓心目里所具有的知名度。尽管被唾弃，但从三尺童稚，到耄耋老人，无人不知；从通衢大道，到穷乡僻壤，无人不晓。从这个意义上讲，东晋人桓温所说，"大丈夫倘不能流芳百世，亦当遗臭万年"，就不能说它毫无道理。你要造名，你要炒作，你就得不择手段，你就不能顾你那张脸皮，你就不能不将大司马桓温的名言视为金科玉律。

史称，处于弱势地位的严嵩，始终很想巴结夏言，而且也是十分讨好夏言的；但处于强势地位的夏言，就是不想让他巴结，就是不接受他的讨好。其实，这两位在文学上出类拔萃，在政治上青云直上的江西"老表"，一辈子疏隔嫌隙，是有着久远的互不相能的因缘。第一，严寒素出身，夏世家门第，这种家境的差异，遂决定他们嗣后为官做人的分野，谋事求生的不同。大概自幼穷怕了的严嵩，得权以后，贪欲无尽，拼命攫取，成为永无厌足的吃角子老虎机；从来富惯了的夏言，养尊处优，骄奢侈靡，手中有权，便益发地傲慢恣肆，为所欲为，上下左右，略无半点忌惮之意。第二，严发达早，弘治十八年（1505）就科举及第，成为进士，因为家境困蹙，他必须努力奋斗，方能摆脱厄运；而夏出道晚，也是由于家境优裕，用不着那么悬梁刺股，刻苦卖命，迟至正德十二年（1517）才中了进士。以封建科举的功名伦理来讲，登第之先后，释褐之早晚，也是一种摆谱的资历、要价的本钱。

严嵩是老资格、老先生、老作家，当属无疑，夏言不过相当于乳臭未褪的"80后"，也无话好说。因此，这两人虽为乡党，但志向分歧，旨趣不同，品位悬殊，性情有别，彼此存在隔阂，也是一种必然。

正如当代文坛，"80后"可以肆无忌惮地修理老家伙，老家伙还不敢有脾气。而在科举年代，早出道一届，便是终身的学长；即或京剧诸如富连成的科班，有哪个晚辈敢龇前辈的毛？但是，文人有点异类，自古以来，就不大讲究年齿辈分，长幼有序，基本上是你不尿我、我不尿你的相轻状态。你树大根深，著作等身，我硬看扁你，你能奈何我吗？我小荷刚露尖尖角，前途未可限量，干吗要向你致敬？作为晚生，作为后进的夏，对于又是同乡，又是前辈的严，不拿正眼瞧，严也只好咽下这口气，谁让我们是文人呢？同样的道理，夏为侍读学士，直经筵日讲，红得简直发紫。严在南京翰林院，在北京国子监，早九晚五，一杯茶，一张《参考消息》，乃枯坐熬钟点的上班族，相对大红大紫的夏，他的色彩基调灰暗得厉害。俗例，在职务级别的高低上，官大一品压死人，可作为文人的严，灰溜溜或溜溜灰，又如何，文人是不讲这一套世俗道理的。照样不买账那如日中天的夏，照样拍桌子吼一声你算老几，借以消食化痰，出心中这口鸟气。

人是有感情的动物。而文人，感情则尤其的丰富。感情丰富，写在纸上，便是洋洋洒洒的文章，但用在待人处世上，那些属于情绪发作的感情，那些属于意气用事的感情，就会冲决思想的控制、理智的束缚，便成了文人精神上无法忍受他人比自己强的致命弱点。如果严嵩和夏言，只是明代官场中的一般的政府官员，常见的技术官僚，泛泛的翰林学士，地方的封疆大吏，这两位江西"老表"，没准会结为很好的搭档。但不幸的是，他们一是有成就的文人，二是有名气的文人，成就和名气，既是资本，也是包袱，更可能是毒药，便决定了他们俩只能做对头，而不会做朋友，更不用说咱俩是老表互相帮衬了。羊和羊相遇，各不相干，大家低头吃草；狼和狼相逢，必有一拼，不是你死就是我活，这就是食草动物和食肉动物的区别。也许他们本来是羊，但到了权力场中，数十年厮混下来，便不能不是狼了。

严嵩此次大出风头的祭奠之行，尽管出于老表夏言的引荐，他心存感激，也是真的，但并非由衷感激，也是真的。因为严嵩不是什么良善之辈，早算了细账：

第一，满朝文武，你找不到比我更符合主祭的人选。

第二，嘉靖皇帝家学渊源，这个文学青年不可能不知道继李东阳之后，在当代文坛上跟这位"西涯先生"有一拼的，舍我其谁？

第三，你要不举荐我的话，或者，你毛遂自荐揽下这份差使，在有识之士的眼里，就要看透你的小格局，小家子气。

第四，不客气地说，阁下在文学这个领域里，相对鄙人而言，还差一点火候呢！

小人，无所谓朋友。用得着是朋友，用不着就不是朋友，通常都是现用现交。因此，可以想象，严分宜不会到夏府登门拜谢的。而且，他盘算好了，通过这次祭奠，跟皇考挂上钩，也就等于跟皇上挂上钩，到那时，你夏言就得看我脸色行事了。所以，严嵩到了安陆之后，便利用这个最佳舞台，充分展现他的表演天才。要眼泪，一把一把；要悲哀，高歌当哭；要悼诗，脱口而出；要祭文，挥笔成章。加之他个子高，跪在那里，也高出众人一头。嗓门大，说出话来，如雷贯耳，满座皆惊。他明白，他这一切，都是演给一个并不在场的观众看的，那就是朱厚熜。他更明白，别看朱厚熜到了北京当皇帝，这里是他的发祥地，"耳报神"会将严嵩的表现，一一反映上去的。看来，要成为出名的人，无论出好名、出美名，也无论其出恶名，出臭名，都需要一种异禀。必须能做出他人做不出，也做不到的举止行状来，必须能想到他人想不出，也想不到的议论名堂来，让人跌破眼镜，让人大惊失色，让人叹为观止，让人五体投地，这才会产生效果，产生反响。

严嵩回到北京，继续把这出戏做足做够，上书嘉靖皇帝："臣恭上宝册及奉安神床，皆应时雨霁。又石产枣阳，群鹳集绕，碑入汉江，河流骤涨。请命辅臣撰文刻石，以纪天眷。"（《明史·奸臣》）因为他那敏锐的嗅觉，嗅出了当今皇上的兴趣所在，爱好所在。于是，他便在报告里，投其所好地大讲祥瑞，大讲灵异，这就是严嵩的奸人异禀的特殊能量了。在中国封建社会里，嘉靖是一个极迷信的皇帝，自封"灵霄上清统雷元阳妙一飞元真君"，能二十来年将自己关在西园里练丹熬药，以求长生，不上班，不问政。有事没事，斋戒打醮，一天到晚，烧香念咒，弄得整个朝廷乌烟瘴气。严嵩非常准确地号中这位皇帝的脉，专心致志地撰写道教祷祝用的"青词"（因诗文祭辞书写在青纸上而名），以求朱厚熜之赞赏。明人于慎行在《谷山笔尘》里说过，"嘉靖末年，文学侍从诸臣，多以撰述玄文入值西苑，恩礼优越，百僚莫望焉"。

公元 1542 年(嘉靖二十一年)十月，发生了壬寅宫婢之变，几个宫女差一点将这位不是东西的皇帝勒死，从此，他就把自己封闭起来。此人在位一共 45 年，有 20 年不上朝，不视事，这也给了严嵩掌控朝政的机会。这 20 年里，他永远在西园值班，不分昼夜，24 小时当差，随叫随到，恭候差遣，连回家洗澡换衣的时间都挤不出来。那个没有被勒死又缓过气来的朱厚熜，就通过他管理这个偌大的王朝。在此之前，朱厚熜或打或拉，或近或疏，或升或降，或杀或谪，操纵大臣于股掌之上，满朝文武被他管理得无不服服帖帖。先后用首辅七八位之多，每个人都干不长，多则三五年，少则几个月，只有这个严嵩，一干就是二十年，恐怕不仅仅是异禀，而是什么特异功能了。

清代谷应泰在其《明史纪事本末》中感慨系之："严嵩相世宗，入于嘉靖二十年八月，去位于嘉靖四十一年五月。盘踞津要，盗窃宠灵，凡二十余岁，比之林甫相玄，宠任十九岁，元载辅代，骄佚十余年，嵩且过其历矣！"谷先生不禁奇怪："考嵩以茸闒庸材，黩货嗜利，帝号英俊，竟称鱼水，嵩遵何道哉？"这就是一种假天真的发问了。第一，严嵩固然不是东西。第二，嘉靖其实更不是东西。民间有句俗话，鲇鱼找鲇鱼，嘎鱼找嘎鱼，混账与混账之间，也是有其同声相应、同气相求的心灵勾通功能的。据西方科学家的实验，放在地下室里一块未加收藏的干酪，只要被一只老鼠发现，它发出的信息，足可以使 1000 米方圆里的同类接收到，并迅速地一齐朝这个方向游走聚集。

因此，从安陆回到北京以后的上书，其实就是严嵩在向

嘉靖发出信号，果然，嘉靖响应了。"帝大悦，从之。迁吏部左侍郎，进南京礼部尚书，改吏部。"（《明史·奸臣》）

这个结果，当然大出严嵩意外，拿到这纸文书，一屁股坐在那儿，喘不出气来。官倒是升了，却打发到他极不愿去的南京。到南京，就等于被雪藏，被冷冻。而且，此公在冰箱里一待就是五年，不长毛，不发霉，才见鬼呢！呜呼，人的一生，有几个五年啊！严嵩当然不甘心，贼滑贼精的他，根据种种蛛丝马迹，知道这绝非嘉靖本意，而是夏言从中作梗的结果，便把全部的仇恨集中在这位同乡身上。

因为那一年，夏言调吏科，他的目标是礼部尚书，只要登上这个台阶，下一步即为首辅，也就是宰相。若严嵩留在北京的话，势必起到搅局的作用。而且，严嵩还清楚，当时夏言能决定自己的去向，并非朱厚熜赏识夏，倚重夏，而是这位极有心机，极擅权术的皇帝，需要夏言来钳制因"大礼仪"而暴得富贵的张璁、桂萼。严嵩看出来了，拉一个，打一个，是朱厚熜的老手段。夏言还糊涂着呢，竟深信皇帝对这两个江西"老表"的选择，是站在贵溪这边，而不是站在分宜那边。《明史》称夏言："眉目疏朗，美须髯，音吐弘畅，不操乡音。"夏言认为一口京片子，好讨皇帝欢心，胜过赣西口音的严嵩百倍。严嵩不禁偷着乐，殊不知赣西和鄂东相邻，语系相近，在安陆长大的朱厚熜，听严嵩那土里土气的乡音，没准反而更为亲切呢！

文人尝到权力的甜头以后，通常不能罢手，严嵩当然不甘在南京沉沦下去。必须回到北京，必须挤进那桌权力的最高盛宴中去，而要达到这个目标，除了打响诗人的金字招牌，营造强大的轰动效应，别无他计。同时，这也是极有可能进入曾经是文学青年朱厚熜视线的捷径。他可没少折腾，诗集印了一版又一版，墨宝题了一幅又一幅，连卖酱豆腐、萝卜条的咸菜店招牌，都不吝笔墨，可以估计他宣传的覆盖面，该铺得多广多大。幸亏那时没有什么电视选秀，没有什么文学讲坛，否则，他那张肉脸，肯定要充斥于大明王朝的荧屏之上，成为观众挥之不去的视觉灾难。冲这一点，我非常羡慕明朝观众的好命，少看多少张堵心的面孔啊！

哄抬的气氛逐渐造足，炒作的效应日益显现，严分宜终于找到了在文坛之上，那种领袖群伦的感觉。公元 1535 年（嘉靖十四年），此公大摇大摆来到京师，以文化要人的身份，以首席诗人的身份，以大众书法家的身份，来为皇帝陛下庆贺万寿节。哇！京城处处说分宜，翰林院开他的联欢会，国子监开他的茶话会，老文人开他的恳谈会，全城士子都为他那首表明心志的《东堂新成》七律倾倒。

> 无端世路绕羊肠，偶以疏懒得自藏。种竹旋添驯鹤径，买山聊起读书堂。开窗古木萧萧籁，隐几寒花寂寂香。莫笑野人生计少，濯缨随处有沧浪。

在一片叫好声中，有人提出来，分宜先生别回南都了，应该留在北京，为文坛添光增彩。正好，"会廷议更修《宋史》，辅臣请留嵩以礼部尚书兼翰林学士董其事"。（《明史》）

熟悉官场运作过程的内行都明白，凡组织部门决定人事的变动，没有最高当局的点头、认可、示意、吹风，是不会出台的。肯定那位曾经是文学爱好者的朱厚熜，对严嵩一直未能忘情，而且，陛下的文学鉴赏力也足以分得出严和夏的差别，估计，夏言看得出朱厚熜的心思，知道再也挡不住这位"老表"，何况，他也得遂心愿进了内阁。于是，顺水推舟，公元1536年（嘉靖十五年）冬十二月，"命嵩还掌部事"。

如果夏大人，改弦易辙，与这位"老表"重叙乡情，共商国事，也许不至于最后落一个身首异处的结果。通常，大文人，建万世之基业，小文人，争一日之短长，而夏言，大小皆不靠，完全是一个被权力扭曲了的"自大狂"。他将一条狼，当成一只狗，而且呼来叱去，这就只能怪他有眼无珠，自找倒霉了。夏言也许了解严嵩的文学才华比自己要高，但未必了解严嵩的政治智商比自己更高，尤其不了解严嵩的睚眦必报的狼子野心，比自己不知要高出多少倍。从焦竑《玉堂丛话》所载两人的龃龉小节，就懂得严嵩何以"无毒不丈夫"对待夏言的由来。

> 严相谓华亭公："吾生平为（夏）贵溪所狼藉，不可胜数，而最不堪者二事。其一，大宗伯时，贵溪为首揆，俱在值，欲置酒筵贵溪者数矣，多不许，间许，至前一日而后辞，则所征集方物，红羊、貔狸、消熊、栈鹿之类，俱付之乌有。其二，次揆诸城为从史，（夏）则曰吾以某日赴，自阁出，即造公，不过家矣。至日，诸城为先憩西朝房以俟。而贵溪终过家，寝于它姬所，薄暮始至。就座，进酒三勺，一汤，取略沾唇而已。忽傲然起，长揖，命舆，诸城亦不敢后，三人者，竟不交

一言。"

又载：

> 夏言久贵用事，家富厚，高甍雕题，广囿曲池之胜，滕侍便辟及音声八部，皆选服御，膳羞如王公。故事，阁臣日给酒馔，当会食，言与嵩共事二载，言不食上官供，家所携酒肴甚丰饫，什器皆用金，与嵩日对案，嵩自食大官供，寥寥草具，不以一匕及嵩也。

夏言根本不明白引狼入室，会给自己带来什么灾难。他对自己很笃定，他对嘉靖很有信心，他对未来很有把握，所以，他对严嵩很小看，坚信小鱼翻不起大浪。可严嵩在南京，或许动不了你的一根毛，现在进入这样一个有利的战斗位置，端起枪来，正好对着阁下的脑袋，岂有不跟这位宿敌进行清算的道理？翻阅《明史》和《明史纪事本末》，就知道他是如何处心积虑地一步一步将夏言打败，并使其从眼前消失的。

第一步：释疑。

> 尝置酒邀言，躬诣其第，言辞不见。嵩布席，展所具启，跽读。言谓嵩实下己，不疑也。
> 子世蕃方官尚宝少卿，横行公卿间。言欲发其罪，嵩父子大惧，长跪榻下泣谢，乃已。

第二步：固宠。

十八年二月，景云见。严嵩请帝御朝受群臣贺，嵩乃作《庆云赋》《大礼告成颂》上之。帝南幸，严嵩从，赏赉优渥，与辅臣等。

二十一年八月拜武英殿大学士，入直文渊阁，仍掌礼部事。时嵩年六十余矣，精爽溢发，不异少壮。朝夕直西苑板房，未尝一归沐浴，帝益谓嵩勤。

第三步：使坏。

上在西苑斋居，许入直诸贵人得乘马。言独用小腰舆以乘，上怪之，勿言。会上不欲翼善冠，而御香叶巾，令尚方仿之，制沉水香为五冠，以赐言及嵩等。言密揭谓："非人臣法服，不敢当。"上大怒。嵩于召对日，故冠香叶，而冒轻纱于外，令上见之。上果悦，留嵩慰谕甚至。

上左右小珰来，言恒仆视之。诣嵩，必执手延坐，持黄金置其袖中，故珰辈争好嵩而恶言。上或使夜瞰嵩、言，言多酣寝。嵩知之，每夜视青词草。初，言与嵩俱以青词得幸。至是，言已老倦，思令幕客具草，不复简阅，每多旧所进者，上辄抵之地，而左右无为报言。嵩则精其事，愈得幸。

第四步：下手。

二十七年春正月，嵩既忌言，会都御史曾铣议复河套，言主之，而嵩则极言不可，语颇侵言。及言请给宝剑，得专戮节帅以下，上亦稍稍恶之。会澄城山崩裂，又京师大风，上益疑。以套议问嵩，嵩诋言"擅权自用"。及退，复上书劾铣"开边启衅"，言"雷同误国"，并自求去甚力。上温旨留嵩，而切责言。帝乃命缇骑捕铣至京，因尽夺言职，俾以尚书致仕。

三月，杀都御史曾铣，锦衣卫阿嵩意，谓铣行贿夏言。

冬十月，言既归，舟至丹阳，复就逮至京，上疏极陈为严嵩所陷。帝不听。值居庸报警，嵩复以言开衅力持，竟坐与铣交通律，弃西市。言既死，大权悉归嵩矣。

不过，严嵩也未能高兴得太久，接下来，他的后任再次上演这种权力争夺战。

看嘉、隆、万三朝首辅的下场，要比时下连续剧，不知精彩多少倍。先是夏言被严嵩弄死，后是严嵩被徐阶整倒，而徐阶最终被高拱搞臭。高拱还没有来得及得意，又被张居正迅雷不及掩耳地干掉。张居正倒是威风了一辈子，可他闭眼以后，万历皇帝差点将他刨坟开棺，燔尸扬灰。这几位进入大明王朝最高权力场的文人，无一不由羊而狼，先咬人而后被人咬，成为历史的话柄。

因此，权力对于文人而言，福兮祸兮，还真是得两说着呢！

万历年间

明代文人张大复在《梅花草堂笔谈》中说道："泰昌初，发帑罢税，何论边徼关梁，抃舞讴诵，即穷巷妇女稚子，皆有生气尔。时斗米伯三十钱，民间不见所苦。垂白之老，喜谈朝政。大行诏下，莫不唏嘘掩涕，如丧考妣，果有此事。"以此说法，可以反证前朝万历年间，中国人过着应该还算相当快活的日子。按照封建帝王的败亡周期率，执政年头愈久，国家败坏愈烈，统治危机愈大，百姓受难愈深。万历朱翊钧于公元1573年登基，公元1620年驾崩，在位48年，居然太平无事到他躺到定陵，然后，又接着太平无事好几年，令人不禁咄咄。正是如此，他的儿子朱常洛继位，大明天下，便是张大复文章中誉扬的那个"民间不见所苦"而且"皆有生气"的社会。

有清一代的文史学者，对万历朝多持否定的看法，对万历个人颇不以为然，难道张大复的文字，是在粉饰太平？事实似乎并非如此，明末清初的文人丁耀亢，写过一首《古井臼歌》的长诗，其创作主旨也是在赞咏他曾生活过的万历年间。"忆昔村民千百家，门前榆柳荫桑麻。鸣鸡犬吠满深巷，男春妇汲声欢哗。神宗在位多丰岁，斗粟文钱物不贵。门少催科人昼眠，四十八载人如醉。"已是清朝康熙时人的他，用得着拍前朝万历的马屁吗？这几句忆旧的诗，发自肺腑，当无疑义。《古井臼歌》使我们想起唐代杜甫的"忆昔开元全盛日"的《忆昔二首》，诗人，最为感情丰富，时过境迁之后，很容易产生出来对于往昔盛世的怀念。开元年间的李隆基堪称英主，或许值得杜甫留恋，这个胖乎乎的朱翊钧，能够与唐玄宗相比吗？

朱翊钧早年当学童时，还算是一个乖顺的孩子，后来亲政，江山坐稳，则绝对是一个不成器的败类。

第一败，他是中国历史上最为消极怠工的皇帝，史称："二十余年不视朝，群臣从不见皇帝之颜色。"（钱穆《国史大纲》）甚至有做了三年御史的刘光复，没见过这位帝王一面，头一回登殿，越次发言，万历大发雷霆，你是什么东西，竟敢胡乱插嘴，连叱拿下。吓得他尿屎一裤，顿成土偶人，也就是植物人吧，为历史一大笑话。

第二败，他的行政机构，乃是中国历史上数得着的最为空转无能的政府，史称："万历二十九年，两京缺尚书三、侍郎十、科道九十四。天下缺巡抚三、布按监司六十六、知府二十五。朝臣请简补，不听。三十四年，王元翰疏：'朱赓辅政三载，犹未一觌天颜。九卿强半虚悬，甚者阖署无一人。监司、郡守亦旷年无官，或一人缩数符。两都台省，寥寥几人。行取入都者，累年这被命。庶常散馆，亦越常期。御史巡方事竣，遣代无人。九边岁饷缺至八十多万。天子高拱深居，章疏一切高阁。'四十一年，叶向高疏：'自阁臣至九卿台省，曹署皆空。南都九卿，亦止存其二。天下方面大吏，去秋至今，未尝用一人，陛下万事不理，以为天下常如此，臣恐祸端一发不可收也。'俱不省。全国政事归皇帝独裁，皇帝又不向任何人负责，朝政懒废堕弛至此，亦历史中奇闻也。"

第三败，他还是一个极其能搜括，极其能敛财，极其能挥霍，极其性疯狂的几乎不可救药的最高统治者。到了晚年，他像吸血鬼似的开征各式各样的恶税，盘剥百姓。张大复文中起首所说的"罢税"，就是指朱常洛即位后的德政，废除他老子这些天怒人怨的税政。

第四败，他一生做得最成功的事情，莫过于他未成年前，将整个大明王朝，交给张居正治理；然而，他一生做得最失败的事情，是在他成年以后，对死去的张居正进行报复性清算，而尤为混账的，还彻底否定了实际上已取得成功的改革成果。所以《明史·神宗本纪》认为："明之亡实亡于神宗。"清人赵翼在《廿二史札记》中说："明之亡，不亡于崇祯而亡于万历。"近人孟森对明朝衰亡的脉路，加以梳理："明之衰，衰于正、嘉以后，至于万历朝则加甚焉。明亡之征兆，至万历而定。"（孟森《明史讲义》）

万历坐了48年的江山，在中国全部帝王中，为排名第五的在位时间最长者，他的后代可就没有这份好命了。他的儿子朱常洛，庙号光宗，年号泰昌，仅1年；他的孙子朱由校，庙号熹宗，年号天启，仅7年；他的另一个孙子朱由检，庙号思宗，年号崇祯，在位17年，李自成进北京，自缢煤山。这就是说，万历的一子、二孙、三朝，共25年，只用了他在位时间的二分之一，就将大明王朝玩得土崩瓦解。反过来思索，万历差不多是在其子其孙的双倍时间内，任意随性，胡作乱为，也没有将这个帝国消费完，还留给朱常洛一个"皆有生气"的社会。在张大复文中与"罢税"同提的"发帑"，足以说明万历虽是一个败家子，但还是给他后人留下相当数量的真金白银。泰昌初，朱常洛能动用内库160万两，以作饷银。这可不是小数目，160万两白银，约相当于现在的3亿3000万人民币。内库只是国库的一部分，可证朱翊钧这个败类，这么大把地糟塌国帑，竟然还能给儿子留下来为数可观的钱。

万历年间，那富足，那充裕，当是历史的蹊跷了。

隋炀帝杨广，14年工夫，就把隋朝折腾光。朱翊钧胡搞48年，大明王朝安然无恙，绝对应该垮而未垮。他的后人，尤其那个崇祯，不可谓不尽心，不竭力，千方百计想不垮而终于垮了，而且垮得非常之惨。北京人亲眼目睹，崇祯爷挂在煤山那棵歪脖树上，一只脚穿鞋，一只脚跣着，其狼狈可想而知。1949年我来到北京，那时还叫北平，我在煤山上看到这棵歪脖树，因为它犯过弑帝之罪，用大铁链子锁了起来，以示惩戒。"文革"期间，骄横跋扈的某人，一时兴起，将这棵树砍了，那是当然的"四旧"了。想不到，她最后也走上崇祯走过的绝命之路，在狱中自缢而亡。我是不大相信报应这一说的，但她的死与砍这棵歪脖树，不能不令人产生因果的联想。崇祯最后被围城中，士兵乞饷，国库拿不出一两银子，他只有张嘴朝王公大臣、皇亲国戚借。可怜哪，大家像打发一个叫化子似的三万五万地给。想想万历年间的那用不完的钱，哪怕想想万历年后的泰昌仍钱淹脚面，要让崇祯不上吊也难了。

虽然西谚有云：阳光之下，没有什么新鲜事。但我一直认为，万历年间的中国人过得比较滋润。由此推想，万历年间的一众文人，也比史上任何一个朝代的同行，活得更加开心。朱翊钧廷杖起大臣来，也是蛮恐怖的，张居正"夺情"一案，数十位谏官，无不当场剥光裤子，袒露屁股，被打得皮开肉绽，奄奄一息。但他从来不搞文字狱，这实在是了不起，在中国，几乎所有皇帝，都患意识形态恐惧症，防文人比防盗贼还来劲。万历这个人，应该说很糟糕，但终其一生，他没有跟文人过不去过，在这一点上，他要比手上沾满中国文人鲜血的康、雍、乾，不知圣明多少倍。

也许这是万历的性格所致，他除去对性、对钱感兴趣外，不怎么关心文学，也不怎么热衷文艺活动。以当下的网络语言描述，朱翊钧绝对称得上是一位宅男。除了偶尔视察他的陵寝修建状况，从不露面于公众。唯一的一次，应该是万历十三年（或十五年）的夏天，因为京城久旱不雨，他亲率数千臣僚，由紫禁城出发，到天坛祈雨，然后又原路返回。坚持步行，拒绝坐车，要比今天那些嘴上挂着人民公仆，却以人民父母官自居作威作福者，尽职敬业得多。

所以，万历年间，由于他不管、少管、懒得管，中国文人的活跃，可谓空前，达到放肆、放任、放浪、狂放的程度。从15世纪下半叶，到16世纪上半叶，文化思想之发达，文学艺术之繁荣，人文精神之张扬，人性觉悟之高涨，堪称前所未见；提倡个性解放，摒弃禁欲主张，破除儒学樊篱，冲决礼教束缚，更是闻所未闻。我相信，人类，作为地球上的命运共同体，在其进展的历史长河中，道路不尽相同，步伐未必一致，但必得迈过的门槛，必得经历的洗礼，必得升华的精神，必得付出的代价，是无可回避的。该来的，总是要来的，也许早一点儿，也许迟一点儿，但不会留下时代空白。这一场与西方世界同步的，具有中国特色的文艺复兴运动，也许可能与二十多年不上朝的万历，疏于对文人的"关爱"，有些什么关连，但并不起决定性作用，文艺复兴运动，是全球走出愚昧，走出奴役，随着资本化、市场化逐步发展的必然趋势。所以，公元1616年（万历四十四年），英国的莎士比亚，中国的汤显祖，相继同年离世，虽是偶然的巧合，却是东西方文艺复兴运动难得合拍同调的注脚。

研究这两位戏剧家的来龙去脉，就会懂得他们同时在16世纪展现出超人的戏剧天才，似乎是偶然，但也是必然。第一，这个时代需要大师。第二，这个时代催生大师。第三，一个发生着巨大变化的时代，也应该是一个大师辈出的时代。而决定这个时代会不会、能不能出现翻天覆地变化的，是经济，是财富，是看得见、摸得着的真金白银。莎士比亚，这个手套匠的儿子，公元1585年，时为中国万历十三年，从家乡来到伦敦谋生。泰晤士河口桅杆耸立，船旗飞扬，停泊着世界各地的商船，装卸着万国商贸的货物，这座贸易发达、商业繁荣的大都市，赶上了资本主义的上升期，像烤面包一样迅速膨胀起来。尤其公元1588年打败了西班牙的无敌舰队后，伊丽莎白一世女王统治下的英国，强大而且富足。莎士比亚来的正是时候，很快在剧团找到工作，很快因剧本大赚英镑。而伦敦人吃饱喝足以后，就会走进剧场消磨傍晚。文化消费，本身就是一种商业行为，商业愈发达，文化消费愈盛行，文化消费的高涨，也带动上下游产业的兴旺，这充分说明经济实力的提升，势必推动文化艺术的进展和繁荣。甚至那位不可一世的女王陛下，也成为莎士比亚的忠实粉丝。于是，莎士比亚征服了伦敦，也征服了世界。

同样，公元1598年（万历二十六年），汤显祖弃官遂昌的那年秋天，完成了他的杰作《牡丹亭》。首次演出，盛况空前，造成了一曲《惊梦》万人空巷的痴狂反响。时人誉曰"京华满城说惊梦""魂兮归来话杜娘"，谈论《牡丹亭》，品评玉茗堂，成为京师的一种新时尚。当舞台上杜丽娘魂兮归来，风情万种地唱起"良辰美景奈何天"时，有多少有情人为之垂泪，又有多少钟情女为之肠断。在张大复的《梅花草堂笔谈》中，有一篇题名"俞娘"的短文，记叙一位酷嗜《牡丹亭》传奇的少女，叹惜剧中人的命运，十七惋愤而终。由此看到《牡丹亭》问世以后，由京师而外省，由中原而江汉，家家咏唱，处处弦歌，一时所及，无不披靡，成不可遏止之势。明人沈德符说：《牡丹亭梦》一出，几令《西厢》减价。"清人俞用济说：《牡丹亭》唱彻秋闺，惹多少好儿女为它伤心到死！"次年，汤显祖作《南柯记》；再次年，《邯郸记》脱稿。几年间，他的戏剧成就，达到了巅峰。

如果说，莎士比亚的成功，是因16世纪英国进入资本主义社会，正处于上升的强盛期，给予他施展才华的最佳时刻；那么汤显祖的成功，正是赶上了万历年间，由最初的富足富有，到真正的富裕富饶的爆发期，使他得以大显身手。可以想象，在灯红酒绿，茶楼饭馆，靓男美女，歌场舞榭，声色犬马，三瓦两舍，丝竹管弦，歌舞升平的表面现象后面，颇具规模的资本经济实力，所形成的拥有财富的新兴阶层，在大都市中涌现，然后遍及城乡，已是一个很可观的政治集群。这个阶层涌动着强烈消费欲望，其文化需求，和躺在地头上由着太阳晒屁股讲两个荤笑话就心满意足的农民不同，他们渴望着美学价值高一些，文化品位强一些，以市井人物为主体，以城市生活为背景的文学艺术出现，是再正常不过的事情。经济基础决定上层建筑的变化，盛世有华章，绝代出钜作，汤显祖的《牡丹亭》，在这样的文化大潮中，应运而生。加之当时，不仅有职业剧团，还有家养戏班，甚至文人如屠隆、如张岱，也都拥有自己豢养的家班。一些名气很大的文人，如王世贞、如徐渭，也都投身戏剧创作，著《梅花草堂笔谈》的昆山张大复，这位接近于双目失明的文人，他的生活来源并非依靠他写的散文那点菲薄收入，而因为他是剧团的职业编剧，终其一生，写了将近四十部戏，才过上差可遂意的日子。

清代赵翼所说，万历年间"世运升平，物力丰裕"。明人凌濛初作《拍案惊奇》的书前序中说："近世承平日久，民佚志淫。"物质的满足，必定催熟精神的丰收。这就是万历年间，一方面是物质生活的普遍富庶，一方面是文化消费之如饥似渴，经济动力推波助澜，上层建筑风生水起。正如近人樊树志在《晚明史》中的论断："万历朝堪称有明一代最为繁荣昌盛的一段时光。正是中国融入世界的时代，中国与全球发生密切关系的时代，中国伴随'西学东渐'而发生巨变的时代。"正是这些外部因素的共同作用下，给晚明文化注入了前所未有的标榜自我，张扬个性，突出多元，追求逸乐的特性。于是，在中国历史上，被褒之曰"繁荣昌盛"的万历年间，同样也是以良莠斑驳的色彩、薰莸杂陈的光影而引人注目。

顾炎武的《日知录》，对朱翊钧的看法很恶，他对断送了大明江山的这位昏君，十分愤慨，也是情理中事。但他在谈到"自神宗以来，黩货之风，日甚一日"时说："万历以后士大夫交际，多用白金，乃犹封诸书册之间，进自阍人之手。今则亲呈坐上，径出怀中。交收不假他人，茶话无非此物。"他所说的这些用来公然行贿的"白金"，即白银，却使我们获知万历年所以"繁荣昌盛"的奥秘。

以银代币，自明朝开国以后，直到中叶，是严令禁止的。为什么到了万历年间，有如此多量的银两，流通于社会，出进于市廛，交换于贸易，乃至于行贿于官场呢？据美国学者弗兰克（AndreGunderFrank）的《白银资本》的考证："16世纪中期至17世纪中期，美洲生产的白银30000吨，日本生产的白银8000吨，两者合计38000吨，最终流入中国的白银，为7000吨或10000吨。因此，在那一百年间，中国通过'丝—银'贸易，获得了世界白银产量的四分之一至三分之一。"正是这些真金白银，给万历年间上至政府，下至百姓，带来了物质的丰裕。这大把银子，若是进入国家财政，当然国就富，若是放在民众手里，当然民就强。而国富民强之后走正道，自然也就兵精粮足，兵强马壮。有了巩固的国防，外敌不敢觊觎，边寇不敢启衅，这是中国盛世王朝必走的强国、强军、强民之道。

然而，万历年间，却上下一致地反其道行之。其实，明代的奢靡，嘉万之际，就成风气。生于熹靖晚年，死于万历初年的何良俊，在其《四友斋丛说》中，说他"尝访嘉兴一友人，见其家设客，用银水火炉金滴嗉。是日客有二十余人，每客皆金台盘一副，是双螭虎大金杯，每副约有十五六两。留宿斋中，次早用梅花银沙锣洗面，其帷帐衾裯皆用锦绮，余终夕不能交睫。此是所目击者，闻其家亦有金香炉，此其富可甲于江南。而僭侈之极，几于不逊矣"。如果再看一看万历四十二年，为他爱子朱常洵就藩洛阳，那花掉的银子足够当时中国人吃上好几年。这从上到下的一切罪恶，都是由于丰裕，都是由于太有钱的缘故。万历一朝，存活48年，历史评价不高，但却是曾经拥有世界上最多白银储存的王朝。如此海量的资财，不花白不花，遂大肆挥霍，极尽奢侈腐败堕落无耻之能事。滋长民风浮躁的同时，也带来了整个社会的沉沦。

现在回过头去看：第一，若是天假以年，张居正能够做完他想做的匡国救时的事情。第二，若是造化成全，朱翊钧只是一个庸常之主，不指望他特别的优秀，只要求不那么混账和混蛋，多少听得进人话，多少做一点人事，多少差强人意的话，也许一部《晚明史》，就不是从他朱翊钧开头叙述了。

历史，当然是不能假设的，可历史留下的教训，对于后人总是有益的。万历之失，其实有二：一失于未能因势利导，跟上第一次资本主义上升期的全球化运动。二失于未能居安思危，一误再误，一错再错，大明王朝从他这里，走上衰亡的不归路，谁也救不了它了。

因势利导，居安思危，不也是当下中国人应该在意的命题吗？

明朝的末日那年

公元 1644 年，夏历为甲申。这一年，天下大乱，生活在天子脚下的京城人，过得可谓提心吊胆，度日如年。

这一年为明朝灭亡之崇祯十七年，同时又为清朝开国之顺治元年，历史上习惯称之"明清易代"。但就华北地区而言，特别是京畿一带，很难将本年自三月十九日起，至四月三十日止的大顺政权撇开不论。李自成，也就是闯王，他率领的这支一直被蔑称为"流寇"的农民起义队伍，席卷了大半个中国之后，终于在这年春天的一个细雨夹雪的早晨，到达他的终结目的地。

虽然这个短命政权，来也匆匆，去也匆匆，在北京停留时间不长；但他，这位老陕，曾经有效地统治过京城一个月零十天，这是确凿不移的事实。

关于这个政权为啥如此短命，北京的坊间一直有这样的传言：本来，据推背图，李自成至少应有四十年的真命天子运，可那些"迎闯王，不纳粮"的农民军，在打京城之前，闯王许诺他们天天要像过年那样快活。因为农民视之为一年之中最大的快活，莫过于过年。而过年的最大快活，莫过于包饺子。

进城以后的这四十多天里，大顺军顿顿按领袖的指示，让供养他们的市民百姓，剥葱剁肉，擀皮包馅，包饺子吃。大街小巷，胡同里外，都支开大锅大灶，整个北京城，成了桑那浴房，热气腾腾。由于中国贫苦农民，只有过年那一天才能吃上一顿饺子，杨白劳的女儿喜儿也以白面饺子来"欢欢喜喜过大年"的。这下好，闯王的四十年帝运，就被这些天天过年吃饺子的嘴，在四十天里，统统吃掉了。

老天爷说，一年只能过一次年，不可以天天过年的，这就是农民暴发户的不成气候了。然而，这种揶揄背后，也反映着农民掌握政权，难以逃脱"其兴也勃，其殆也甚"的宿命。

不过，由此证明，这一个多月的北京，上演的是一出明与大顺，然后清才加进来的"三国演义"，这其中还夹杂着一个可耻的小花脸或者小瘪三吴三桂。事实上，清朝的睿亲王是从李自成农民军手里夺得了明朝的首都，而明朝的崇祯皇帝并不是败于多尔衮，是败于李自成，才登煤山顶吊死在歪脖树上的。由于朱由检上了吊，紧接着，大顺军进城，家家户户的门上，大书"顺民"，以保全性命。而且，大顺军是一支不讲究辎重后勤，保障供给的队伍，走到哪里，吃到哪里，一路吃大户而来。所以北京城的这些顺民们，每五户要摊派一名大顺军，保证其有饺子可吃。紧接着，那小花脸或者小瘪三，由于老婆遭大顺军扣留了，一怒之下，将关外八旗兵引进京城。于是，这些板凳没有坐热，饺子尚未吃够的一众庄稼汉们，放火烧了北京，向西开拔走了。于是，全城百姓赶紧扯下门板上的"顺民"帖子，人人剃发，个个留辫，诚惶诚恐，奴才一般地向大清王朝，表达忠诚。

由明而大顺而清，这样贴烧饼似的翻来覆去，可苦恼坏了公元 1644 年京城内的百姓。一会儿向这位菩萨磕头烧香，一会儿向那位尊神哀求饶命。因为并不是所有的中国人，都像那个小花脸或者小瘪三吴三桂那般没皮没脸的。连一位姓费的宫女，还怀利刃想刺杀强暴她的大顺军高级首长呢，更何况权贵、勋戚、文臣、武将；更何况商绅、贤达、名流、耆宿；更何况文人、儒士、清流、雅客；更何况生员、役吏、书办、文房……都不能幸免地要面临这场生或死，战或降，走或留，宁死不屈或苟且偷生的选择。

　　于是，就在公元 1644 年，出现了许许多多的高风亮节之士，也看到了为数可观的道德沦丧之徒。

　　现在回过头去看，在这一年的明、大顺、清三方的角力中，襟黄河，控江汉，据太行，逼京畿，坐拥中原，以逸待劳的李自成，完全可以等到强清弱明，鹬蚌相争以后，坐收渔人之利。可这位闯王，到底沉不住气，要是他不急于当皇帝，不急于消灭明王朝，还真有可能出现三国鼎立的可能。然而，人性的悲剧就在于，一个种地的庄稼汉，他的全部生存哲学，就在春天播下去一粒种，是为了到秋后收获到手的那一把粮，这就是中国数千年小农经济社会养成的最根深蒂固的现实主义。至于明年，至于后年，至于十年、五十年以后，对他来讲，都是扯屁的事。李自成，这个米脂驿卒，也是一个至多能看到来年开春的农民。自崇祯二年为"流寇"起，至此已十五年了。1643 年攻下西安以后，这位闯王决定不再"流"了，已经"豁出一身剐"了，现在就差最后一步，"敢把皇帝拉下马"，是到了将朱由检拉下龙椅，由他来坐江山的时候了。

李自成，显然这样盘算，如果俺不到北京去摘这个桃，关外的清人肯定先下手为强了。与其由他捡这个便宜，为什么我不马到擒来，坐享其成？

应该承认，李自成一路"流寇"过来，由小而大，由弱而强，能有今天的辉煌，是一个了不起的政治家，也是一个了不起的军事家。这一点，前辈作家姚雪垠先生穷其毕生之力，用长篇历史小说证明，此人在政治上的高明，在军事上的成熟。真是煞费心思啊！一定要将毛泽东在《论持久战》中游击战略的十六字方针，落实到李自成的实践中去；一定要将毛泽东在"星星之火，可以燎原"中建立根据地，用农村包围城市的革命思想，贯彻到李自成的行动中去，这难度该是多大呀！其实，在文学上，真实，是最美的，百分之百的真实，百分之百的美，要是美到一百一、一百二，就可能要弄巧成拙，贻笑大方了。有什么办法呢？在中国文学史上，实用主义、功利主义，常常是大家、名家、老作家的难以规避的致命伤。为一个人写，而想得到大家的鼓掌，恐怕是很难两全其美的事情，这也是姚老一生为他这部著作，终于未成"显学"而抱憾不已的事情。

幸好，大家也都明白这一点，小说不是正史，古人早说过了，"小说家言"乃街头巷尾的"稗史演义"罢了，姑妄言之，姑妄听之，若信以为真，则大谬不然。因为，李自成再伟大光明正确，毕竟跳不出时代的局限，作为一个农民的政治家，一个农民的军事家，不可能具有高屋建瓴、俯瞰全局的战略观点。农民守着土地，有其勤劳朴实善良本分的优良天性，一旦离开土地，那小农经济制度所养成的短视浅见的小格局、贪得无厌的大胃口、阴冷残酷的报复心、冒险盲动的破坏性，种种弊端，便会暴露无遗。随着权力的逐渐增大，欲望也逐渐膨胀，随着身价的日益抬升，野心也日益狂妄。君不见近年来那些双规的党政干部，报纸上做过统计的，大部分，甚至绝大部分有着比李自成还好的出身和成分呢！

公元 1644 年，大年初一，在西安过年的李自成，他要建大顺国，称大顺王了。看来，他是打算先实习一下，预演一下，然后，到北京紫禁城里，再戴上那顶皇冠时，就省得京城老少爷们笑俺们老陕土得掉渣了。大顺政权的成立，说来几乎等于笑话。究竟是这年的初二，还是初三，甚或是初四成立，这帮革命家都说不准了。有一条可以肯定，不是初一，那天尽忙着包饺子，煮饺子，吃饺子了。道理很简单，端着一碗热气腾腾的饺子，就着一盏香甜可口的稠酒，面临"分田分地真忙"这桌盛宴的农民军，自然是要看着碗里，望着锅里，计算能到自己手下多少胜利果实了，不会费心思记住建国的日期。于是，这个乌合之众的农民政权，什么时候建立，什么时候终结，史家索性一概忽略，倒也痛快省事。但李自成很起劲，造历书，封功臣，开科取士，檄告远近，露布天下。国号曰大顺，年号曰永昌，以西安为西京，为他的临时首都。至于真正的，未来的大顺国首都，他宣布，就是马上要去攻打的北京。

二月二，龙抬头，李自成就率大顺军浩浩荡荡出征了。

先陷汾州，再取太原，后夺大同，势如破竹。接着，攻上党、彰德，占固关、真定，逼近京畿，然后，发起总攻。三月十一日，据宣府，十五日，破居庸，十六日，陷昌平，十七日，大顺军包围京师，十八日，拿下外城，农民军由外八门蜂涌而进。这种闪电般的进攻速度，比之拥有阿帕奇直升机、悍马装甲车的美军攻伊部队，有过之无不及。这支农民军跟随闯王做"流寇"，南北驰驱，东西征战的队伍，终于冲破黎明前的黑暗，看见德胜门城楼子上的黄瓦翠檐，一群一群的鸽子在跳跳蹦蹦，甚至依稀听到更远的，也许是紫禁城上空嘹亮的鸽哨。在众军呼啸中，骑在乌骓马上的李自成，我想他是应该开心的，很开心的。从统帅的观点，这是一个大获全胜的日子，从老农的观点，这是一个丰收在望的日子。那时的他，决不会料到，不出一个月，还要从这里灰溜溜地打道回府。所以，我不解，在北京市的五环路外，由德胜门去昌平的公路上，有一尊李自成的骑马雕像，那张农民的脸，为什么一定要那么神色凝滞、严峻、忧郁和不开心的样子呢？

这应该是那天崇祯的面部表情，他万万没有想到，横征暴敛，赋繁税重，天灾频仍，官逼民反，竟是在造就出给自己和大明王朝掘墓的队伍，大明王朝终结的一天，终于来到。

"丁未昧爽，天忽雨，俄微雪，须臾，城陷。""贼千骑入正阳门，投矢，令人持归，闭门得免死。于是俱门书'顺民'。"十九日，晨，李自成攻进内城，崇祯帝"易靴出中南门，手持三眼枪，杂内竖数十人，皆骑而持斧，出东华门。内监守城，疑有内变，施矢石相向。时成国公朱纯臣守齐化门，因至其邸，阍人辞焉，上太息而去。走安定门，门坚不可启，天且曙矣。帝御前殿，鸣钟集百官，无一至者。遂仍回南宫，登万岁山之寿皇殿自经。"崇祯不是一个好皇帝，他基本上属于狗肚鸡肠之辈，心胸狭窄的小人一类，不过，死得较惨，大家还多能同情他。

也许这天清晨，些微的雨雪，稍稍打乱了李自成入城式的安排。直到"午刻，李自成毡笠缥衣，乘乌驳马，伪丞相牛金星，尚书宋企郊等五骑从之"。接下来，便是清人谷应泰在《明史纪事本末》卷八〇的《甲申殉难》一章中，所写的那些惨绝人寰的死难场面。

从这个月开始，是北京城建城以来最血淋淋的死亡年。

怀宗崇祯十七年三月十九日丁未，贼李自成陷京师，帝崩于煤山，大学士兼工部尚书范景文死之。初，贼犯都城，景文知事不可为叹曰："身为大臣，不能从疆场少树功伐，虽死奚益？"十八日召对，已不食三日矣。饮泣入告，声不能续。翌日城陷，景文望阙再拜自经，家人解之，乃赋诗二首，潜赴龙泉巷古井死，其妾亦自经。

户部尚书兼侍读学士倪元璐闻变，曰："国家至此，臣死有余责。"乃衣冠向阙，北谢天子，南谢母。索酒招二友为别，酹汉寿亭侯像前，遂投缳。题几案云："南都尚可为。死，吾分也。慎勿棺衾以志吾痛。"因诏家人曰："若即欲殓，必大行殓，方收吾尸。"乃缢死。三日后，贼突入，见之，颜色如生，贼惊避他去。一门殉节，共十有三人。

左都御史李邦华闻难，叹曰："主辱臣死，臣之分也，夫复何辞！但得为东宫导一去路，死，庶可无憾已矣。势不可为矣。"乃题阁门曰："堂堂丈夫，圣贤为徒，忠孝大节，矢死靡他。"乃走文丞相祠拜，自经祠中。贼至，见其冠带危坐，争前执之，乃知其死，惊避去。

左副都御史施邦曜闻变恸哭，题词于几曰："愧无半策匡时难，但有微躯报主恩。"遂自缢，仆解之复苏，邦曜叱曰："若知大义，毋久留我死！"乃更饮药而卒。

大理寺卿凌义渠闻难，以首触柱，流血被面，尽焚其生平所著述及评骘书，服绯正笏望阙拜，复南向拜讫，遗书上其父，有曰："尽忠即所以尽孝，能死庶不辱父。"乃系帛奋身绝吭而死。

刑部右侍郎孟兆祥，贼犯都城，奉命守正阳门。贼至，死于门下。妻何氏亦死。其子进士章明，收葬父尸亟归，别其妻王氏曰："吾不忍大人独死，吾往从大人。"妻曰："尔死，吾亦死。"章明以头抢地曰："谢夫人，然夫人须先死。"乃遣其家人尽出，止留一婢在侧。章明视妻缢，取笔作诗。已，复大书壁曰："有侮吾夫妇尸者，吾必为厉鬼杀之。"妻气绝，取一扉，置上，加绯服。又取一扉置妻左，亦服绯自缢。嘱婢曰："吾死亦置扉上。"遂死。

左中允刘理顺，贼入城，理顺题于壁曰："成仁成义，孔孟所传。文信践之，吾何不然。"酌酒自尽。其妻万氏，妾李氏及子孝廉并婢仆十八人，阖门缢死。贼多河南人，至其居，曰："此吾乡杞县刘状元也，居乡厚德。吾军奉李将军令护卫，公何遽死也！"数百人下拜，泣涕而去。时谓臣死君，妻死夫，子死父，仆死主，一家殉难者，以刘状元为最。

太常少卿吴麟徵，奉命守西直门。贼势急，同守者相继避去。麟徵遗友人书曰："时事决裂，一旦至此，同官潜身远害，某惟致命遂志，自矢而已。"丁未城陷，徒步归，贼已据其邸，因入道左三元祠。时传天子蒙尘，有劝公南归，不应。同官来，招之降贼，怒挥之户外，遂自经。家人救之甦，泣而请曰："明日待祝孝廉至，可一诀。"麟徵许之。先是，祝孝廉渊以奏保刘宗周被逮留京师。渊晨至，麟徵慷慨酌酒与别，曰："自我登第，时梦见隐士刘宗周题文信国《零丁洋诗》二语于壁，数实为之。今老矣，山河破碎，不死何为！"相对泣数行下，因作书诀家人曰："祖宗二百七十年宗社，一旦而失。身居谏垣，无所匡救，法应褫服。殓时用角巾青衫，覆以单衾，藉以布席足矣。茫茫泉路，咽咽寸心，所以瞑予目者，又不在乎此也。罪臣吴麟徵绝笔。"书毕，投缳死之。渊为视含殓乃去。

谷应泰说："考其时，阖门同死者，父与子俱死者，母与妻子俱死者，妻妾从死者，独身效死者，闻难饿死者……无论道术素许，至性勃发，位列三阶，荣邀一命，莫不椎心扼吭，追路相从。自古亡国正终，未有若斯之烈者。"现在回顾发生在公元 1644 年京城的"甲申殉难"，虽然骇人听闻。但比之随后满清入关，一纸《剃发令》，除明代衣冠而胡服左衽，让你从精神上降服，从心理上慑服，从人身污辱上屈服，所激起的反抗，所造成的灾难，要比李自成进京时门上贴"顺民"，不知道有多少人头落地？"顺民"只是一张纸，贴在门外，你在门内，可以照样不顺，而头发长在自己脑袋上，留发不留头，留头不留发，对这些明末遗民来讲，人人过刀，家家见血，满城尸臭，处处骸骨，是一场谁也躲避不了的灾难。所以，清末民初胡蕴玉所著《发史》一书，这样感慨：

> 呜呼！吾民族蒙辫发之耻，至于今已二百六十八年矣。世人论者，以为区区之发，无与乎兴亡之故。呜呼，是不知夫发之历史也。入关之初，剃发令下，吾民族之不忍受屈辱而死是不知凡几？幸而不死，或埋居土室，或遁迹深山，甚且削发披缁，其百折不回之气，腕可折，头可断，肉可脔，身可碎，白刃可蹈，鼎镬可处，而此星星之发，必不可剃，其意岂在一发乎？盖不忍视上国之衣冠，沦于夷狄耳。

对如今的人来说，我们钦佩其无惧无畏地走向死亡的勇气，然而，应该看到，这样义无反顾地奔赴死亡，对明朝那条即将破沉的船，其实是于事无补的。你不身死，它要沉，你死了，也挡不住它沉。对那位寡恩刻薄、刚愎自用、多疑好变、猗急忦躁、恶谏好谀、滥施刑惩、救亡乏术、治国无方的庄烈帝，就尤其犯不着为之身殉。大明王朝这座大厦的倾覆命运，固非崇祯一人所能挽救，但为帝王者只能在景山上一死了之而无其他作为，那就更无必要与之共存亡了。所以，尽管死得很愚，很傻，很无必要，很不值得，但对公元1644年的这些当事人而言，他要活得尊严，他就得随旧朝"茫茫泉路，咽咽寸心"而去。他要苟全性命，他就得服膺新朝新政，改换门庭，输款纳诚。若是做不到低头，做不到苟且，做不到背叛，更做不到出卖，就只有一本正经地，郑重其事地，别无选择地，唯此一道地死。因为中国人，大部分的中国人（不是全部），对于"节操"二字，看得很重。所以在这些赴难者心中，觉得不如此，则不成其为天子脚下的大明之人，更不成其为堂堂正正的中国之人。

在这个世界上，莫过于我们中国人，特别看重，特别强调这个"节操"了。为什么看重？为什么强调？因为吃足了苦头的缘故。在中国的全部历史中，出现过许多讲节操的中国人，而在同样的历史中，也曾经出现过不少不讲节操的中国人。说到底，一部二十四史，就是这两类中国人，一是讲节操的正人君子，二是不讲节操的小人败类，其矛盾对立的斗争史；也是讲节操的人基本上吃亏，而不讲节操的人总能得逞于一时的伤心史。

中国人之讲究"节操"，到了极端的程度，这个国家，这个民族，这块土地，这些善良人民不知道是否与中国历史上那些不讲"节操"之汉奸，之走狗，之卖国贼，之假洋鬼子，以及挟洋自重的败类，以及拉大旗作虎皮的下三烂，以及残害同类的无耻小人，以及出卖灵魂的卑鄙文人，有些什么因果关系。所以，"节操"，在中华文化传统中，是用来评骘判断一个人的重要标准。尤其在民族危亡，山河沦丧，国本动摇，家园变色之际，到了做人做鬼，生死立决，存亡与否，在乎一念的那一瞬间，那是考验中国人的血性、良知、忠贞、信念的关键时刻，"节操"二字，其分量多重，多轻，就全部检验出来了。

就在公元 1644 年由大明而大顺、由大顺而大清的"三国演义"这出戏剧中，我们不想提到，然而又不能不提到，这个唯一的，绝无仅有，能够在那血泊遍野的年代里，连串三朝重要角色的江左三大才子之一的龚鼎孳。

江左三大才子，钱谦益、吴梅村、龚鼎孳，都是被史家看作在节操上不怎么样的文人，而龚鼎孳尤其不怎么样。

据民国版的《清史稿》："龚鼎孳，字孝升，合肥人。明崇祯七年进士，授兵科给事中。李自成陷都城，以鼎孳为直指使，巡视北城。及睿亲王至迎降，授吏部给事中，改礼科迁太常寺少卿。顺治三年丁父忧，请赐恤典。给事中孙垍龄疏言，鼎孳辱身流贼，蒙朝廷擢用，曾不闻夙夜在公，惟饮酒醉歌，俳优角逐。闻讣仍复歌饮留连，冀邀非分之典，亏行灭伦，莫此为甚。部议降二级，寻遇恩诏获免，累迁左都御史。"

而据清代编撰的国史《贰臣传·龚鼎孳》："及流贼李自成陷京师，鼎孳从贼，受伪直指使职，巡视北城。本朝顺治元年五月，睿亲王多尔衮定京师，鼎孳迎降，授吏科右给事中，寻改礼科。二年九月，迁太常寺少卿。三年六月丁父忧，请赐恤典。给事中孙垍龄疏言：'鼎孳，明朝罪人，流贼御史，蒙朝廷拔置谏垣，优转清卿，曾不闻夙夜在公，以答高厚，惟饮酒醉歌，俳优角逐。前在江南，用千金置妓，名顾眉生，恋恋难割，多为奇宝异珍以悦其心，淫纵之状，哄笑长安，已置其父母妻孥于度外。及闻父讣，而歌饮留连，依然如故，亏行灭伦，独冀邀非分之典，夸耀乡里，欲大肆其武断把持之焰。请饬部察核停格。'疏下部议，降二级调用。"

龚鼎孳之最无耻者，莫过于他为自己在明亡时不殉死的辩词："龚鼎孳娶顾媚，钱谦益娶柳是，皆名妓也。龚以兵科给事中降贼，授伪直指使。每谓人曰：'我原欲死，奈小妾不肯何！'小妾者，即顾媚也。见冯见龙《绅志略》、顾苓河《东君传》，谓乙酉五月之变，君（即柳如是）劝钱死，钱谢不能。戊子五月，钱死后，君自经死。然则顾不及柳远矣。"（陆以恬《冷庐杂识》）

而最令人恶心的，莫过于他以耻为荣，为耻而不知耻了。"先是大学士冯铨被劾，睿亲王集科道质讯，鼎孳斥铨阉党，为忠贤义儿。铨曰：'何如孽贼余子？'鼎孳以魏徵归顺太宗自解。王笑曰：'惟无瑕者可以戮人，奈何拟闯贼拟太宗？'遂罢不问。坐事降八级，调用补上林苑丞，旋罢。康熙初起左都御史迁刑部尚书卒。"（《清史稿》）

读《三国演义》，我们还记得，张飞与吕布交手的时候，张飞骂吕布为"三姓家奴"，真亏他想出来这样一个既刻薄又歹毒，而且极其准确的称呼。因为吕布先认丁原为父，后来，杀了丁原又认董卓为父，后来，又与王允合谋，杀了董卓。而龚鼎孳，在公元 1644 年那天日无光、血风腥雨的"甲申殉难"和随后小花脸或者小瘪三吴三桂引清军入关的"鼎革"中，他，由大明王朝的给事中，摇身一变，为大顺政权的直指使，又摇身一变，为大清政府的给事中，其变之面不改色，其变之毫无心肝，真是令人不敢想象。当得上三朝元老的这位文人，对他叛明投贼，在闯王的军政府中，居然混得一个北城直指使，相当于宪兵队或纠察队的角色，还沾沾自喜，还扬扬自得。如此恬不知耻，如此丧心病狂，近人孟森先生在其所著《心史丛刊》的《横波夫人考》中指出，龚在当时人的眼光里，基本上是一个无赖、无耻、无聊、无可救药之徒："芝麓于鼎革时，既名节扫地矣；其尤甚者，于他人讽刺之语，恬然与为应酬。自存稿，自入集，毫无愧耻之心。"

一个文人，已经不顾脸皮至此，还有什么可说的呢？

鬼子进村了，把全村人聚在一起，枪顶在脑门上，要你交代出谁是八路，谁是共产党。你是说，还是不说？虽然，你知道谁是八路，谁是共产党，在这个节骨眼上，你不吭声。哪怕崩了你，你也咬牙不说。这就是宋代文天祥的诗《正气歌》中所说的"时穷节乃见，一一垂丹青"的"节"了。公元1937年，卢沟桥事变，鬼子进了北平，同年十二月四日，伪政权"中华民国临时政府"成立，周作人并没有被枪逼着、顶着，欣然任伪教育督办或总长之职，甘心成为铁杆汉奸。因此，我们不禁要想，学问如此之大的知堂先生，会不懂得一个知识分子在这关键时如何写好"节操"这两个字吗？会不记得公元1283年一月九日，"天地有正气"的文天祥，在拒绝了元世祖最后一次利诱之后，在刑场向南遥拜，从容就义时的那首绝命诗吗？

"孔曰成仁，孟曰取义，惟其义尽，所以仁至。读圣贤书，所学何事？而今而后，庶几无愧。"（文天祥《绝命词》）中国的文人，以此衡量历史；中国的历史，也以此衡量文人。

解学士之死

　　自"学而优则仕"之说出现以后，在中国，数千年来，叫作士，叫作文人，叫作知识分子的阶层中的绝大多数人，便以此作为奋斗目标，矢志不懈，奋斗终生。产生这么大的效果，这是滥觞者孔夫子没想到的。他，还有孟子，还有其他门徒，所构成的儒家学说，也就是孔孟之道，基本上被后人实用主义地各取所需，或阳奉阴违，或当作耳旁风。独这一句，书为敲门砖，敲开为仕门，是他们头悬梁、锥刺股，寒窗苦读，全力以赴的事情。

　　由此，这些向"学而优则仕"目标奋斗者，心灵深处，对于权力的亲和性，对于长官的趋迎性，对于统治阶层的依附性，对于在名利场中分一杯羹的竞逐性，一代一代遗传下来，也就是所谓的"溶化在血液中"了。这四性，遂成为中国知识分子与生俱来的、不教自会的本能。如蛾趋火，如蝇逐臭，那按捺不住的为"仕"情结，既痛苦，又热烈，既煎熬，又享受，既战战兢兢，又作威作福，既不屑为之，又乐此不疲。

　　至少我亲见的文人当官者，莫不如此。

　　但"学而优则仕"，谈何容易？这一句话，包含着"学"

"优""仕"三个层次，它们不是必然的步步登高的阶梯，而是残酷无情的、不断淘汰的过程。由"学"而"优"，犹如蚂蚁上树，能爬到树顶的"学而优"者，少之又少。由"优"而"仕"，更是千军万马过独木桥，掉进湍急的河流中成落汤鸡，成溺死鬼者，多之又多。因此，能够过桥的"优则仕"者，每朝每代，也就是屈指可数的几个。而明初的解学士缙，应该算是出类拔萃的一个。

《明史》称他"幼颖敏"，当非虚言，他是少见的"学而优则仕"的极为成功的一个例子。对他来说，取得功名，如探囊取物，唾手可得，"洪武二十一年举进士，授中书庶吉士"，几乎没费什么劲，走完这个过程。其实，中进士，为庶吉士，大有人在，开科取士，当然不会只取他一人，这倒也不稀奇；但是，他能得到明太祖朱元璋的特别垂青，特别关爱，除他以外，有明一代，再无第二个。

现在弄不清这位暴君，究竟为什么，出于什么心理，对解缙说出如下的话："朕与尔义则君臣，恩犹父子，当知无不言。"

此话一出，石头城大惊，这比中了六合彩大奖，还叫人眼红和羡慕。朱皇帝嫉恨文人，不知制造了多少文字狱，独对解学士恩渥备至，简直就是一个历史之谜。于是，帝王宠遇，朝野侧目。中国有无数的读书人，做过无数鱼跃龙门，一举成名的梦，但梦自己"仕"到如此高度者，很少。他却是唯一的，将这个会被他人斥之为神经病的梦，变为"甚见爱重，常侍帝前"的现实，真让一干人羡慕得不行，嫉妒得不行。因此，可以想象，少年意气，春风拂面，才子风流，如鱼得水，这个政治和文学的双料明星，在南京城里，该是如何的出风头了。

那时，他刚二十岁。

解缙（1369—1415），字大绅，江西吉水人。这个地灵人杰的地方，宋代还出过一个大文人欧阳修。我一直忖度在乡里间即以神童目之的他，是以欧阳修在宋代文坛、政坛的双辉煌，来定位自己一生目标的。应该说，解缙的势头，一上来颇不示弱，很有气象的。他在科考、仕途、出身、履历等方面，直追先贤，不相伯仲。

欧阳做到翰林学士，解也做到翰林学士；欧阳在宋仁宗、宋神宗身边做过侍读学士，解在永乐登基后也做过侍读学士，不过称谓略有不同，一为龙图阁大学士，一为右春坊大学士，实质相差无几。甚至到最后，与帝王相伴的这场政治赌博，其结果也八九不离，大同小异。欧阳因反新政，被放逐出朝，归隐山林，这样，留条命在，有个寿终正寝的下场；解则很不幸，是一个非正常死亡的文人，而且，他的死，是埋在雪堆里生生冻死的。

我在东北森林中修过铁路，当过苦力，尝过零下数十摄氏度的寒冷，知道冷是什么滋味。据说，人在冻死的过程中，看到的已不是皑皑的雪，而是熊熊的火，于是，在无比的煦暖中，笑着走向死亡。我想，解缙笑着死，那样子，是相当难看的。

这两位乡党，在学问和著作上，也是可以相互媲美的。欧阳修的《新五代史》，与宋祁合修的《新唐书》，为清朝官定的二十四史之一种，自然也就有不朽巨献的身价。而解缙，他主持编纂的 22877 卷，11095 册，合计 3.7 亿个汉字的《永乐大典》，尽管散失殆尽，但清代《四库全书》没有问世之前，这部史无前例的，极其庞大的类书，在中国文化史上的价值，也是举世公认，罕见其匹的。

虽然，朱棣派了他的军师、高参，那位和尚姚广孝挂帅《永乐大典》，但具体的总编纂重任，则由穷尽经典图籍，阅遍千古文翰的解缙来承担。其博学，其睿智，其气魄，其精力，你不能不钦服。这时，他也不过 34 岁，相当于刚超龄的共青团员年纪，你能不向他脱帽致敬吗？

盛世出书，隔朝修史，这种传统文化薪火相传的使命，从来是中国知识分子视作神圣和荣耀的差使。别看中国"学而优"的文人很多，中国有大学问而"优则仕"的文人也很多。但是能主持皇皇巨制的帅才，却很少。数来数去，恐怕也就只是宋之欧阳修、司马光，明之解缙，清之纪昀等。这以后，清末无，民国无，尤其到了当下，除自吹人吹的"大师"外，少见通古博今之士，淹贯中西之才，实在是很可悲哀的事。于是，再要出什么套书、类书、史书、集成等大部头著作，只好由着那些盛名之下其实难副的南郭先生，上蹿下跳，暴得虚名了。

世无英雄，遂使竖子成"名"，你有什么办法？

然而，实事求是地讲，解缙比之欧阳修，在文章的名声、诗词的成就方面，就差得多了；在文学史的建树、文学思潮的影响方面，就更为逊色。无论如何，欧阳修矫五代靡颓文风，倡古文运动，和唐代韩愈一样，"文起八代之衰"，是得到千古定评的唐宋八大家之一。其诗词歌赋，至今仍弦诵不绝，甚至几首信笔拈来的小令，也写得风致妩媚。

而解学士，真替他抱屈，除了那部破碎残缺的《永乐大典》，他的名篇是什么，他的代表作是什么，他的文学主张是什么，除专门研究者外，大多数中国人，便了无所知了。这就是中国知识分子的宿命了，才高见嫉，不是老天爷要你死，而是皇帝不让你活，纵有三坟五典在胸，锦绣文章在口，出手珠玑，落墨华彩，脑袋一掉，这些才华也随之成为一抔黄土。

想起这些早早死于非命的天才，青冢枯草，杜鹃啼血，那是很令人黯然神伤的。

如果，他像欧阳修那样，活到65岁，而不是44岁被朱棣杀了，多上近二十载挥斥方遒的文字，也许他的满腹才华、文学能量，还能多存留一点在世上。所以，我是不赞成那些"愤青"（包括年纪很大的老愤青），总是责备文人之真他妈的软骨头，总是责备我为文人（也为我自己）之苟且偷安辩，倡好死不如赖活说。尽管他们一再斥我混账，看我的文字，气不打一处来，我也只好抱歉。因为我也看透了这些逞嘴皮之勇的斗士，笑话别人软骨头，笑话别人贪生怕死，自己也并不实行"宁可站着死，决不跪着生"的政策，真到天塌那刻，头缩得比乌龟还快。

其实，骨头想硬何难，一挺脖子，刀光一闪，也就吹灯拔蜡，眼睛一闭，脑袋落地，也就咽儿屁朝凉。这时候，还有下笔千言、倚马可待的可能吗？想到这一点，你就得设法多活一分是一分，多活一秒是一秒。时下那些甚嚣尘上，闹得沸沸扬扬，被私谥为先知先觉的几位学界大老，不也曾经是跪着求生的，口口声声"臣罪当诛兮"，享高官厚禄的革命者吗？

中国人不信上帝，但喜欢造神，这真是很奇怪的民族特性。包括知识界，也难能免俗。隔三岔五，总是要撒泡尿，和点泥，捏两尊菩萨出来，自己磕头，还要别人跟着作揖，这种当代"封神榜"煞有介事的表演，实在够滑稽的。不过，这样也好，如果某公反右时一气之下跳楼身亡，如果某老在干校撞电线杆自杀，会有泣血稽颡的推崇者，在今天加诸其身的哀荣吗？

解缙明白这个道理，死了死了，一死也就什么都了了，他不想了。和时下被追捧得很的学界大佬，当时不走林昭、张志新之路，是同样的聪明。当1402年（建文四年），朱棣夺他侄子江山的靖难大军，于六月十三日，从金川门进入南京城的时候，眼看着就要改朝换代、鼎故革新之际，怎么办，我们这位才子，面临不降即死、不死即降的抉择时，他一无当烈士的欲望，二无杀身成仁的兴趣，一点也不犹豫地，选择了后者。

这就对了，虽然，此君于六月十二日晚，已经决定殉国。据《明史·王艮传》："燕兵薄京城，艮与妻子诀曰：'食人之禄者，死人之事，吾不可复生矣！'解缙、吴溥与艮、（胡）靖比邻居，城陷前一日，皆集溥舍。缙陈说大义，靖亦奋激慷慨。相约死殉。"

解缙，受过太祖的恩，受过惠帝的恩，又是文章盖世的国士，众人当然以他马首是瞻。他信誓旦旦：诸位，我要是苟活下来，将来怎么有脸去见地下的"情同父子"的太祖？在下主意已定，燕军只要前脚进城，后脚我就头一个在文庙的大梁上，吊死自己，以儆降者。这一番掷地有声的话，说得在场的一个个人，无不慷慨激昂，义愤填膺，表示共同赴死的决心。

等到解缙、王艮、胡靖相继离开吴溥家后，吴溥的小儿子吴与弼，年纪尚小，不谙世事，赞叹地说：："胡叔能有这一份忠君效死的勇气，真是了不起啊！"吴溥对他儿子说："你先别这样断言，他殉死的可能不大。依我看，也许只有你王叔，没准儿会走这一步。"

这时，比邻而居的胡靖，对他家人大呼小叫，"你们快出去看看，乱糟糟的，赶紧把猪栏的门关紧，小心偷猪贼"。听到这里，吴溥看他儿子一眼，苦笑地说："一条猪都这样顾惜，更舍不得一条命了。"而在此时，住得不远的王艮家，却传来了举家的号啕哭声。原来，他从吴溥家告辞回去，独自关在书房里，喝下早准备好的毒酒。等家人发现时，他已经倒地不起了。

金戈铁马、荷枪实弹的北军，涌在金川门通往皇宫的石板路上，老百姓对进城的大军，避之唯恐不及。独有一个矮小身材的人影，正快步往燕军大营走去。解缙本想到文庙去自缢的，走着走着，改变主意，决定投奔燕王。军士把他带到司令部，朱棣立刻接见这个请求进谒的才子，在重臣方孝孺拒不合作，更不投降的情况下，能得到受知于太祖的解缙，也就相当满足。而且他还引荐了一批原惠帝方面二三流文臣。据《明史》，"成祖大喜。明日荐胡靖，召至，叩头谢，李贯亦迎附"。

永乐是个有心机的皇帝，他知道自己师出无名，因此，必须要将自己扮演成一个兴师而来，是为惠帝坏了太祖规矩，而替天行道的形象。这个解学士，偏偏是他老爹欣赏的，有其可资号召的作用，给他安排工作，编纂他向太祖建议过的这套类书，也就等于昭示天下，他才具有这一脉相承的嫡传正统身份。

然而，他打心眼里对他有多少尊敬吗？未必。

> 后成祖出建文时群臣封事千余通，令缙等编阅。事涉兵农钱谷者留之，诸言语干犯及他一切皆焚毁。因从容问贯、缙等曰："尔等宜皆有之。"众未对，贯独顿首曰："臣实未尝有也。"成祖曰："尔以无为美耶？食其禄，任其事，当国家危急，宜近侍独无一言可乎？朕特恶夫诱建文坏祖法乱政者耳。"后贯迁中允，坐累，死狱中。临卒叹曰："吾愧王敬止（艮）矣！"（《明史·王艮传》）

大约从六月十二日晚七点，到十三日早七点，不足12个小时，解学士的两面表演，卑鄙得那么坦然自若，无耻得那么津津有味，可谓登峰造极矣！这也应了明代焦竑《玉堂丛话》中所说的，此君所信奉的"宁如有瑕玉，不作无瑕石"的人生哲学，一百八十度的大转弯，连川剧的"变脸"，也赶不上他的变化之快。尽管如此，我也不想将"小人"这个字眼，加诸解缙头上。因为，他这样做，是他自己的生存之道，无可非议。而且，他也没有拿别人当垫脚石或者当见面礼。

也许由于我一辈子，从来没好运碰上过这样一位"君子"式的小人，仅这个缘故，我佩服他不害人，小人小得光棍。

这个极有眼力，极善揣摩，极能体会，极能迎合的解学士，一夜之间，易主而事，成为永乐的首席宠臣，是一点也不奇怪的。历史上所有的皇帝，都不讨厌马屁，尤其不讨厌文人拍马屁，我也不解何故。也许文人的马屁，讲究一点修辞方式，不至于肉麻得直起鸡皮疙瘩，能抚摸得主子更受用些吧。于是，朱棣马上给这位解学士派下来修《太祖实录》，修《永乐大典》这样极体面，极荣耀，也是极需要学问的重大差使。

如果才华横溢，聪明透顶的解缙，此生只当一个纯粹的文人式官僚，或者，官僚式的文人，第一，不会死得那么早。第二，多活若干年的话，"庾信文章老更成"，其文学成就，也许不亚于欧阳修，没准儿后来居上。但是，中国知识分子的政治情结，说来也是一种痛苦的自虐。明知是杯苦酒，但端起来总不撒手，而且喝起来总是没够的。于是，纵使满腹经纶，纵使才高八斗的文人，只要玩政治，最后，无不被政治玩，这也是一个规律。

因此，文人搞政治，面对这杯苦酒，大致有三种饮法。

一种，聪明一点的，浅尝辄止，见好便收，激流勇退，金盆洗手。

又一种，不那么聪明的，越喝越多，越饮越乱，不能自拔，无法收场。

再一种，觉得自己聪明，其实并不聪明的，进退失据，内外交困，搭上脑袋，血本无归。

解学士，大概属于三等，说不定还是等外的，一个成也政治、败也政治的文人。因为文人玩政治，属于票友性质，最好浅尝辄止，当真不得，尤其不能上瘾。但是像他这样聪明，机智，有眼力，善应对的知识分子，要他绝缘政治，疏离官场，告别权力，熄灭欲望，是根本做不到的。

他写过一首《庐山歌》，可以读得出他对于庞然大物的客观世界，所表现出来的自恃和自信，同时，他也流露出对于个人评价上的自大和自恋。

> 昔年拄玉杖，去看庐山峰。远山如游龙，半入青天中。四顾无人独青秀，五老与我同春容。手弄石上琴，目送天边鸿。二仪自高下，吴楚分西东。洪涛巨浪拍崖下，波光上与银河通。吸涧玄猿弄晴影，长松舞鹤号天风。天风吹我不能立，便欲起把十二青芙蓉。弱流万里可飞越，因之献纳蓬莱宫。羲娥倏忽遂成晚，往往梦里寻仙踪。如今不知何人采此景，树下一老与我襟裾同。披图题诗要相赠，气腾香露秋蒙蒙。子归烦语谢五老，几时白酒再熟来相从。

这首诗中，他把自己摆在和庐山排排坐、吃果果的相同位置上，作为文学家，是一种夸张，作为政治家，则是一种狂妄。不过话说回来，这个个子虽矮，胆量却大的解学士，在政治轮盘赌中，确实具有赌运赌命的勇敢。

就在朱元璋要他"知无不言"时，他抛出了一封万言书，直戳其杀人无算上。别人要是斗胆提出，不碎尸万段才怪，他屁事没有。

> 臣闻令数改则民疑，刑太繁则民玩。国初至今，将

二十载，无几时不变之法，无一日无过之人。尝闻陛下震怒，锄根剪蔓，诛其奸逆矣。未闻褒一大善，赏延于世，复及其乡，终始如一者也。(《明史·解缙传》)

就在朱棣重用他，"入直文渊阁，并预机务"，为朱元璋废宰相的第一任首辅，"代言之司，机密所系，且旦夕侍朕，裨益不在尚书下也"。可他文人习气，吊儿郎当，颇不把永乐太当回事的。

文皇尝谓解学士曰："有一书句甚难其对，曰'色难'。"解应声曰："容易。"文皇不悟，顾谓解曰："既云易矣，何久不属对？"解曰："适已对矣。"文皇始悟。"色"对"容"，"难"对"易"。上为之大笑。(蒋一葵《尧山堂外记》)

接下来，解学士又将赌注下在朱高炽身上。可是，战场上没有常胜将军，牌桌上同样也没有常赢的赌客，他怎么可能永操胜券呢？一肚子学问的解缙忘了，东汉末年的杨修怎么被曹操杀头的，不就是掺和到曹丕、曹植的继承游戏中去吗？封建社会中的皇位更迭，从来就是伴随着血风腥雨的难产过程。狗拿耗子，用得着你多管闲事吗？解缙自不量力地介入朱高炽和朱高煦的夺位之争，而且卷进如此之深，分明是在找死了。

先是，储位未定，淇国公丘福言汉王有功，宜立。帝密问缙。缙曰："皇长子仁孝，天下归心。"帝不应。缙又顿首曰："好圣孙。"谓宣宗也。帝颔之。太子遂定。高煦由是深恨缙。而太子既立，又时时失帝意，高煦宠

益隆，礼秩逾嫡，缙又谏曰："是启争也，不可。"帝怒，谓其离间骨肉，恩礼寝衰。(《明史》)

1410 年（永乐八年），他又犯了一个极其愚蠢的错误："缙奏事入京，值帝北征，缙谒太子而还。"应该聪明，却是一位笨伯，应该灵敏，却是一只呆鸟的解学士，在这第四场博弈中，连连败绩，现在又做出这等授人以柄的傻事，只好将身家性命统统搭进去了。"汉王言缙伺上出，私觐太子，径归，无人臣礼。帝震怒。逮缙下诏狱，拷掠备至。"

1415 年（永乐十三年），"锦衣卫帅纪纲上囚籍，帝见缙姓名曰：'缙犹在耶？'纲遂醉缙酒，埋积雪中，立死。年四十七。籍其家，妻子宗族徙辽东"。

呜呼，解缙诗云，"天风吹我不能立"，这也是中国知识分子的最大悲情，他以为椎心泣血地为统治阶层效犬马之劳，"天风"就不是"吹我不能立"，而是"半入青天中"。但是，对"学而优则仕"的，叫作士，叫作文人，叫作知识分子的整个阶层而言，怎么就不前瞻后顾地想一想，这样自始至终的幸运儿，在二十四史中，又能找出几位来呢？

尽管如此，那独木桥上，仍是千军万马，络绎不绝。

你疼你的儿子，但你的儿子不一定疼你

前不久，我听说一位老朋友被双规了。

我吓了一跳，因为，这是绝不可能的。他早不在其位，不谋其政了，至少十年前就退到二线，五年前连二线也不线了。"采菊东篱下，悠然见南山"，莳弄阳台上的花花草草，怡然自乐。一个不在职的离休干部，何以被双规得起来？他和我，相识半个世纪，虽不在同一单位，却是在同一部门，此公谨言慎行，遵纪守法，积极工作，是出了名的。上下左右，保持着不亲不疏、不近不远的关系，好好好，大家都好。党政财文，凡权力部门，都尽量不搅和进去，因为没有欲望，人们对他也很放心。说他明哲保身也好，说他胸无大志也好，总而言之一句话，全世界的人都被双规了，也轮不到他头上。

于是，我给他打了个电话，接电话的是他老伴，才知道被双规的是他们家的公子。由于有关部门怕转移藏匿财产，不免公事公办，到府上来查询过。说实在的，这五十年来，历次运动，我是生不逢时，在劫难逃，而他总能逢凶化吉，遇难成祥。老头子一辈子也没见过这种阵仗。红卫兵算厉害了吧，那时，经常光顾舍下，可对他，三过其门而不入，让我羡慕得要死。

所以，一惊一吓，中风了。

因为抢救及时，倒无大碍。于是，我到医院去看他，他就说了我用来做标题的这句话。并且对我说，如果有可能，应当写进文章里去，提醒天下为人父母者。我从他断断续续的言谈里，才知道他和他老伴，真是"舐犊情深"，几乎为这位在银行做事的儿子，创造了一切。

从插队知青，到保送大学，到入党提干，到出洋镀金，到越级提拔，到主管贷款，无一不是这老俩口利用所有关系，使出浑身解数，动员全部可能借助的力量，不怕豁出老脸东求西托，以达到目的。爱是无止境的，爱是不需回报的，这位大少爷真是吃定了老头老太。至于物色对象，相亲定聘，结婚成家，大排宴席，二老的多年积蓄，也花得所剩无几。

尤其，把自己的房子腾出来，重新装修，作为新房，老俩口搬进银行分给儿子的两居室。由于阳台变小，不得不精简掉多盆心爱之花木，那可让我的朋友痛苦了好些日子。而且没住上两年，那小俩口又在市郊高档小区里，买了新房，可又没有将房子退回给父母这一说，反正他们有车，城里城外两处住着……

说到这里，我的这位老朋友，长长叹了一口气，又重复他的名言："你疼你的儿子，但你的儿子不一定疼你！"

于是，我想起明代李贤所著的《古穰杂录摘钞》，其中有一则笔记，起句为"（杨）士奇晚年泥爱其子"的"泥爱"来。这位被双规的银行信贷部主任的父亲，我的老邻居兼老同事，应该是属于无可救药的"泥爱"父母了。

在《现代汉语词典》里，找不到这个古老的汉语词汇。

关于明代大臣杨士奇"泥爱"其子这件事，在同时代焦竑所著的《玉堂丛语》一书里，也提到过。题目为"惹溺"，这个"惹溺"，同样也是一个稀见词。看来，任何民族的文字语言，都是处在不停变化发展的过程之中，一些新的词语在产生，一些旧的词语在消亡。"泥爱"和"惹溺"，便是埋葬在古籍中，属于尸骸性质的词语，很难在现代语言中复活了。

由于李贤和焦竑写的是同一件事，参照来看，"泥爱"的"泥"，约与现代汉语中的"溺爱"的"溺"同义，也许更接近于时下流行的"爱呆了"的意思。一个人爱呆了，爱傻了，爱到不清醒，爱到不问是非的程度，便是"泥爱"了。

词语虽然古老而且死亡，但这种为官之父，"泥爱"其不肖之子的社会现象，由明至清，由民国至现在，倒是一点没变，甚至还发扬光大呢！就看最近坐在被告席里的高级干部，与其子，与其妻，与其情人小蜜，与其三亲六故，作奸犯科，贪赃枉法，包庇纵容，共同为恶，便可证明。

我这位朋友的儿子被双规，某种程度上也是父母"泥爱"的结果。我看着躺在病床上的他，也在琢磨，这个一生谨慎做人，小心做事的他，难道会发觉不了他儿子的变化？心理变化看不出来，说得过去，感情变化不易察觉，也说得过去，些微的物质变化，年轻人好穿好戴，也许不会当回事。但是，老兄啊！忽然间冒出郊外一幢高档住宅，忽然间冒出一部不错的进口车，你眼睛再老花，你耳朵再重听，你会不感到诧异？车是人家借给他的，房子也是人家出国让他暂住的，如此慷慨大方的人，你我都活到古稀之年，怎么从来没福气碰到呢？你怎么能相信这种赤口白舌撒出来的谎呢？

这就得从"泥爱"其子的明代宰辅杨士奇剖析开来。

宰辅，就是宰相，朱元璋大权独揽，是个谁也信不过的暴君，实行独裁统治，因而立下规矩，子孙为帝，不得设宰相以分君权。可不长三头六臂，他不可能事必躬亲，中央地方之间的协调管理，政府部门之间的综合平衡，总得有人去做具体细致的行政事务，于是，就有辅臣的设置。所谓辅臣，备咨询，拟对策，上条陈，作建议，有行政权，无决定权，一切听命于皇帝的秘书班子而已。

朱元璋和他的儿子朱棣为强悍人物，辅臣只是垂手侍立的跟班，吩咐你做什么，就做什么。到了朱棣之子朱高炽，朱高炽之子朱瞻基，不再具备乃父、乃祖那份杀伐决断的魄力和"唯辟作威，唯辟作福"的威风。从此，辅臣才由做笔录的文书，成为出主意的谋士。渐渐地，无宰相之名，有宰相之实，慢慢地，一人之下，万人之上，终于达到不是宰相等于宰相的名位高度。

生于公元 1365 年，死于公元 1444 年，差几天就八十岁的杨士奇，是位名相，历事惠帝、成祖、仁宗、宣宗、英宗四朝，这位老先生亲身经历了辅臣地位逐步提高的过程。若不是他"泥爱"其子杨稷，弄得声名狼藉，最后搭上老命，这位元老政治家的一生，本可以画个更圆满些的句号。

因为，引车卖浆之流，贩夫走卒之辈，纵使"泥爱"他的子女，小小泥鳅，能翻多大风浪？但是，官做得越大的干部，"泥爱"其亲属，任其行凶作恶，听其胡作非为，那后果也越严重，对于社会的危害性也越可怕，最后付出的代价也越沉重。看来，这也是为官者，尤其为大官者，必须戒之慎之的事情了。

其实，正史对于杨士奇，以及杨荣、杨溥的"三杨"辅政，还是比较肯定的。《明史》赞曰："是以明称贤相，必首三杨，均能原本儒术，通达事变，协力相资，靖共匪懈。"一方面，朱元璋和朱棣半个世纪的铁血统治，基本上是暴政，是镇压，是不停地杀戮，无论国家的元气，还是百姓的繁衍，都经不起再折腾，需要休养生息；一方面，朱高炽、朱瞻基，乃至朱祁镇，都是无甚才智、无甚作为的平庸之君，因而在敬谨恭勉、求稳慎行的"三杨"辅佐下，国家能够正常运转，大局能够保持安定。

明代郑晓所著《今言》中称："惟西杨起布衣，历四朝四十一年"，杨士奇执政的这时期，明代虽无大发展，但也无大动乱，不能不说是"三杨"的贡献。在封建社会中，老百姓不处于风雨飘摇、朝不保夕的日子里，便是托天之福了。

杨士奇，江西泰和人，出身寒门，早年在乡间为塾师，很清苦，也很努力。惠帝时，以才学优异荐入翰林，为编纂官，尽管未经科举，以出类拔萃入仕，值得自豪，但并非正途出身，他也是相当抱愧，引为生平一恨。因此，永乐帝夺了他侄子惠帝的江山，没有什么资历的他，赶紧投靠新朝。由于他很表现，也很卖力，定都北京以后，先任编修，后入内阁，再进侍讲，一路青云，升任辅臣。永乐帝北巡，朱棣委任他扈从东宫，驻守南都。

当时，永乐帝不喜长子，属意次子，朱高炽差点被废，当不成太子。杨士奇极力美言，予以回护，才得以无事。后来，仁宗继位，升礼部侍郎，兼华盖殿大学士，加少保，颁"绳愆纠谬"勋匾，予以殊荣。随后进少傅，为兵部尚书，也算是对这位曾经保护过他，得以登上大位的老臣，一种恩渥和报答。

也许因为这种原因，仁宗当朝，作为宰辅的杨士奇，和以前侍候成祖大不相同。能够秉公用人，持直主政，能够坦陈己见，建言无忌。中国知识分子之可爱处，有了一点发言权，还是能够为国为民做点好事的，正史上对他予以相当肯定。譬如仁宗登基后，那些在他为太子时，得罪过他的官吏，他一心惩办，大搞报复，是被杨士奇劝止住了的；譬如那些上书歌功颂德的臣僚，因为马屁拍得顺当，仁宗很开心，便要加以提拔，是被杨士奇一一反对掉的。譬如后来成为栋梁之材的于谦、周忱、况钟这些才干突出之士，又都是他发现引荐而获得重用的。"雅善知人，好推毂寒士，所荐达有初未识面者，而之属，皆用士奇荐。"（《明史》）

有一位叫顾佐的御史，也是杨士奇起用的人才。有一次，"奸吏奏佐受隶金，私遣归。帝密示士奇曰：'尔不尝举佐廉乎？'对曰：'中朝官俸薄，仆马薪刍资之隶，遣隶半使出资免役，隶得归耕，官得资费，中朝官皆然，臣亦然。'帝叹曰：'朝臣贫如此！'因怒诉者曰：'朕方用佐，小人敢诬之，必下法司治。'士奇对曰：'细事不足干上怒。'"（《明史》）

从这些地方看，杨士奇在尽责为官上，可谓兢兢业业，孜孜不懈。但是，这样一位极明白事理、极通晓大体的政治家，却因为"溺爱"其子，而成为一个被蒙蔽的糊涂父亲。

李贤这样写道："士奇晚年溺爱其子，莫知其恶，最为败德事。若藩、臬、郡、邑或出巡者，见其暴横，以实来告，士奇反疑之，必以子书曰，某人说汝如此，果然，即改之。子稷得书，反毁其人曰，某人在此如此行事，男以乡里故，挠其所行，以此诬之。士奇自后不信言子之恶者。有阿附誉子之善者，即以为实然而喜之。由是，子之恶不复闻矣。及被害者连奏其不善之状，朝廷犹不忍加之罪，付其状于士奇，乃曰左右之人非良，助之为不善也。而有奏其人命已数十，恶不可言，朝廷不得已，付之法司。时士奇老病，不能起，朝廷犹慰安之，恐致忧。后岁余，士奇终，始论其子于法，斩之。乡人预为祭文，数其恶流，天下传诵。"（李贤《古穰杂录摘抄·泥爱》）

焦竑对这个败类，又有进一步的描写："杨文贞子稷恶状已盈，王文端为文贞言之，遂请省墓，实欲制其子也。稷知，每驿递中，先置所亲誉稷贤。后扬言曰：'人忌公功名之盛，故谤稷耳。'稷复迎于数百里外，毡帽油靴，朴讷循理，家中图书萧然。文贞遂疑文端妒己，还京师，出之吏部。"（焦竑《玉堂丛语》）

鲁迅先生写过一首《答客诮》的旧体诗："无情未必真豪杰，怜子如何不丈夫。知否兴风狂啸者，回眸时看小於菟。"为父亲者，爱自己的儿子，是一种很正常的人类天生的感情。但这种爱，超过一切，压倒一切，以致颠倒黑白，罔顾是非，那就害人害己，遗祸社会。

这个父亲若是蹬三轮的，若是卖鸡蛋的，碌碌无闻，谁也不会关心，不会注意。可若是大人物、大干部，众所周知，是白纸黑字出现在报章上和荧屏上的大名人，于是，出了这样一个被斩首的混账儿子，纵使相信是被蒙蔽，是糊涂虫，不曾同流合污，也不曾狼狈为奸，那不论是杨士奇，还是别的什么士奇，也不论是过去的杨士奇，还是当代的别的什么士奇，都会成为历史上的一个大笑柄，为人所不齿，被人所唾弃。

我那躺在病床上的老朋友，他疼儿子，可儿子一点也不疼他。最让他伤心的，那个在双规中的儿子，经他妈再三恳求，允许到医院里探视其父。你猜他说什么？这位泥爱其子的父亲告诉我，他儿子觉得他完全没有必要这样激动：至于吗？还不是没到杀头的程度吗？听听……

我怕他太难过，遂把话题扯远了。

明代的何良俊在其所著的《四友斋丛语》中，也提到这位杨士奇，锋芒所指，话语就很不客气了。

> 杨文贞公之子，居家横暴，乡民甚苦之，人不敢言。王抑庵直是文贞同乡且相厚，遂极言之。后文贞以展墓还家，其子穿硬牛皮靴，青布直身，迎之数百里外。文贞一见，以为其子敦朴善人也。抑庵忌其功名，妄为此语，大不平之。后事败，乡民奏闻朝廷，逮其子至京，处以重典。文贞始知其子之诈，然文贞犹以旧憾，抑庵在吏部十余年终不得入阁者，人以为文贞沮之也。由此事观之，则三杨之中，文贞为最劣矣。

俗话说，知其父者莫如其子，同样，知其子者也莫如其父，从遗传学的角度考量，父子之间，总是会有共同的基因。按照其子杨稷那一份作伪本领、造假功夫、高超的表演能力，呜呼，我不禁怀疑，这个老爹，果然是被蒙在鼓中吗？

于是，我忽然悟到，别人传言，我的老朋友被双规的消息，看似讹传，其实那是颇具贬意的说法。很大程度上也是对其"溺爱"之祸，多少带有一点指责之意吧？

我不愿再多想下去，不过他的这句名言，倒还能使人清醒，为父母者，请记住：

"你疼你的儿子，但你的儿子不一定疼你！"

严氏父子

公元 1536 年（嘉靖十五年）冬十二月以前，在南京任吏部尚书的严嵩，说他是个文人，是个诗人，或者，加上"著名"，都是可以的。那时，他纱帽翅上的"缨"，还用不着"濯"。因为明代开国定都南京，永乐帝迁都北京后，仍在南京设了一个稍小的，与北京却是同样设置的中央政府机构。但是，派到那里去做官的，通常都属于非主流的二线人物，所以，在南京时的严嵩，很有时间游山逛水，吟诗作文，以风雅著称。

《列朝诗集》载，严"少师初入词垣，负才名，谒告返里，居钤山之东堂，读书屏居者七年。而又倾心折节，交结胜流，名满天下"。那时，他的人望和文声，很说得过去的。这大概如荀子所言："忍性然后起伪，积伪然后君子"，凡极善于遮掩自己者，通常都会以伪善，骗得大家的良好印象。当时，京都人士，"以公辅望归之"，可见对其期望值之高。

次年到了北京，来给皇帝祝寿，留在了翰林院修《宋史》，随之入阁，纱帽翅上的"缨"，开始抖了起来，按捺不住的本性，便逐渐暴露了。权力这东西，落在品质不佳的人手里，便是一种恶的催化剂。于是，"凭藉主眷，骄子用事，诛夷忠臣，溃败纲纪，遂为近代权奸之首"。这时候，连"濯缨随处有沧浪"那种假姿态、假清高，也没有了。

若是就诗论诗、以文谈文的话，对于严嵩此前的作品，应该说，既不是太好，至少也不是太坏，这评价大抵是相当的。《明史》称他，"为诗古文辞，颇著清誉"，也是当时和以后的公论。他的诗集《钤山堂集》，其实也有一些可圈可点的佳作。但清代修《四库全书》，就因人而否定其书。"迹其所为，究非他文士有才无行可以节取者比，故吟咏虽工，仅存其目"，这是中国文学史上"以人废文"的一个很典型的例子。其实，甚至王世贞，尽管其父王忬是被严嵩镇压的，但他对严嵩的诗文，并不因父仇而持否定态度。"孔雀虽然毒，不能掩文章"，这位文坛领袖的公允评价，比之时下小肚鸡肠的作家诗人，要有气量得多。

一直在南京坐冷板凳的严嵩，发迹太晚，等到为礼部尚书兼翰林院学士，其年 56 岁。等到官拜武英殿大学士，入值文渊阁，受到明世宗朱厚熜重用，是嘉靖二十一年的事，老先生已年过花甲，高寿 62 岁了。那时，虽无到点退休一说，但他不能不考虑到上帝留给他贪污的年头，无论怎样抓捞，为时也不是太多。于是趁早赶快，将他实在不成样子的"短项肥体，眇一目"的儿子，提拔起来，作为膀臂。这样，独眼龙得以"由父任入仕。以筑京师外城（功）劳，由太常卿进工部左侍郎，仍掌尚宝司事。剽悍阴贼，席父宠，招权利无厌"。（《明史》）

严嵩没想到，他竟活到 89 岁，与其子联手作恶的"贪龄"，打破中国贪官之最，这就是李慈铭在《越缦堂日记》里论他的：

"名德不昌，而有期颐之寿""老而不死谓之贼"了。数十年间。钱财捞得太多，坏事做得太绝，这两父子，便成为中国历史上的顶尖级权奸巨贪。《明史》描画这两个人，形象颇有点滑稽。一个肥粗，一个细瘦，一个矮矬，一个高挑，一个是独眼龙，一个是疏眉目，怎么看，不是一家人。后读谈迁的《谈氏笔乘》，引赵时春作《王与龄行状》，方知："严世蕃，分宜相嵩之螟蛉子。"所以，严东楼为严嵩无血缘关系的养子。然而，不是一家人，不进一家门，这两人DNA不同，品种上迥异，但聚财弄权，腐败淫乱，为非作歹，戕害忍毒，好像一个模子刻出来的坏，逐臭趋腥，竞利争权，渔肉良善，巧夺豪取，有着天生同好的心灵感应。

一位朋友对我说，岂止如此，这爷儿俩写的字，也有类通相似之处。不信你去看看，那肥硕饱满的笔锋，非一介寒士能写得出来的。现在，前门外粮食店北口路西的"六必居"酱菜店，菜市口的路北朝南的"鹤年堂"中药铺，那金字牌匾，仍是这两位遗留下来的"墨宝"。据民国蒋芷侪《都门识小录》载："都中名人所书市招匾对，庚子拳乱，毁于兵燹，而严嵩所书之'六必居'三字，严世蕃所书之'鹤年堂'三字，巍然独存。分宜父子，淫贪误国，罪通于天，与桧贼齐名，至今三尺童子皆羞之，乃其恶札亦几经沧桑而不毁，倘所谓贻臭非耶？"

这或许就是历史的玩笑了，近五百年，北京城里不知有多少老字号，能保存住原先那块匾额者，简直少之又少，独独严世蕃与他老爹的这几个字，甚至波澜壮阔的"文革"，也未作四旧砸掉。于是，你不能不悟到，东晋一位大军阀兼野心家桓温所说过的那句名言："男子不能流芳百世，亦当遗臭万年！"对某些人而言，有其一定的可操作性。此语见《世说新语·尤悔》："桓公卧语曰：'作此寂寂，将为文、景所笑。'既而屈起坐曰：'既不能流芳后世，亦不足复遗臭万载耶！'"看来，忘八蛋，忘到极点，臭大粪，臭到极致，也是一种求"不朽"之捷径。这也难怪当今社会，把不要脸压根儿不当回事。追名逐利，无所不用其极，只要到手，是绝不怕下作无耻的。诸如此类的货色，也是大有人在的。

我还择了一个风和日丽的日子，专门去这两处店铺"欣赏"了一番，果然也是如此，二人笔墨，在阳光下居然熠熠生辉，毫无愧色。新建成的广安大街，气势恢宏，原来狭窄的菜市口丁字街，拓宽得已非旧时模样，如果不是夕阳余晖下，那"鹤年堂"金碧绚丽的匾额，我都不敢相认了。此地应是严世蕃的毙命处，他的最后下场，《明史》说得很简洁："遂斩于市，籍其家。"那是公元1565年的事。

明代弃市，都在西城，不知是否即为这个菜市口？因为清代的"秋决"，在这里进行。那么，严世蕃五花大绑，手镣脚铐，站在槛车里，行经此地，看到药铺门楣上那几个闪闪发光的字，不知作何感想。而其父，不知会不会后悔。当初莫如"濯缨随处有沧浪"，回到钤山东堂，做他的诗人、文人，也不至于眼睁睁地看着儿子被枭首示众，身首异处吧？

这一次，被嘉靖彻底冷落的严嵩，再也无法救他的儿子一命了。

不过，老奸巨滑的他，不禁纳闷，法司黄光升奏的这一本，为什么能起到如此大的作用？这位前首辅，百思不得其解。他虽然下台了，对于他侍候了二十多年的主子朱厚熜，应该是能揣摸透的，究竟为什么，使得龙颜大怒到将他革职，留了条命，而将其子弃市，到了如此决绝地步？

黄光升何其人也？法司是个小角色，御史林润算什么东西，借他胆子也未必敢动我们父子。他马上想到，背后肯定有高人指点。谁？除了接他任的徐阶，能有其他高明吗？严老先生跌足长叹，没料到隔着门缝看人，竟将这位少言寡语的新首辅看扁了。前些日子，他知大势已去，嘉靖对他已无任何兴趣，失宠于皇帝，就意味着保护伞不再起到作用。无可奈何之际，多少有些拜托继任者徐阶的想法，曾"置酒要阶，使家人罗拜，举觞属曰：'嵩旦夕且死，此曹惟公哺乳之。'阶谢不敢"。（《明史·奸臣》）哪知道，这位后起之秀，却是一个大为可畏的杀手。

现在，他终于明白，今天的徐阶，已非昨天"谨事"于他的徐阶了。不但要杀他的儿子，没准过两天，还要他的好看呢！正如他刚到北京，"谨事"他的前任夏言，然后又设法除掉，连命都未能保住一样。官场的无情斗争，和"濯缨随处有沧浪"的潇洒淡泊，是风马牛不相及的。

明朝不设宰相，这是朱元璋定的，权力高度集中在皇帝手里，另设几个文官组成的秘书班子，为其工作，其中主要负责者，即为首辅。黄光升所以敢发难，严嵩没有猜错，确是这位一直对他虚与委蛇的徐阶私下授意，才紧急上书的。

法司黄光升，御史林润，角色虽小，在官场厮混多年，也成了精。他们算盘拨拉得很明细，第一，严嵩虽然致仕归田，风光不再，但嘉靖只是讨厌他，并不想收拾他，时不时还念叨他的"赞玄"之功，谁知他会不会起复，又杀回来呢？第二，严世蕃就更不是好惹的了，此人朝上朝下，党羽密布，京内京外，网络沟通，是一个气焰嚣张，罔顾一切，什么卑鄙龌龊都做得出来的坏蛋。多少年来多少人上书奏本，揭发告讦，都未能奈何他分毫。如今贸贸然参奏他，弹劾他，犹如老鼠捉猫，弄不好，会送命。因此，黄法司和林御史的心里，一直打着小鼓。可首辅徐大人如此器重，不得不硬着头皮应承。一连拟了几份备案，供徐阶过目。新首辅皆不以为然。两人忐忑地试探："一定要如此行事吗？""你们怵啦？""只怕打蛇不死反遭咬！"

徐阶不理睬他俩的怯懦，"那就如此吧！照着我说的这几条上书。"于是，口授以下诸条：

一、严世蕃在他老家江西南昌，盖了一座"制拟王者"的府邸。

二、严世蕃在京城与宗人朱某某，"阴伺非常，多聚亡命"。

三、严世蕃之门下客罗龙文，组死党五百人，"谋为世蕃外投日本"，在进行着武装训练。

四、严世蕃之部曲牛信，本在山海卫把守边关，近忽"弃伍北走"，企图"诱致外兵，共相响应"。（《明史·奸臣》）

黄光升笔录后，与林润面面相觑，满腹狐疑："就这些？""还不足以掀掉他的头颅吗？"

这两人当然不这么想，法司定谳，讲究铁证如山，证据确凿，务求一槌砸死，绝不能让案犯有翻手可能。可徐大人所拟定的几条罪行，很难自圆其说。第一，严世蕃既然在家乡大兴土木，就没有必要亡命东洋；第二，严世蕃打算逃之夭夭，一走了之，还在京城组织别动队，制造动乱，还着人出走山海关，召致北虏。完全不经推敲，不合逻辑。

若是逮鸡不着，蚀把米，也就认了，可这是一条恶狼，那后果，岂不岌岌乎危哉！他们当然要担心的。

因为，在中国，反小贪容易，反大贪难，而反有背景，有后台，有高层人物支撑的巨贪更难。无论古今，凡称之为巨贪者，第一，上面有强大的庇护；第二，手中有足够的权力；第三，身边有铁杆的死党。有了这三者，轻易是奈何他不得的。对严嵩而言，这三者，他不但全部具备，而且达到极致地步。第一，他有嘉靖皇帝这把大得不能再大的保护伞；第二，他有一人之下、万人之上的首辅地位；第三，他有沆瀣一气、通同作恶的儿子、帮手、死党严世蕃。

说实在的，在中国贪污史上，像他这样实力雄厚、有恃无恐、为所欲为、放手大干的贪污集团，再也找不到第二份。清代的和珅，上有乾隆罩着，自己位极人臣，能与之相比。但他的儿子丰绅殷德，贵为额附，不过一个纨绔子弟，比之严世蕃，其无恶不作的水平，要差得多。因此，严嵩60多岁入阁，与他那"剽悍阴贼"的儿子一起，二十年间，卖官鬻爵、索贿求赇、聚敛无厌、苞苴盈门，搜括下天大的家私。

严嵩和他的儿子，得以肆意妄为地大贪特贪，说了归齐，凭借的是手中的一张门门通吃的王牌，大明天下，谁能越过嘉靖皇帝？但是，"帝自十八年葬章圣太后后，即不视朝，自二十年宫婢之乱，即移居西苑万寿宫，不入大内，大臣希得谒见，惟嵩独承顾问，御札一日或数下，虽同列不获问，以故嵩得逞志"。（《明史·奸臣》）朱厚熜等于将整个国家交给了他，这块肉，他还不是想怎么吃就怎么吃，更何况严世蕃那永远填不满的胃口?

在东方专制国家里,贪污之风是难以禁绝的,这是社会制度所决定;但是,反贪污的正义潮流,不管哪朝哪代,从来是人心所向。尽管反也白反,可是,"过街耗子,人人喊打",贪官总是绑在耻辱柱上受到唾弃。所以,这对父子,尽管保持二十年不败,然而,御史谏官们的弹劾参奏,哪怕为之终身坐牢,哪怕为之掉了脑袋,也是不屈不挠,前仆后继,同他们斗争了二十年。

据《明史》,"嵩无他才略,惟一意媚上,窃权罔利。帝英察自信,果刑戮,颇护己短,嵩以故得因事激帝怒,戕害人以成其私。张经、李天宠、王忬之死,嵩皆有力焉。前后劾嵩、世蕃者,谢瑜、叶经、童汉臣、赵绵、王宗茂、何维柏、王晔、陈垲、厉汝进、沈炼、徐学诗、杨继盛、周铁、吴时来、张翀、董传策皆被谴。经、练用他过置之死,继盛附张经疏尾杀之。他所不悦,假迁除考察以斥者甚众,皆未尝有迹也"。

读史至此,不禁怫然。

在封建社会里,有时候,皇帝就是最大的贪污犯。所以说,反贪反贪,不反掉贪官头顶上那把使其得以贪的保护伞,治标而不治本,抓再多的贪污犯,也根绝不了官员的贪污现象。有了嘉靖的庇护,这两父子,老的奸,少的恶,全世界也找不到如此"珠联璧合"的"最佳拍挡"。《明史》说这个严世蕃,简直就是京师一霸,其贪赃枉法,其荒淫无耻,其不可一世,以致成为随后不久串演成戏的《丹心照》《鸣凤记》《一捧雪》《万花楼》等杂剧主角,京剧更有直指为戏名的《打严嵩》。中国贪官,搬上舞台现世者,这对父子是当仁不让的冠军。

嵩耄昏，且旦夕直西内，诸司白事，辄曰："以质东楼。"东楼，世蕃别号也。朝事一委世蕃，九卿以下浃日不得见，或停至暮而遣之。士大夫侧目屏息，不肖者奔走其门，筐篚相望于道。世蕃熟谙中外官饶瘠险易，责赂多寡，毫发不能匿。其治第京师，连三四坊，堰水为塘数十亩，罗珍禽奇树其中，日拥宾客纵倡乐，虽大僚或父执，虐之酒，不困不已。居母丧亦然。好古尊彝、奇器、书画，赵文华、鄢懋卿、胡宗宪之属，所到辄辇致之，或索之富人，必得然后已。(《明史·奸臣》)

最后，连他老子都被他这一份超常的贪污能量吓傻了。

明代周元暐《泾林续记》载："世蕃纳贿，嵩未详知，始置筒箧，既付库藏，悉皆充牣。蕃妻乃掘地深一丈，方五尺，四围及底砌以纹石，运银实其中，三昼夜始满，外存者犹无算，将覆土，忽曰：是乃翁所贻也，亦当令一见。因遣奴邀嵩至窖边，烂然夺目。嵩见延衺颇广，已自愕然，复询深若干，左右以一丈对，嵩掩耳返走，口中嗫嚅言曰：多积者必厚亡。奇祸奇祸，则嵩亦自知不免矣。"

黄光升、林润对于首辅徐阶所拟的状词，是不以为然的。以其职业的眼光，认为要将贪官扳倒，最具杀伤力的是证据确凿，人赃俱获，用今天的法律名词，抓住他的大宗赃物，定他个不明财产来源罪，就足以判了。再加上设置冤狱，残害杨继盛、沈炼，是民愤极大的案件，要告倒这个严世蕃，只有如此上书，方顺理成章。

徐阶对御史林润、法司黄光升的说法，不以为然，"诸公欲生之乎？"

"必欲死之。"

徐阶冷冷一笑："若是，适所以生之也。夫杨、沈之狱，嵩皆巧取上旨。今显及之，是彰上过也。必如是，诸君且不测，严公子骑款段出都门矣！"（《明史·奸臣》）

"性颖敏，有权略"的徐阶，能够与虎狼之性的严嵩共事多年，避祸求存，站稳脚根，徐图大计，崭露头角，表明他政治上的成熟。而成熟的表现，正是《明史》所称的"阴重不泄"上。看来，韬晦和谦谨，退让和抑制，使得这位政坛前辈，有点将他小看，认为他不过是初入官场的见习生罢了。但是，有所为、有所不为的徐阶，在使嘉靖对他的才干、能力、识见、忠诚精神，增加深刻印象时，也是尽力表现的。终于，"嵩握权久，遍引私人居要地，帝亦寝厌之"，加之"徐阶营万寿宫甚称旨，帝亦亲阶，顾问多不及嵩"。（《明史·奸臣》）于是，徐阶接替严嵩为首辅。

严嵩的前任夏言，那条命是断送在他手里的，以此类推，如今，徐阶接替了他，他不由得担心，这出老戏码会不会再次上演？他忘了自己已经高龄八旬，一个死神即将叩门的人，徐阶根本不会把他当回事了。对这位新首辅来讲，当务之急，倒是要把心怀叵测的严世蕃，在眼前蒸发，免得构成一股势力，造成威胁。

所以，将黄光升、林润请来私邸，嘱其上书弹劾。

徐阶所拟的那些罪状，是这位"阴重不泄"的政治家，冷眼旁观的结果。这些年来，所有劾奏严氏父子者，无一不义愤填膺地采用激将法，以求激起朱厚熜的怒火，对二严施以重法，但每每事与愿违，徐阶从中吸取了教训。在中国，反贪也罢，反腐也罢，你反的虽是一个具体的人，但实际上你触动的是一个上下左右密切联系的网，一个一荣俱荣、一损俱损的利益集团，一个与统治者，与警察机构，与舆论公权单位相关联的阶层和制度。弄不好，贪未反成，腐未反成，你先进了局子。

所以，徐阶看得很清楚，反严嵩最激烈的杨继盛，给嘉靖上书，最终死于非命，就在于他所控诉的十罪五奸，每一条批嵩的同时，也在批嘉靖的昏庸失察，这是朱厚熜决不能接受的。

诸如："无丞相名，而有丞相权，天下知有嵩，不知有陛下。"

诸如："陛下用一人，嵩曰我荐也，宥一人，嵩曰我救也，群臣感嵩甚于感陛下，畏嵩甚于畏陛下。"

诸如："陛下有善政，嵩必令世蕃告人曰，主上不及此，我议而成之。"

诸如："嵩以臣而窃君之权，世蕃复以子而盗父之柄，故京师有'大丞相''小丞相'之谣。"

诸如："陛下令嵩司票拟，盖其职也，嵩何取而令子世蕃代拟，又何取而约请义子赵文华辈群聚而拟。"（《明史》）

这无异于揭皇帝的短，打天子的脸。那本是非常自负，性格卞躁，绝对不肯认错的陛下，按照这样的逻辑，严嵩的不是，无不由他嘉靖而起，你告严嵩，实际在数落他，不是找倒霉吗？嘉靖自然火冒三丈，下诏狱，杖之百，关在牢里两年。然后，严嵩伺机进谗言，冤死这个杨继盛。

所以，徐阶改弦更张，不告严世蕃贪污下的金山银山，那让朱厚熜挂不住脸，眼皮子底下，出了巨贪，绝不是最高统治者的一件光彩的事；同样，也不告严嵩父子陷害忠良，制造冤狱，无论如何，推出午朝门外斩首，总是奉旨行事，朱厚熜也有推卸不掉的责任。当皇帝的只有圣明，怎么能有错？哪怕99%错了，只有1%勉强说对，也要大言不惭声称英明正确的。

现在，徐阶的四条罪状，跟嘉靖扯不上边，将他完全撇开，而每一条都是犯上作乱，是要跟皇上过不去的。第一，盖府邸"制拟王者"，什么意思？是不是有想当皇帝的野心？第二，与姓朱的宗人搞地下串联，是不是要篡权夺位，另立新主？第三，倭寇为明代心腹之患，组成反革命武装，里通外国，投奔日本，是何居心？第四，勾结边外觊觎我大明江山的异族，起内应外合的作用，一旦得势，那还得了？

最初，林润、黄光升欲发其罪，告严世蕃残害杨继盛、沈炼。耳目们赶紧向严世蕃报告，他听了以后，哈哈一笑，"谓其党曰：'无恐，狱且解。'"等到这纸奏书上达天听以后，"世蕃闻，诧曰：'死矣！'"

朱厚熜以最快速度批下来，严世蕃就押往菜市口。

据史载，行刑当天，都人大快，相约持酒，到杀头处观看。《明史》载："临刑时，沈炼所教保安子弟在太学者，以一帛署沈炼姓名官爵于其上，持入市。观世蕃断头讫，大呼曰：'沈公可瞑目矣！'因恸哭而去。"

这是一场四百多年前的处决贪污犯的场面，故事虽然很古老了，但历史所具有的现实主义精神，那光彩是永远也不会褪色的。

独为迥出钤山堂

明朝大奸臣严嵩，著有诗集《钤山堂集》，其实是个正经八百的诗人。他的诗，应该说写得不错，甚至可以说写得不俗。纪昀编纂《四库全书》，存其书目，不因人废文。

当个奸臣也颇不易，为臣本难，而为臣还要奸，真得有点功夫。严嵩与周作人的命运不同，周作人是属于因人废文的一种，谈到他的名字时，不会想到他除了奸臣的名分外，还具有诗人的身份。

明代沈德符撰《万历野获编》载："严分宜自为史官，即引疾归卧数年，读书赋诗，其集名《钤山堂集》。诗皆清利，作钱刘调，五言尤为长城，盖李长沙流亚，特古乐府不逮之耳。"然后，他的结论是："故风流宰相，非伏猎弄獐之比，独晚途狂谬取败耳。"从这同时代人的评论看，严嵩的诗，说不上非同凡响，但不同于一般，是可以肯定的。对作家来讲，能够写出有别于他人的作品来，就很足以自豪的了。

此人活到八十多岁，与周作人差不多，是一位长寿文人。我觉得，时下某些上了年纪的作家或诗人，终其一生，还未必能达到严嵩在《四库总目提要》被论及的水平。隔代以后，后人们谈到他名下的《钤山堂集》时，还认为他的文学成就，"在流辈中乃独为迥出"，能够在清朝的皇家典籍中，获得如此评价，可见其作品确实有独特不俗之处。《明史》称他："为诗古文辞，颇著清誉。"这也是个相当褒扬的说法。

严嵩在江西老家分宜县一个叫钤山的地方，面壁十年，苦读诗书，声誉卓著以后，也就"文而优则仕"，被召到京城做官了。"进侍讲，署南京翰林院事，召为国子祭酒"。一个读书人，囊萤凿壁，悬梁刺股，熬到国子监首脑这样尊崇的位置上，也就是学术界、文化界的顶尖人物了。在封建社会里，当别的什么官，是比较容易的，只要有钱、有势、有关系、有门路、有裙带的援引，能巴结攀附，摇尾示好者，没有不达到愿望的。但要在翰林院混事，肚子里只有《三字经》《百家姓》，或英文 ABC 之类，恐怕还是不行的。即或扛着圣旨去了，坐在高位上，我想，那被众文人干看着的滋味，那假充内行的心虚状态，那说不了三句就露馅的尴尬，也会是挺受罪的。从这点看，奸臣归奸臣，坏蛋归坏蛋，严嵩在文学成就上，是货真价实的。

要不然，"居南京五年，以贺万寿节至京师"，就不会把他留下来了。当时，"会廷议更修《宋史》，辅臣请留嵩以礼部尚书兼翰林学士董其事"，要他领衔修史。这是个油水不大，但享有崇高威望的荣誉差使。看来，他当时的文望与人望，比之后他两朝的周作人任伪华北政府教育总署一把手时要高得多多。因为无论王辑唐、殷汝耕，还是汪精卫、东条英机，都不曾有过想请周先生去修《清史》的意思。在中国，凡被统治集团认为有资格修正史的文人，都应属于文坛公认的泰斗之辈。例如，宋代的司马光、欧阳修，元代的脱脱，当然更不用说汉代的司马迁了。

严嵩到底有没有在嘉靖年间新设的《重修宋史》编审委员会里，担任过什么重要角色，是不是有什么高级职称，拿不拿额外的津贴补助，配不配供他专用的小轿车，史无记载，也就无从说起。但由此可知严嵩的文学地位，在当时，确实是众望所归。不过由于他的奸臣名、贪官名，压倒了他的文学名，而使他这方面的"清誉"被湮没了。如今，周作人被某些先生不遗余力地抬得这么高，严嵩地下有知，一定会埋怨这些鼓吹者，对他的才华，也好像应该张扬一下才是。

当时，嘉靖皇帝很赏识他，而且，一直恩宠不减。朱厚熜迷信道教，还自号"灵霄上清统雷元阳妙一飞玄真君"，这种一本正经的滑稽，也只有像梁武帝出家做和尚的昏君做得出来，可堪与之比拟。于是，上有所好，下必甚焉，"文武大臣及词臣入值西苑，供奉青词"，跟着皇帝一齐向太上老君膜拜了。所谓"青词"，就是写在青藤纸上打醮祷祝的疏文。在中国，只要是皇帝提倡的东西，不管好坏，马屁精们立刻会趋之若鹜，加油添醋，蔚为风气的。严嵩自然不甘人后，加之他善揣摩，巧逢迎，有眼力，肯无耻，所以，出自他手的"青词"，仙风道骨，典雅华彩，朱厚熜特别欣赏，褒誉有加。这块敲门砖，就成了他进身之阶，一天天发达起来。

先前，"帝以奉道尝御香叶冠"，为此用沉水香木做了五顶道冠，赏赐臣僚。严嵩竟成为获得这种殊荣的五个人之一，要比今天某些作家忽然被外国人看重而骨头顿轻，更加荣耀，也可见其受嘉靖赏识的程度。因为中国的士，信孔夫子，"子不语怪力乱神",不大肯拜神礼佛,别人虽受赏赐,有的还不愿意戴。严嵩青词写得好,溜舔尤具功夫,他在朝见皇帝时,特地在道冠外蒙了一层薄纱,以示珍惜,"帝见,益内亲嵩",这马屁算拍到了点子上。从此,"醮祀青词,非嵩无当帝意者",应该承认,早年的严嵩,确是文章高手,倘若一个草包,腹中空空,敢坐在那里跟嘉靖谈诗论文吗?

古往今来,能够得以与帝王、领袖、最高统治者咏觞唱和的骚人墨客,肯定是文化界领一时风流的扛鼎人物,就以曾经和毛主席对过诗的柳亚子、郭沫若两位先生的身份,便可证实。因此,严嵩的诗作,到了清朝编《四库全书》时,任总编纂的纪昀,也不忍一笔勾销,还引用了王世贞的一句诗,"孔雀虽有毒,不能掩文章",表示不能因人废文,来肯定他"独为迥出"的文学功力。作为诗人的奸臣严嵩,当不弱于作为散文大家的汉奸周作人,这是可以肯定的。

我们试来读他的一首七绝:"山泉野饭聊今夕,金谷铜驼非故时。随缘自有数椽竹,题俭真成一字师。"假如,不是标明严嵩之作,准以为是哪位尚未脱贫、甘于清苦的诗人,在什么远离尘嚣,还具有一丝黍离之感的故国荒园,孤独行吟呢!可是,当了解这不过是那个穷奢极欲,贪婪搜括,无恶不作,祸国殃民的大奸臣、大贪官,在那里装孙子的时候,就觉得是莫大的讽刺,天大的笑话了。

为文和为人的抵牾,严嵩不是第一个,也不会是最后一个。但奸臣名压倒了他的文学名,在《明史》中,将他和他的儿子严世蕃,都列入奸臣传了。然而,到了更后来,在人们心目中,他的贪污名,又压倒了他的奸臣名。如果有人搞一份中国贪官排行榜，我想严氏父子，很可能在前几名之列。若是把宦官中的大贪污犯如刘瑾、魏忠贤，还有清代的和珅之类不计在内，在政府官员的贪污犯中，严嵩父子很有希望夺冠，而跃登榜首。

在二十四史的各史中，对唾弃之辈，如奸臣、佞幸、酷吏、乱贼、宦官、阉党等，中国正史的体例，无不有分门别类的章节。很奇怪的一点，独独没有专门的贪官列传，使我纳闷不已。是因为历代没有贪官呢？抑或由于贪官不多而无此必要呢？这当然不是理由。中国的贪污文化或传统，可谓绵绵瓜瓞，渊源流长。有一则笑话，说旧时，一位地方官员离任，将他在职期间搜括的钱财，全部装车运走。这位官员巡视长长的车队，走到末尾的那辆车上，发现还坐着一个小老头儿，便问，你是谁？小老头儿回答，我是本地的土地。这位官员颇为惊讶，便说，土地爷，我已不在你的地面上做官了，你还跟着我干什么？这位土地苦着脸子说，老爷！您把本地的地皮都搜括走了，我不跟着您，跟谁？

这虽是笑话，但反映了封建社会中，从上到下，无官不贪，四海之内，不贪不官的现象。有时连皇帝本人，也可能就是首席贪污犯。民谚曰："三年清知府，十万雪花银"，就是这种现象的写照。一个相当于地市级的干部，在一个油水不大的府州，能在三年之内，吞噬如此大量的民脂民膏，老百姓还有活路吗？正因为贪污之官，比比皆是，腐败之风，泛滥成灾，对史家来说，记不胜记，倒莫如搁笔不记了。

如果全是清官，只有一个贪官，记史者可能有兴趣做做文章；相反，遍地贪官，清官成了稀有品种，也就只能让那些一尘不染、两袖清风者，在史书上占一席之地了。正如陈寿在《三国志》里记下东吴顾雍不喝酒一笔，初读时，甚不解，不喝酒有什么稀奇？但读到孙权这个大酒鬼，谁不陪他喝到醺醺然的程度，他还要发脾气，便知道当时喝酒，是一种相当普遍的现象。不但不喝，还敢抵制，这种罕见的例子，才使陈寿觉得有付诸史书的必要。因之，在史书里，有良吏、循吏的传，肯定是恪尽职守、公平正直、爱民恤民、清廉方正的官员，实在稀少的缘故。而至今尚无一部《贪污史》或《贪官列传》出现，恐怕与历来贪官多如牛毛有关，若我是一位记史者，一天到晚写不完的贪官，也会倒胃口的。

明嘉靖四十四年（1521），窃权达二十多年的奸相严嵩，终于失败倒台，其子严世蕃被斩首于京师，人心称快，万众欢腾。大家都拥到行刑处观看，并举杯饮酒，相互庆贺，那是一次很解恨的场面。严嵩的脑袋虽然保住，但受到籍没的处置，全部家产充公。

据说，嘉靖皇帝朱厚熜为此发了一笔不小的财。

东厂、西厂籍没严嵩时，自然也有一本账的。不知哪位有心人，将它捅出来，还印成一册书，书名《天水冰山录》，记载了这个中国历史上特大贪污犯之一，积二十多年之搜括，所积聚起的像山一样的财富。不过，山倒是山，可惜是座冰山，太阳一出，便化了。据说，取这个书名，就是来自"太阳一出冰山落"的语意。

严嵩发迹颇晚，别人都到致仕（也就是退休养老）之年，他才春风得意，时已六十出头，半截入土，但捞起钱来，却丝毫不让后生。别看此人起步迟了，但贪污的悟性高，动作快，手段恶，胃口大，一进入内阁，就把嘉靖哄得团团转，马上把几个同僚排挤出局，如曾铣、夏言、杨继盛、沈炼等正直大臣，甚至想方设法一一予以杀害。从此，他作为首辅，主政长达二十一年之久。这二十多年，也是嘉靖跟臣下闹情绪，索性不理朝事，搬到西园去住，拒绝上朝的时期。这长时间，大臣们都无法见他一面。只严嵩独蒙圣眷，留他一人，随之到西园行在值班，可说是给予了天大的绝对信任。

这样，严分宜一手遮天，为所欲为，到了无恶不敢作的程度。加之还有一个比他更坏上十倍的儿子严世蕃，与他沆瀣一气，上下其手，卖官鬻职，贿货公行，敲诈勒索，作恶多端，搜括民财，疯狂聚敛，二十年工夫，果然贪污出了一座用金子银子堆起的冰山。这本《天水冰山录》中，仅从他在北京的府邸，江西省南昌和分宜的老家，两处查抄出来的财产，真是可以用"骇人听闻"四字形容。

这部书中开列出的赃物如下：

一、纯金器皿 3185 件，重量 11000 余两；

二、玉器 857 件；

三、耳环耳坠 267 双；

四、布缎绫罗纱绒 14300 余段；扇柄 27300 余把；

五、南昌和分宜的第宅房店 3300 余间。

据《明史》称，抄出来"黄金可三万余两，白金二百万余两，他珍宝服玩所直又数百万"。清人赵翼在《廿二史札记》卷三十五《明代宦官》一节中说："严嵩为相二十年，《明史》所记籍没之数，黄金三万余两，白金二百万余两，他珍宝不可胜记，此已属可骇。而稗史所载，严世蕃与其妻窖金于地，每百万为一窖，凡十数窖。曰：'不可不使老人见之。'及嵩至，亦大骇，以多藏厚亡为虑。则史传所载，尚非实数。"

赵瓯北的意思是说：太监刘瑾窃权当政，论"贪龄"（如果有这种计算年龄的方法的话），不过五六年，就捞得黄金二百五十万两，银五千万余两，几乎是严嵩全部贪污总数的几百倍，而严嵩"打仗亲兄弟，上阵父子兵"，是两个人开的合股公司，能量特别大，"贪龄"也是刘瑾的四倍，怎么"奋斗"了二十年，只是刘瑾的一个零头呢？所以，他不甚相信，认为"每百万为一窖，凡十数窖"的说法，比较接近实际。

显然，严嵩的贪污所得，绝对不是史书上说的这个数字。我看，这里面有朱厚熜给自己好交代的因素在内。试想，他这个当皇帝的，宠幸了一个二十年的亲信，竟是这样的贪污无底洞，成为贪污之最，那么，在历代帝王中，他恐怕也算是一个昏君之最。于是，不得不想法关照他的东厂、西厂的锦衣卫，去查抄时，尽量缩小其账面额度，以遮掩天下人耳目。所以杀了严世蕃以后，朱厚熜特意饶了严嵩一条命，让他削籍回乡看守坟茔，证明他并非罪不容赦，也有稍稍给自己留一点面子的意思在内。

其实，这一对父子贪污狂，百死也不足平民愤，他俩不但无物不贪，无钱不贪，无处不贪，无日不贪，而且贪得千奇百怪，贪得挖空心思，贪得无所不用其极，贪得令人匪夷所思。严嵩贪污的金银实在太多了，连妇人的溺器，男人的尿壶，也都用黄金打造而成，尿壶还特意做出女性外阴的形状，其刁钻，其无聊，其荒淫无耻，可想而知。

嘉靖觉得杀了他，做皇帝的也脸上无光，便留他一条老命，遣返回乡，全部家产充公。遂有那本小册子，记载着在太阳光底下，那冰山消融的一笔笔细账。

据沈德符《野获编》，说抄严家时，光碧玉白玉的围棋就有几百副，金银象棋也是数百副。这位老学究感叹：对弈本是一件轻松愉快的事情，拿着一颗颗足赤纯金浇出来的棋子，沉甸甸的，岂不累煞人也。明代的衡制，一两相当于公制的36点9克，乘以11000的话，应该是405900克，按近日黄金市场价，每克为120元计，光这些金器就值人民币5000万。若以《明史》的三万余两计算，仅黄金一项，值两亿人民币，遑论其他。据《明通鉴》："所籍嵩等家财银两，诏悉送太仓，以一半济边饷，一半充内库取用。"这后一半，也就是进了朱厚熜的腰包。

抄家，是皇帝发财的一条道，据赵翼的《廿二史札记》，王振籍没时，"金银六十余库，玉盘百，珊瑚高六七尺者二十余株"。"李广殁后，孝宗得其赂籍，文武大臣馈黄白米各千百石。帝曰：'广食几何，乃受米如许？'左右曰：'隐语耳，黄者金，白者银也。'"刘瑾败后，抄家得"金二十四万锭，又五万七千七百两。元宝五百万锭，银八百万，又一百五十八万三千六百两。以上金共一千二百五万七千八百两，银共二万五千九百五十八万三千六百两"。钱宁籍没时，"黄金十余万两，白金三千箱，玉带二千五百束"。另一说为"金七十杠，共十五万五千两，银二千四百九十杠，共四百九十八万两"。江彬籍没时，"入公帑者，黄金七十柜，柜一千五百两，银二千二百柜，柜二千两"。看来，明代是中国历史上的贪污大朝，当不会错。

赵翼认为，以上这些贪污犯，都比不上严嵩在任时间长，所以，他搜括的也应比他们多。"籍没时，金银珠宝，书画器物田产，共估银二百三十五万九千二百四十七两余。又直隶巡按御史孙丕扬所抄嵩京中家产，亦不止此数。而所估价，又不过十之一。即如裘衣，共一万七千四十一件，仅估银六千二百五两零，帐幔被褥，二万二千四百二十七件，仅估银二千二百四十八两零，则其他可知也。计其值，不下数十倍。"因此，严嵩的贪污纪录，是可以上吉尼斯的，"则史传所载，尚非实数"，这就是赵翼的结论。

　　一般来讲，小贪如鼠，昼伏夜行，鸡鸣狗盗，提心吊胆，贪也贪不出多大油水。而大贪如虎，无所顾忌，光天化日，明火执杖，才能贪出金山银山。"稗史所载，严世蕃与其妻窖金于地，每百万为一窖，凡十数窖。曰：'不可不使老人见之。'及嵩至，亦大骇，以多藏厚亡为虑。"严氏父子所以敢如此放开手脚地疯狂贪污，聚敛如许钱财，还不是当皇帝的包庇和纵容的结果。这两父子斑斑劣迹，早就民怨沸腾，"南北给事、御史交章论贪污大臣，皆首嵩"。但是，"嵩每被论，亟归诚于帝，事辄已"。而且，"帝或以事诮嵩，所条对平无奇，帝必故称赏，欲以讽止言者"。正因为有倚仗，严嵩才能有恃无恐，正因为严嵩支持，严世蕃才敢胡作非为。

　　赵翼说："是可知贿随权变，权在宦官，则贿亦在宦官，权在大臣，则贿亦在大臣，此权门贿赂之往鉴也。"从近年来所揭发、所暴露、所法办的贪污案件，主犯要犯，哪一个不是带"长"字的手中握权之辈呢？作家手中，不过有杆笔，谁会在乎你呢？是做一个才华出众的文人，死守清高呢？还是做权力更大的官僚，因而也能捞到更多的油水呢？严嵩自然会选择后者了。

尤其，嘉靖十八年葬章圣太后以后，这位皇帝就不上班了，也就是不视朝了，连皇帝这项最起码的本职工作，也不干了，这就给了严氏父子更大的贪污空间。"自二十年宫婢之变，即移居西苑万寿宫，不入大内，大臣希得谒见，惟嵩独得顾问，御札一日或数下，虽同列不获闻，以故嵩得逞志。"这样，等于纵虎归山，更是不可一世，严嵩在里面将嘉靖哄得团团转，严世蕃在外边大肆搜括，敛财聚钱。

这一对贪污父子，同声共气，合作默契。"短项肥体，眇一目"的严世蕃，比其"长身戍削，疏眉目，大音声"的老子，更能作恶。由于严嵩"旦夕值西内，诸司白事，辄曰以质东楼，东楼，世蕃别号也。朝事一委世蕃，九卿以下浃日不得见，或停至暮而遣之。士大夫侧目视之，不肖者奔走其门，筐篚相望于道。世蕃熟暗中外官饶瘠险易，责贿多寡，毫发不能匿"。凡贪污，必腐败，凡大贪污，必大腐败，于是，卖官鬻爵，贪赃枉法，敲诈勒索，横行都门。严嵩"窃政二十年，溺信恶子，流毒天下，人咸指目为奸臣"。

严嵩最初以文邀宠于上，平步青云，飞黄腾达。最后的失败，也是老暮以后，文思日退，诗情大减，作不出令皇帝高兴的文字来，才失去圣眷的。说实在的，一个诗人，总有江郎才尽的一天，也许七老八十，还能写出分行的文字，但银行账目，商店流水，同样也是一行一行，难道那能叫作诗嘛，除非打算将缪斯气死。再说，在帝国宫廷最高层面上的厮杀，并不亚于西班牙斗牛场的角力，你不将刀插在牛身上，牛就会将你顶死，因此，作为诗人的严嵩，究竟还能有多少诗情画意，涌上心头，是大可怀疑的。更何况，他必须干净利落地排除政敌，必须不露声色地告密陷害，必须殚思竭虑地获得好处，必须恬不知耻地曲意媚上，当一天到晚尽琢磨这些外务的时候，他还会爆发创作的灵感吗？

结果，朱厚熜所下手诏，老迈的严嵩，竟"语多不可晓"，好像有些老诗人看不懂年轻诗人写的东西一样，只有一个劲地摇头。幸好，独眼龙严世蕃能"一览了然，答案无不中"。但"严妻欧阳氏死，世蕃当护丧归"，于是，"嵩受诏多不能答，遣使持问世蕃，值其方耽女乐，不以时答。中使相继促嵩，嵩不得已自为之，往往失言。所进青词，又多假手他人不能工，以此积失帝欢"。(《明史·奸臣传》)这样，就走到了末路尽头。

嘉靖四十四年，严世蕃终因外投日本、内怀怨望罪被劾，"斩于市，籍其家"。但世宗还是给严嵩留了条命，削籍为民。"又二年，嵩老病，寄食墓舍以死。"这个大奸臣、大贪官，就这样永远地钉在历史的耻辱柱上。

真遗憾，他没有周作人那样幸运，至今还在翻来覆去地出知堂先生的书，而同是"堂"的《钤山堂集》几乎不为人知。早在前清编《四库全书》时，就因"迹其所为，究非他文士有才无行可以节取者比，故吟咏虽工，仅存其目"给否定了。

以两"堂"的遭遇而言，看来，古人较呆，不灵活，认死理，还是今人聪明，脑袋瓜子转得快。要是周作人生在明朝或清朝，会被视作贰臣的，怕就得不到今日的风光了。

从这个角度比，真有点为严嵩的诗文叫屈。

海瑞骂皇帝

一

假设有人编一部《中国贪污史》，大概少不了赫赫有名的贪官严嵩，假如有人另编一部《中国廉政史》的话，大名鼎鼎的清官海瑞，则更是领衔主演的人物。无论前者还是后者，巨贪和大廉，都出在明代嘉靖年间，我想，绝算不得是这位皇上的荣光。

在中国，某个朝代出贪官，也许并不能证明皇帝昏庸无能，是个窝囊废；即使最精明的君主，驾驭偌大的国家机器，日理万机，百虑一失，也难免疏忽。何况，贪官又不会在脸皮上刻出字来，"吾乃硕鼠是也"。在未捉出之前，谁不人五人六，像模像样。再说，在旧社会，"十年寒窗""学而优则仕"，"仕"者，官也。在戏曲里，戴纱帽翅的角色出场："千里为官，谁不为钱？若不为钱，谁来当官？"这四句念白，很足以表明权力和金钱的互换关系。所以，贪官，是常见的，老实说，清官，倒不常见。

当清官，穷得要死，苦得要命，谁干？因而翻开二十四史的任何一史，无不贪官如毛，硕鼠遍地，有时，皇帝就是天字第一号的贪污犯。出清官，必是国家问题成堆，积重难返之际。一定由于皇帝昏庸，而且比较长时期的，达到相当程度的昏庸，弄得贪污普遍化，腐败合法化，渎职正常化，贿赂公开化，到了国将不国，神州陆沉的时候，极个别的不肯同流合污的清官，才会凸显出来。这就是中国历史上越是腐败的朝代里越出清官的原因。

因此，若无嘉靖，若无严嵩，若无满朝的不正之风，也就显不出海瑞的节操和风范，也就不可能使他成为中国历史上，排名不数第一，也数第二的清官了。嘉靖御临天下 45 年，已经到了无可救治的程度，海瑞这才会指着鼻子骂皇帝，“陛下之误多矣”；“盖天下之人不直陛下久矣”(《明史·海瑞传》)。

“关起门来骂皇帝”这句旧时民谚，是一种在压迫下不敢表示愤怒，又不能不宣泄愤怒的情绪表达。在专制封建社会里，在公众场合敢于对皇帝大不敬，那是死罪，那是要杀头的。所以，关起门来骂，比较安全。而且，中国有皇帝的年代，还没有窃听器，还没有测谎仪，还没有录音机，只要不被人检举上去，就可保太平无事。可是，中国皇帝也不饭桶，你虽然不骂出声来，但你在肚子里骂我，根据你敌视的眼光，根据你仇恨的神气，也能定你的罪，那叫“腹诽”。

“腹诽”，据司马迁说，是西汉酷吏张汤所发明，他在审判大司农颜异时，就依据此人的“微反唇”，大概稍稍噘嘴，或者撇嘴吧？便奏称其“不入言而腹诽，论死”。(《史记·平准书》) 所以，海瑞骂皇帝，指着鼻子骂，骂他不是东西，实在是那个万马俱喑的黑暗时代里，中国文人所表现出来最为难得的一抹亮色。因此，在中国人的心目中，一提到清官，立刻想起海瑞。

在漫长的封建社会里，百姓头脑中的这种"清官情结"，是由于贪官太多所致。明朝官员的贪污现象，可称中国历史之最，在数不胜数的贪官污吏中间，一生清介、死无余银的海瑞，便寄托人们对于清廉政治的希望。这也是他的故事，得以在数百年间流传不已的缘故。

海瑞之得名，当然是由于他一以贯之的为政清廉。说实在的，偌大王朝也不只是海瑞一人是清官，他的成就，他的功业，主要在于他跳出来，当面锣对面鼓地骂过皇帝，这才使他的知名度，达到了空前未有的水平。对老百姓而言，做一个清官，不贪不占，一分钱的国帑也不捞进自己腰包，穷苦到啃菜根、嚼粗粮的地步，固然非常之值得敬佩。但若敢指着鼻子骂皇上，说他不是东西，那才令人感到了不起，才家弦户诵，对之崇拜得不行。

一般说，先有个别的贪污现象，发展到大面积的贪污加之腐败的现象，然后更进一步，则是上下勾结，内外串通，左右纵横，四面八方的贪污腐败成风。从朝廷到地方，贪官多如牛毛，从政治到经济，腐败无所不在，少数清官才能突出，才会出现清官现象。凡帝国到了这一步，如果原来的皇帝，是个庸君的话，这时，十有八九成为昏君。而一成为昏君，也就离谢幕不远了。明白这一点因果关系，就知道清官为什么只能受到老百姓的拥戴，而不为他生前以及身后的各统治者所容，最深层的原因，恐怕就在这里。这就好比一开门，乌鸦冲着你叫，不是因为它叫，给你带来晦气，而是因为你要倒霉，它才叫的。对乌鸦"呸呸呸"地表示嫌恶，其实没有道理。

明朝官员的贪污现象，问题出在底下，根子却在上头。贪污到了这样大量、普遍、公开甚至合法化的程度，是从帝王开始的，由上而下，至宗藩外戚，至宦官权臣，至将帅督抚，至知府县吏，至一切衙役隶卒，凡官皆贪，不贪者鲜。据《杨继忠传》，"（忠）入觐，汪直欲见之，不可。宪宗问直，朝觐官孰廉？直答曰：'天下不爱钱者，惟杨继忠一人耳！'"据《吴嶽传》："嶽清望冠一时，褆躬严整。尚书马森言平生见廉节士二人，嶽与谭大初耳。"满朝文武，只找到这几位不贪的官员，明朝的中后期，在中国历史上，数得上是贪污大朝了。

朝政黑暗，特权横行，法令松弛，行政腐败，是造成官员贪污行为的主要原因。不过，读清人赵翼的《廿二史札记》，明代官员的薪俸，是中国历朝中最低的。若不想成为饿殍，不额外求财，又有什么办法？如明代文人李贽李卓吾，曾任河南辉县儒学教谕，相当于县教育局督学；曾任国子监教习，相当于大学的讲师；后在礼部做司务，相当于办公厅的处长；又在南京刑部得到员外郎的闲差，相当现在的部门巡视员，官俸之微薄，收入之低下，到了难以糊口的地步。他离开河南到北京就职，窘迫到不得不把妻女留在当地，托友人照顾。直到他放外任，当了云南省姚安府的知府，那是一个有实权的厅局级干部，才有"常例"（被允许的贪污）和其他灰色收入（名义上不允许但也不禁止的贪污）。这种实际上在鼓励官员从非法途径获取金钱的政策，是引发贪污的主要原因。

那时官俸发放，有米有钞，比例不一，财政部门发放薪水的时候，米贱折钞，钞贱折米，在盘剥上极尽克扣之能事。尤为可笑者，在北京的官员，发的米，要凭票到南京去领。于是，手中的票，只能三文不值两文地出让，逼得官员不得不另开财路，以谋生计。据《明史·顾佐传》："居岁余，奸吏奏佐受隶金，私遣归。帝密示（杨）士奇曰：'尔不尝举佐廉乎？'对曰：'中朝官俸薄，仆马薪刍资之隶，遣隶半使出资免役。隶得归耕，官得资费，中朝官皆然，臣亦然，先帝知之，故增中朝官俸。'帝叹曰：'朝臣贫如此。'"

本来很低的工资，又常常不足额发放。据《明史·李贤传》："正统初，言'塞外降人居京师者盈万，指挥使月俸三十五石，实支仅一石，降人反实支十七石五斗，是一降人当京官十七员半矣。宜渐出之外，省冗费，且消患未萌。'帝不能用。"看来打白条之风，倒也是古已有之的事情。

所以，官员们倘不贪污，贫穷化便不可避免。据《段民传》："卒于官，年五十九，贫不能殓。"《吾绅传》："绅清强有执，澹于荣利，初拜侍郎，贺者毕集，而一室萧然，了无供具，众笑而起。"《轩輗传》："寒暑一青布袍，补缀殆遍，居常蔬食，妻子亲操井臼。与僚属约，三日出俸钱市肉，不得过一斤，僚属多不能堪。故旧至，食唯一豆，或具鸡黍，则人惊以为异。"《杨淮传》："伏阙受杖，月余卒，囊无一物，家人卖屋以敛。"《高仪传》："旧庐毁于火，终身假馆于人，及没，几无以殓。"《陶琰传》："琰性清俭，饭惟一蔬，每到官及罢去，行李止三竹笥。"海瑞，当不例外，在任淳安知县时期，自己磨谷脱粒，种菜自给。有一次他给母亲做寿，只买了两斤肉，成为人们奚落他的口实。万历年间，张居正当国，派御史去考察，"瑞设鸡黍相对食，居舍萧然，御史叹息去"（《海瑞传》）。

能够坚持节操者，在一部《明史》中，实属少数，而始终如一廉政者，则更不多见。"銮初辅政，有修洁声。中持服家居，至困顿不能自给。其用行边起也，诸边文武大吏俱橐鞬郊迎，恒恐不得当銮意，馈遗不赀。事竣，归装千辆，用以遗贵近，得再柄政，声誉顿衰。"（《习銮传》）既然贪污是官员的一种生存手段，贪污已成为习以为常的生活方式，贪污是这种病入膏肓的社会制度下的必然伴生物，不贪白不贪，贪也不为耻，还有什么必要洁身自好呢？

即使出现几个清官，除了本人青史留芳以外，实际上屁事不顶。中国的皇帝，尤其那些独夫民贼，在滚下龙椅，或者，未被勇敢者将其拉下马前，谁也不能拿他怎样的。中国封建社会中的三百多个皇帝，大部分还是靠老天爷将他收拾掉的。终于，三宫六院也吊不起胃口了，终于，两腿蹒跚了两眼无光了。海瑞这封上疏，顶多使嘉靖受了些刺激，病情有所加重，催促他快一点走向死亡，恐怕是他仅仅能起到的一点作用了。

因为，在一个政权中，少数为贪官，绝大多数非贪官，最高统治者有可能是一位贤明的君主；而在一个政权中，绝大多数为贪官，只有很少者非贪官，那这个当皇帝的，就百分百是个昏庸之君了。看他一手培养扶植起来中国贪污排行榜上的第一名要犯严嵩，就知道这位陛下，是什么玩意儿了。

海瑞把贪官污吏的总头目，揪出来示众，那作用可比仅做一个清官，不知要大多少倍。所以，直到今天，我们还能看到《海瑞罢官》《海瑞骂皇帝》的戏文，在舞台搬演出来，就是因为贪污腐败现象，总是一个屡禁不绝的社会问题。

公元 1567 年（嘉靖四十五年）二月，海瑞上疏，数落朱厚熜。这在当时，也是一件震天动地的大事情。他把棺材都买好了，放在家中客厅里，等着皇帝杀掉他以后用来收殓。于是，消息频传，街谈巷议，举国轰动，尽人皆知。

> 二十余年不视朝，法纪弛矣，数年推广事例，名器滥矣。二王不相见，人以为薄于父子，以猜疑诽谤戮辱臣下，人以为薄于君臣，乐西苑而不返，人以为薄于夫妇。吏贪官横，民不聊生，水旱无时，盗贼滋炽，陛下试思今日天下，为何如乎？（《明史·海瑞传》）

屈大均的《广东新语》，描写了这位皇帝读疏后的反应，很生动："世庙阅海忠介疏，大书曰：'此人有比干之心，但朕非纣也。'持其疏，绕殿而行曰：'莫使之遁。'一宫女主文书者在旁，窃语曰：'彼欲为忠臣，其肯遁乎？'世庙寻召黄中贵问状，对曰：'是人方欲以一死成名，杀之正所甘心，不如囚之使自毙。'世庙是其言，囚之三年得不死。"

据《明史》，朱厚熜拿到等于骂他不是东西的上疏时，与屈大均所说稍有不同，一把摔在地上，气得跳脚，喝令左右："马上给我把这个姓海的逮捕，别让他跑了！快，快！"

在皇帝身边的宦官回他的话："都说这个人是有名的痴子，他为了上书，准备好了要坐牢杀头，先就买了一具棺材，和妻子诀别，家里的僮仆也早吓得各自走散，看来他是不打算逃跑的。"

"抓起来!"嘉靖吼。

这还不好说,海瑞正等着法办。

抓到诏狱,主管官员按子骂父罪,自然是非开刀问斩不可。但建议砍掉海瑞脑袋的报告,压在皇帝的手中,一直不画圈。嘉靖不傻,他不想成全海瑞,更不想自己落下浑蛋纣王杀忠臣比干的臭名。就这样,拖到驾崩,海瑞捡了一条命。

于是,海瑞为大清官,名垂青史。

二

其实此前,这位浙江省原淳安县的知县,在京城大小衙门中,颇有一些关于他的"不怕死,不要钱,不茹柔吐刚,真是铮铮一汉子"的传闻。别看他当时是一个远在南方省份的小小知县,六品官,然而,他竟然敢于向当朝执政大臣严嵩的两位亲信发难。一为东南地方总督兼剿倭武装部队司令胡宗宪,一为清查盐政的特派大臣鄢懋卿,公然进行正面对抗。而且,居然弄得这两位权高位重的大臣,对他无可奈何,很吃了一顿哑巴亏,因而大快人心。

老百姓特别愿意看到那些有权的人,有势的人,有钱的人,有名的人,忽然倒霉垮台,忽然失败完蛋,忽然由红而黑,忽然狗屁不是的场面,这是最过瘾的事情。哪怕不一定如此,不过跌了个跟头,受了点损失,栽了点面子,碰了个钉子,大家也会捕风捉影,演义夸张,加油添醋,无事生非,不遗余力地传播之,扩大之,恶心之,解恨之。当然,这种穷老百姓阴暗心理的宣泄，实在缺乏费尔泼赖精神，实在不具谦谦君子之风。但那些"四有"之人，在他有的时候，不那么张狂，不那么抖擞，不那么显白，不那么以权、以势、以钱，以名，来欺人压人，来张牙舞爪，也许大家就不一定幸灾乐祸了。

淳安县，即今之千岛湖风景区所在地。明代，这个山区小县，出产不多，油水不大，穷到海知县只能在逢年过节的日子，才与僚属们共餐时吃一只鸡或两斤肉。然而，淳安位处浙皖交通要冲，地方官每每苦于途经此地的大员要员送往迎来，难以打点，稍不如意，即被斥责。有一次，胡宗宪的儿子路过，假其父威，对该县的接待工作大表不满。其随从仆役，又狗仗主势，敲诈勒索，百般刁难。海瑞正等待这样一次机会，立刻升堂，下令县衙的皂隶捕快，把这个纨绔子弟及其一干人众，统统抓将起来，当堂审讯。

胡的公子年轻气盛，哪把一个六品官放在眼里，当然反抗，口出不逊，打出他老爹的招牌。海瑞当然知道他是谁的儿子，但是，他不承认。还说，我们都知道胡总督为官清廉，持家清正，不可能有你这样不成器的儿子，更不可能有你所携带的大量银两。

"我是，我是，我是！"这位公子哥还威胁海瑞，"你别吃不了兜着走！"

海瑞才不买账："大胆放肆，一个假冒伪劣的骗子，竟敢如此猖狂，目无法纪，咆哮公堂，给我掌嘴！"

最后，海瑞更来一手绝活，将胡之公子及其一行从人，用绳子拴成一串，押往省里总督衙门，并附上一纸说明案情的文书。陈说本县捉拿一名人犯，冒充胡总督大人之子，在此间招摇撞骗，为非作歹，有损总督清望，造成恶劣影响。为此特解送府城，予以从严处置，以儆效尤。该犯所携现银若干，因来路不明，已没收充公，收缴县库，等等。

胡宗宪看到这里，气得两眼翻白，差点心肌梗死，他儿子连哭带闹，此仇不报也枉为这二品大员了。胡当然咽不下这口气，当然是要报复海瑞的，可苦于抓不到他的把柄。第一，海瑞不贪污，在那个无官不贪的年代里，他能洁身自好，两袖清风，不怕查账，不怕检举；第二，他不好声色，既不找小姐，也不去桑拿房、洗脚房逗留，因之，无黄可扫，无非可打；第三，他既不搞装门面的政绩工程，也不树泡沫化的个人形象，只是公正执法，无懈可击。因此，除了隐忍不发，以待来日外，胡宗宪对这个海瑞，一时间真有猫吃螃蟹，简直无从下嘴之感。

鄢懋卿是个腐化分子，《明史》称他"见严嵩柄政，深附之，为嵩父子所暱"。一般来说，喜欢用小人者，自己必有相当程度的小人因素，方能同流合污；愿意与坏人为伍者，自己要没有坏的基因，也难沆瀣一气。"会户部以两浙、两淮、长芦、河东盐政不举，请遣大臣一人总理。嵩遂用懋卿。旧制：大臣理盐政，无总四运司者，至是，懋卿握尽天下利柄，倚严氏父子，所至市权纳贿，监司郡邑吏膝行蒲伏。"

这就是老百姓讲的"鲇鱼找鲇鱼，嘎鱼找嘎鱼"，同类相聚、异类见斥的交往现象。在统治集团中，在权力层面上，在不正常的政治氛围里，这都是司空见惯的事情。鄢懋卿一入中枢，与严氏父子朋比为奸，苛征重税，贪赃索贿，中饱私囊。其实，大家都明白这个道理，盐政乃天下之肥缺，而全国四大产盐区的大权，全落入鄢的腰包，绝对是有悖制度的枉法行径。

第一，根本不上朝的嘉靖皇帝，只是听信严嵩。第二，开足马力贪污的严氏父子，离不开鄢懋卿。于是，从皇帝到首辅到盐政，三点一线，正如北京民谚所说，"武大郎玩夜猫子""王八看绿豆——对眼"。明知道这是个坏蛋，应该被唾弃，然而他上面有人罩着，看着他扶摇直上，老百姓能有什么对策？你人微言轻，你啥也不是，你也只能干生气而已。

在淳安的海瑞，一位绝对的清官，当然与这样一个绝对的贪官格格不入。恰巧，鄢懋卿作为奉旨查盐的钦差大臣，路过此间。首先，海知县是十年寒窗，苦读赶考，才从海南岛的琼山县走出来的读书人。他一步一个台阶走到今天，不走门子，不投靠山，不溜须拍马，不做虚假统计谎报成绩，这个梗直到一点弯都不转的海瑞，理所当然地，要从心眼里鄙视这个暴得富贵，从而小人得志的家伙。

这也是使那些有权的人，有势的人，有钱的人，有名的人，无可奈何而且无法改变的尴尬。虽然你得意，甚至非常得意，虽然我不得意，乃至非常不得意，但是，挡不住我不买你的账，挡不住我在精神上要比你拥有优势，挡不住我压根儿就看不起你，蔑视你，鄙视你，这就是海刚峰决定要给这个马屁上台的大员上一点眼药的原因。

海瑞放出口风，小县寒酸，囊中羞涩，衙门穷困，招待不了，光是供给抬钦差夫妇彩轿的十六名女子的伙食，也能把县财政吃得锅底朝天，何况还有随从、听差、兵弁、衙役之类，哪一个不像饿狼一样，连吃带拿，外加孝敬，红包薄了一点，也是过不了关的。

所以，鄢懋卿还未到得淳安，就先接到淳安县的一封禀帖。他当时一激灵，知道这个海瑞不会有什么好事。便问来人："他有什么要报告的？"

"大人您请细看！"

信件开头，十分恭谨，"严州府淳安县知县海谨禀"，接着说已经收到大人的通令，要求各级政府在接待上一切从简，不得铺张。大人所做出的英明指示，本县已传达到区乡镇集，一体认知大人"素性简朴，不喜承迎。凡饮食供帐俱以简朴为尚，毋得过为华奢，靡费里甲"。然后，话锋一转，大人体察下情，百姓无不赞颂，但您派出来打前站的人员，已经告知准备酒席侍候，每席费银不得低于三四百两，席间还需奉献金花绸缎若干，营造气氛。特别关照到，钦差大臣夜溺，必须银子打出来的尿壶，否则尿不出来，性命交关，耽误国家大事，罪不容贷。本县十分惶恐，是按大人的从简精神办，还是按打前站的老爷所吩咐的办？敬请示下。

鄢懋卿当场把这个禀帖撕了。下令，他的一队人马，绕过淳安，事后再跟这个海瑞算账。不过，没过多久，严嵩倒台，胡宗宪、鄢懋卿因系同党，受到牵连免职。海瑞曾被他们迫害过，也就随之平反，调回京城任户部主事。

三

海瑞这次回到京城，就为他要做的这件惊天动地的事情，进行准备。一、把棺材买好，万一杀头好收殓；二、把家人遣散，免得受他牵连。然后，一封直言不讳批评陛下的上疏，直接呈了上去。

什么叫"不直"？老百姓早就不把你这个皇帝当玩意儿了。

这就是中国历史上，越是腐败的朝代，越出清官的原因。所以，有清官，对皇帝来说，不是一件体面的事，一旦出现了一个不怕杀头的清官，这台国家机器在运转上，也肯定出了大毛病了，估计最高统治者离完蛋也不会太远了。果不其然，海刚峰一出现，朱厚熜的日子就屈指可数了。

海瑞被抓到诏狱，等着法办。刑部主管拟文定大忤逆罪，那是非开刀问斩不可的。但建议砍掉海瑞脑袋的报告，压在皇帝的手中。嘉靖不傻，他一直不画圈的原因，一不想成全海瑞的名节，二不想落下纣王杀比干的臭名。就这样拖着，拖到他驾崩，海瑞捡了一条命。

嘉靖驾崩，海大人很快就平反了，昭雪了。尽管他有了令人景仰的清官声名，但朝廷里的主政者，包括新上来的皇帝，都对他敬而远之。作为门面点缀可以，要想委以重任则不行，怕海老人家较真儿，以免弄得大家都不愉快。因为封建社会的统治架构，是一个宝塔形的，由大小官僚组成叠罗汉的方阵。每个官僚在他那个位置上，既踩在下面那个职务低于他的官僚头上，自己的头上，又有另一个职务比他高的官僚的脚踩着。因此，一旦其中哪个头或哪只脚，不听话，不服从，不按部就班，不肯买账捣蛋，这架构就要出现大的小的危机。

他们害怕这个海瑞进入到这个架构里来，会破坏这个超稳定的秩序。甚至到了万历年间，张居正为首辅，也不敢给他任何任命。"万历初，张居正当国，亦不乐瑞，令巡按御史廉察之。御史至山中视，瑞设鸡黍相对食，居舍萧然，御史叹息去。居正惮瑞峭直，中外交荐，卒不用。"（《明史·海瑞传》）

尽管大家众星捧月，高山仰止，但海瑞很不开心。因为日复一日，年复一年，从隆庆帝到内阁大臣，不给他分配工作。第一，他没有钞票上下打点，铺平道路；第二，他清官之声名，是一个"天将降大任于是人焉"的圣人级人物，不能为，也不屑为。因此，很长时间内，当这种强烈的"立德立言立功"的补天愿望，不能得到满足时，便会仰天长啸，椎心泣血。最后海青天以辞职的办法要挟内阁给他工作，不给，就写公开信骂街，"满朝之士，悉皆妇人"，把主政者骂了个臭够。

于是，隆庆三年（1569）被授予正四品，南直隶巡抚，驻苏州。正如《四库全书总目提要》一书所言，海瑞是个"不自知其不可通"的死硬派，他不了解社会风气江河日下，他不知道大厦将圮只手难以支撑。一上任，"海忠介清廉特立，自是熙朝直臣，第其为吾乡巡抚时，有意锄巨室，以至刁风四起，至不可遏"。（徐树丕《识小录》）

由于他的不识时务，实施某种程度上的劫富济贫政策，搞得苏州一带的官僚地主，士绅名流，无不反对，只好告退，离职还乡。直到1585年，万历清算了张居正以后，所有受到张居正排挤打击过的官员，包括年已七十有二的海青天，一律重新起用。于是，他老人家又从海南岛仆仆风尘地来到南京。接张居正为首辅的申时行，其实并不想安排他，又不能不安排他，因为他已经成为一种正义的化身，民众的偶象。因此，写了一封信给海瑞，"维公祖久居山林，于圣朝为阙典"，那意思是说，你老人家不出山，是个遗憾，但现在把你请出来，也不过起个政治花瓶作用。

但是，他一接手右佥都御史，到任的第一件事，就做了两条大板凳放在公堂之上，宣称为专打贪赃枉法者，和为富不仁者的屁股而设。这位刚愎自用、矫枉过正的老汉，觉得打屁股还不过瘾，给皇帝建议，得恢复老祖宗的办法，凡贪官，都给他剥皮揎草。结果闹得舆论哗然，御史弹劾他导使皇帝法外用刑。海老先生碰了一鼻子灰，才悻悻然住手。从此，对这位道德大主教，神宗索性采取供起来的办法，有职无权，有位无事，直到万历十五年（1587）年末，老先生终于在寂寞中悒悒去世。

呜呼，海刚峰的一生，是一位以肃贪倡廉为己任的斗士，他本期望他的不懈努力，能对帝国的廉政建设，对官吏的道德重振，有所作为，有所改善。然而，在《明史·王廷相传》里，有一封触怒嘉靖的上疏，说得很清楚："人事修而后天道顺，大臣法而后小臣廉，今廉隅不立，贿赂盛行，先朝犹暮夜之私，而今则白日之攫。大臣污则小臣悉微，京官贪则外臣无畏。"而到了神宗（就是在定陵里躺着的那位），这种制度性的贪污风气，变本加厉，已不可收拾。《明史》说："明亡，实亡于神宗。"海瑞的所作所为，对腐朽的大明王朝可以说是不起任何作用，只好看着朱皇帝打下的天下，走向衰亡。

纪晓岚主撰《四库全书总目提要》，对海瑞《备忘集》评价不低。"孤忠介节，实人所难能，故平日虽不以文名，而所作劲气直达，侃侃而谈，有凛然不可犯之势。当嘉、隆间士风颓苶之际，切墨引绳，振聋发聩，诚亦救时之药石，涤秽解结，非大黄、芒硝不能取效，未可以其峻利疑也。"但对海瑞具体的所作所为，也有不能苟同之处。譬如说他："巡抚应天，锐意兴革，裁抑豪强，惟以利民除害为事，而矫枉过直，或不免一偏。"譬如说他："力以井田为可行，谓天下治安必由于此，盖但睹明代隐匿兼并之弊，激为此说，而不自知其不可通。"

海瑞的悲剧，就在于他认为道德的约束力，可以制止住全社会的颓败风气。个人一尘不染、两袖清风的垂范作用，能够推动整个公务员阶层的廉政建设。治乱世，用重典，不惜采取剥皮的酷刑，是足以阻吓贪官的最有效力的手段。其实，他不知道，道德的作用，只能作用于有道德的人。垂范的作用，那些冥顽不化者，恶劣成性者，根本不往心里去。而敢于铤而走险者，以身试法者，法律又其奈他何？正如马路上设有斑马线，对视若罔闻的我行我素者，是起不了什么作用的，除非他被撞伤到垂死的地步，才后悔不走斑马线。同样，"榜样的力量是无穷的"，只是对愿意仿效者能产生向心力和感召力，而对那些一听焦裕禄名字就烦死了的干部，肯定是瞎子点灯——白费蜡。他并非不知道，嘉靖的老祖宗、开国之君朱元璋规定："枉法赃八十贯论绞"，"赃至六十两以上者，枭首示众，仍剥皮实草"，用如此重刑来遏制贪污，又何曾济事？一个半个清官，是挽救不了这个积重难返的贪污王朝的。相反，由于他坚持道德力量，和重刑惩罚，于那个在制度上已病入膏肓的王朝，根本不是对症下药的万灵之剂。

不管怎么评价海瑞，但他在任淳安知县时期，自己磨谷脱粒，种菜自给。有一次他给母亲做寿，只买了两斤肉，成为人们奚落他的口实。万历年间，张居正当国，派御史去考察，"瑞设鸡黍相对食，居舍萧然，御史叹息去"。"卒时，佥都御史王用汲入视，葛帏敝籯，有寒士所不堪者。因泣下，醵金为敛。小民罢市，丧出江上，白衣冠送者夹岸，酹而哭者百里不绝。"（《明史·海瑞传》）

就海瑞临终的一两个镜头看，对这样一位终身贫穷而为百姓追念的清官，也足以使我们后人钦敬了。

无论如何，这样一位终身贫穷而为百姓追念的清官，还是值得我们后人肃然起敬的。于是，想起一则寓言：森林发生了火灾，火势迅速地蔓延开来，黑烟遮住了天空，烈焰烧红了大地，所有的鸟儿，都忙不迭地逃出火场，以求活命。只有一只小鸟，它不肯离开，仍从小溪里衔起一口一口的水，冒着生命危险一次一次往回飞，希望能扑灭这场大火。

这只鸟，很像海瑞。

上善若水

明朝的上海，是小地方。这小地方却在嘉靖、隆庆年间，出过一位首辅，即宰相。他就是徐阶（1503—1583），《明史》称他为华亭人。华亭，即今之松江。

徐阶在明朝所有相当于宰相职务的首辅中间，不是最有名的，也不是最出色的，然而，他却是将中国历史上特大贪污犯之一奸臣严嵩扳倒的主力。如果不是他的政治智慧，严氏父子还将继续作恶下去。

朱元璋为强化帝权，弱化相权，废除秦汉以来的宰相制度，将权力抓在帝王手中。不过，除了朱棣与他同样为强势之主外，后来的朱姓皇帝一代弱似一代，于是，首辅只是名义上不称宰相而已，实际上，把握国柄，掌控政权，一人之下，万人之上，基本跟前朝没有什么差别。万历年间的首辅张居正，曾经对他朋友私底下说，他与那位未成年的皇帝朱翊钧，说是"辅"，还不如说是"摄"。一字之别，看出朱元璋为子孙万代的构想，完全是一厢情愿。帝强，相必弱；帝弱，相必强。徐阶为嘉靖的辅臣，不易，为首辅严嵩的副手，尤不易。因为嘉靖是一个非常混账的皇帝，而严嵩又是一个心毒手辣的家伙，徐阶能站稳脚跟，徐图进展，取得信任，铲恶锄奸，那就更加不易了。《明史》以少有的口气，高度推崇这位徐文贞："立朝有相度，保全善类。嘉、隆之政多所匡救。间有委蛇，亦不失大节。""论者翕然推阶为名相。"

当年，邓拓先生在《燕山夜话》的一篇短文中，讲了一则有关徐阶坦陈错谬，不怕丢丑的佳话。

徐阶二十岁那年，嘉靖二年，为这年录取的进士第三名，"读书为古文辞，从王守仁门人游，有声士大夫间。"授翰林院编修，曾任浙江按察佥事，江西按察副使，俱视学政。一年，他担任浙江省主考官，那年他不足三十岁，少年气盛，可想而知。三场考毕，阅卷中间，发现一名士子在八股文中用了"颜苦孔之卓"这个典，他眉头一皱，顿觉眼生，百思不得其出处。遂拿起笔，画了个黑杠，批上两个字："杜撰。"然后，"置四等"，等于是不及格。"发落"之后，这位考生就该卷铺盖回家了。不过，凡卷子上有主考的不佳评语，考生照例要到堂上"领责"，也就是去受训斥。这位士子捧着卷子上去，一看这位年轻的主考大人，满面愠色，吓得不知该如何应对，但又不得不为自己申辩："大宗师见教诚当，但此语出《扬子法言》，实非生员杜撰也。"（周吉士《寄园所寄》）

在人们的心目中，领导是不会出错的，而主考官尤其不会出错，嘉靖把他派来主考，他出错，岂不是说明皇帝也有了错吗？不光要维护自己的威严，即使为了皇上的英明正确，也不能认错。但这位年纪轻轻的主考大人，也就是后来成为嘉靖和隆庆两朝首辅的徐阶，却颇具开明作风，肯于道歉，敢于认错，连忙从太师椅上站起来，"本道侥幸太早，未尝学问，今承教多矣！"然后，"改置一等"。邓拓引文，来自明人陈继儒的《见闻录》："徐文贞督学浙中，有秀才结题用'颜苦孔之卓'语，徐公批云：'杜撰。'后散卷时，秀才前对曰：'此在出《扬子法言》上。'公即于堂上应声云：'本道不幸科第早，未曾读得书。'遂揖秀才云：'承教了！'众情大服。"邓拓接下来说："果然，打开《扬子法言》第一篇，即《学行篇》，读到末了，就有'颜苦孔之卓也'的这一句。这位督学当场认错，并没有丢了自己的面子，反而使众情大服。这不是后人很好的榜样吗？"

做人，能做到这种坦陈自己的不足；做官，能做到这种不耻下问的求教，真是太少见、太少见了。中国人，面子最要紧。栽了面子，而且栽在晚辈、后辈、下辈、小字辈手里，那简直就是无地自容的奇耻大辱。若是这个中国人，主管一个地方、一个部门、一个单位、一个机关，为领导、为上级、为首长、为要员，就更不能办错事、说错话，等着以后平反改正，自己打自己的脸呢！若不是徐阶，而是别人，就会采取通常的应对之道：第一，我不会出错的，我怎么能出错呢，先得有这份不打折的自信。第二，即使有错，那也是成长过程的错，是九个指头和一个指头的错，是不得不缴学费必须付出代价的错，这样，就心安了。第三，明摆着错了，也不能马上就承认，"嗯嗯，"把声音拖得长些，"是这样吗？待我查查，你先下去！"然后，不了了之。没有一个考生会二百五地站在堂下，赤眉瞪眼，死乞白赖，一定逼主考大人当场出丑的。

这是徐阶的了不起处，不讳疾忌医，不掩饰错误，开诚布公，当众认错，是需要一种很高蹈的思想境界才能为之的。所以，我特别钦佩这位名相的气度和雅量，假如设身处地，将我放在那位置上，当场承认自己学问浅，承认自己读书少，我能做到吗？

据明代焦竑的《玉堂丛语》，还说到这位徐阶的另一则佳话，那就更让我们对他宅心之仁厚，胸怀之涵广，有更深的理解。

隆庆年间，徐阶告老回乡，回到华亭，应该是如今的松江、青浦一带。当时的一个小县份，出了一位宰相，本地的人也是咸以为荣的。徐阶多年为宦在外，如今功成身退，叶落归根，遍邀村社绅耆，乡亲父老，宗族姻旧，邻里故友，大规模地请过一次客，进行乡里乡亲的见面活动。以表示从此息迹乡梓，安度晚年。也说明徐阶官做得很大，不忘根本，不摆架子，不搞特殊，有与大家打成一片的意思。

恰巧在这次请客活动中，发生了一件来客窃物的不雅事件。

"徐文贞归里，遍召亲故，一人取席间金杯，藏之帽，公适见之。席将罢，主者检器，亡其一，亟索之。公曰：'杯在，勿觅也。'此人醉酣潦倒，杯帽俱堕，公亟转背，命人仍置其帽中。只此一端，想见前辈之厚。"金杯自然价值不菲，但应邀而入席的亲故，倘非穷到揭不开锅，谅不至出此下策。从徐阶命人将这个金杯，仍给这个乡亲放回帽子里去，还背过脸去装看不见的细节看，可以体会到这位长者的心态，是多么善良了。人总有落魄为难的一刻，人总有不得不出此下策的一刻，徐阶能在此人的这一刻，第一，不因其人潦倒而拒邀；第二，不因其人窃物而排斥；第三，不因其人犯了这样的错，而不顾全他最后的一点面子。

坦言自己的错，讳言他人的过，言与不言之间，徐阶庶几乎具有一点老子所说"上善若水"的精神矣！

"闲来写就青山卖"

　　凡才子，皆风流潇洒，而且在男女之事上，持浪漫态度。倘一个才子，居然不浪漫，那他就白当了。

　　当代也有才子，也浪漫，而且浪漫起来，不让古人。不知为什么，也许才子，先得有才，没有多少的才，还要做出有才的样子，在那儿浪漫，就让人倒牙，就招人起腻了。古代才子，难其有才，货真价实，这才风流出文坛佳话，这才浪漫出千古韵事。

　　什么时代，什么传统；什么作家，什么作品。清代赵翼的《廿二史札记》引《朝野异闻录》，说到唐寅，那才是一个够水平的浪漫文人，他自称"江南第一风流才子"，这封号，无论在文学史，还是普通老百姓的口碑，都是认可的："吴中自祝允明、唐寅辈，才情轻艳，倾动流辈，放诞不羁，每出名教外。今按诸书所载，寅慕华虹山学士家婢，诡身为仆，得娶之。后事露，学士反具资奁，缔为姻好。"

　　这就是我们大家都耳熟能详的"唐伯虎三笑点秋香"的故事，也是让所有才子艳羡不已，希望自己能这样风流浪漫一回的故事。

野史所记，不足征信，至于他做过这种事，或者，没做过这种事，无关紧要。但他一定浪漫，而且相当浪漫，是可以肯定的。明代中后期，才子型的文人，强调个性自由，轻易不肯随人俯仰。纵情诗酒，放浪形骸，恃才狂傲，率性而为，成为当时非主流文坛的时尚。风气所至，唐寅会为他心爱的华学士府上那位漂亮的小妮子，"诡身为仆"，这浪漫，够意思。

　　明代文人的这种变数，也带来明代文学的变数。于是，中国文学的第一奇书，《金瓶梅》就选择在这个时代出现了。试想一下，唐伯虎为达目的，可以隐名埋姓，"诡身为仆"，那么别的其他什么才子，化名写一部淫秽笔墨的话本，又有何不可呢？至今查不出"兰陵笑笑生"为何许人，但能够写出这部奇书，绝非菜鸟，一定是位高水平的才子。

　　《金瓶梅》问世，不是一种偶然现象。应该说，出这部书，一是要具备出这部书的气候，二是要具备写这部书的才子。有的朝代，才子也许不难找，但气候却未必总如人愿；有的朝代，天气倒是蛮不错的，风和日丽，但才子们或忙于巴结做官，或忙于大谈恋爱，或忙于炒股发财，无心伏案写作。总算到了嘉靖、万历朝，条件成熟，《金瓶梅》才登场。

　　总的说来，气候这个硬件，比才子这个软件，更关紧要，假设嘉靖帝或万历帝发了话，谁敢写淫书，朕就毙了谁，估计没有一个才子会以身试法的。据现在能找到的最早刻本，为万历四十五年（1617）东吴弄珠客序的《新刻金瓶梅词话》。那么，14世纪末、15世纪初，处于萌芽状态的，但已拥有相当规模、具备了资本主义商品性质的经济，在中国东南沿海地区，初步成了一点气候。是这种适宜的外部条件，催生了天下第一奇书，大概是不会错的。

什么时代，什么传统，什么作家，什么作品，大致会有一种必然的内在联系。现在有些狗屎批评家，老是外国的月亮比中国圆，看不起 30 年代的"五四"以后的新文学，更看不起 40 年代的延安文艺座谈会以后的文学作品，和国统区的进步文学作品，至于 50 年代，至于新时期文学，那就更不在话下，一谈起来，就撇嘴，撇得嘴歪，已经纠正不过来了。

东西方文学，各有各的文学传统，各有各的作品产生的时代背景，正如宗教，正如伦理，甚至，正如饮食，正如衣着，孰为好，孰为孬，是不能比的。这些歪嘴先生，或嘴歪女士，有的还出洋镀金，六国贩过骆驼，根本没弄明白，文学乃时代的产儿，乃这块土地的产儿。盛唐气象，是出李白"噫吁嚱！危乎高哉！蜀道之难，难于上青天"的时代，而曹雪芹的《红楼梦》，必然是要在"百足之虫，死而不僵"的已衰未败的时代，才能写出"满纸荒唐言，一把辛酸泪"。说到底，文学的旺盛或衰微，母体决定一切，这块土地的时代背景，这个民族的人文传统，像基因中的染色体，决定着文学的命运。

从晚明才子凌濛初（1580—1644）的《拍案惊奇》一书来看，其中四分之一的篇幅，是以城市生活，特别以商人生活为描写主体，颇足以说明嘉靖、万历以来的社会变化。由于城市的发展，由于人口的集中，由于商业活动的活跃，由于声色犬马的消费，出现了相当程度的繁荣景象。

农耕社会的主角，是农民，而城市生活的主角，则为市民。市民的文化需求，要大于农民。因此，一、市民要求在文学画廊里有他们的一席之地。二、市民要求作家们写出适销对路的文学作品。于是，文化，也就成为一个不可忽视的市场。市场催生《金瓶梅》，市场也对文人产生强大的吸引力。这也是我们读到的当代小说中，为什么有那么多活塞动作式的性描写，很大程度上属于商业操作，而非文学行为。一句话，是钱在作怪。

因此，市场对于文学的影响力，对于文人的左右程度，不亚于政治，甚至强于政治。

读《金瓶梅》，我们看到，有了市井，便有勾栏，有了市场经济，也就有了西门庆、应伯爵、潘金莲、李瓶儿这样的新兴阶层。可以想象，灯红酒绿、茶楼饭馆、靓男美女、歌场舞榭、声色犬马、三瓦两舍、丝竹管弦、歌舞升平，所带动的侈靡淫逸的消费风气，是怎样打破那一成不变的竹篱茅舍、鸡鸣犬吠、躬耕畦垄、自给自足的小农经济思想，是怎样冲击着重农轻商的传统观念。

正是这种深刻的社会变化，本来持异端观念的文人墨客，那疏离正统，游移主流，轻视科名，追逐自由的趋向，也必然愈来愈甚。唐寅在《言志》诗中自况："闲来写就青山卖，不使人间造孽钱。"便是不再买账于官方，不再受制于名教的宣言。

拜拜再见您啦，俺要到华学士府勾引那小妮子去也！这位唐才子弃绝科举，告别官场，索性才子到底，在苏州阊门外桃花庵，盖了个小别墅，当自在神仙。这是那些持正统意识的人士，对这种礼崩乐坏的现象，颇不以为然的。譬如清人赵翼，虽然他自己也并不是不浪漫，但他回顾前朝这段历史，对才子们的傲诞之习，是不甚满意的。

桑悦为训导，学使者召之，吏屡促，悦怒曰："天下乃有无耳者"，期以三日，始见，仅长揖而已。

王廷陈知裕州，有分巡过其地，稍凌挫之。廷陈怒即散遣吏卒，禁不得祗应。分巡者窘而去，于是监司相戒，勿入裕州。

康德涵六十生日，召名妓百人为百年会，各书小令付之，使送诸王府，皆厚获。

谢榛为赵穆王所礼，王命贾姬独奏琵琶，歌其所作竹枝词。歌罢，即饰姬送于榛。大河南北，无不称谢榛先生者。

最后他感慨道："此等恃才傲物，跅弛不羁，宜足于取祸，乃声光所及，到处逢迎。不特达官贵人，倾接恐后，即诸王亦以得交为幸，若惟恐失之。可见世运升平，物力丰裕，故文人学士，得以跌荡于词场酒海间，亦一时之盛事也。"

古代文人，基本可分三类，一类是完全从属于官方的，姑称之曰"住校生"；一类是身在山林思廊庙，人在廊庙想山林，于两者之间徘徊踯躅，游移不定的，姑称之曰"走读生"；一类就是唐寅这样的，索性当一名"逃学生"，若无缰之马，似不系之舟，要多自由有多自由，要多快活有多快活。干吗非要考中状元，搏一个封妻荫子呢？

唐寅（1470—1523）死后，李贽（1527—1602）出生，如果说前一代才子，只是创造了离经叛道的生存方式，那么后一代才子，从理论上提倡"好货好色"，人之本性，生活欲望，并非罪愆。这样，那些文人中的走读生、逃学生，便大解放，大轻松，便大放肆，大出洋相。文人的放浪和放荡，也对社会风气起到推波助澜的影响。

作《拍案惊奇》的凌濛初曾经对 15、16 世纪的中国人的心理状态，作过这样的表述："近世承平日久，民佚志淫。"而淫，是建筑在赵翼所说的"世运升平，物力丰裕"上。《金瓶梅》以及随后直至明末清初不绝如缕的淫秽小说能够应运而生，一是商人阶层文化消费的必然，一是整个社会的淫风所致；明代中后期的皇帝，和很多分封世袭的王，是这股淫风的总源头。

据《明史纪事本末》："先是大学士万安结（宪宗）万贵妃兄弟，进奸僧（制媚药）以固其宠，上（孝宗）在东宫，稔知其恶。至是，在内中得一箧，皆密术也。悉署曰：'臣安进。'上遣人持至阁下，曰：'是大臣所为乎？'安惭汗，不能出一语。"可见当时从皇室到民间，使用春药，制作秘方，已成普遍现象，御女之道，房中之术，更是司空见惯，春宫图画，淫具亵器，街头公开买卖，召娼狎妓，苟且娈童，犹如家常便饭，社会风气糜烂，道德精神腐败。武宗、世宗、穆宗，无一不是淫君，光宗、熹宗，都是没当几天皇帝就驾崩，与纵欲不无关系。

帝王如此淫逸，臣工岂不效尤？

> 严分宜父子溺器，皆以金银铸妇人，而坐其中，粉
> 面彩衣，以阴受溺。
>
> 严世蕃吐唾，皆美婢以口盛之，方发声，婢口已巧

就，谓之香唾盂。

严氏籍没，郡司奉台使檄往，见榻下堆弃新白绫汗巾无数，不省其故，袖其一出，以咨众。有知者掩口曰："此秽巾，每与妇人交，辄弃其一，岁终数之，为淫筹焉。"（以上均清·周吉士《寄园所寄》引自《笑史》）

那位名相张居正，也是生活在姬妾环绕的众香国里，连年轻时的万历皇帝，看到他身边的青春女子，都眼馋得不行。此公为国操劳，为家更操劳，大量服用春药的结果，便是燥热不宁，欲火上升，哪怕到了四九寒天，滴水成冰，他也戴不住帽子。但最厉害，还得数一位已属远支的王，竟生出二百个儿子，可见其一生，大概不干别的事情了。一间养鸡场，多少母鸡需要一只公鸡同笼，是有比例的，这位王爷有二百多个儿子，至少要有五六十位妻妾需他播种，养鸡场要找到他，该节约多少成本啊！

文人，尤其才子型的文人，当然更不例外。"江南名士何元朗宴客，脱下妓女的鞋子行酒，王世贞作长歌以记之。戏曲家臧晋叔与娈童游乐，被弹劾罢官归里，汤显祖赠诗送别。屠隆千真万确患花柳性病而死，在他发病期间，汤显祖作诗：'长卿（即屠隆）苦情寄之疡，筋骨段坏，号痛不可忍。教令阃舍念观世音稍定，戏寄十绝。'这组诗绝非中伤他的好友，因为那个时候，得了性病，并不有损此人的品德，相反视为风流韵事。"（《中国古代小说百科全书》）

在这样炽烈的淫风下，兰陵笑笑生抛出了他的这部奇书，他究竟是谁，有好几十种推断，但没有一个说法被认定。但是，此人必是一位名士，是毫无疑义的。他开创了中国文学中直接性描写的先河，先前的文学传统中，并非无此类性文字，但到他这里，公开的，而不是隐晦的；暴露的，而不是收敛的；恶俗的，而不是文雅的；大张旗鼓的，而不是点到即止的性描写，可谓集大成者。

他也提供后来许多无聊文人的一个保证赚钱的饭碗，裤裆文学，永远能卖出好价钱的。所以，这类书籍的出现，首先是有闲，其次是有钱，闲和钱，两者不可缺一，才会有消费文学。作者要有闲，读者也要有闲，而闲是要钱来支撑的。所以，既有钱，又有闲，文学才会风花雪月。烽火连天，子弹在头顶上飞来飞去，没法性灵；或者，饥寒交迫，奄奄一息，眼冒金星，危哉殆也那一刻，一部足本《金瓶梅》和一个碗大的馒头，让只选一样的话，我想，肚子会替这个人做出决定。

鲁迅在《中国小说史略》中说："然《金瓶梅》作者能文，故虽间杂猥词，而其他佳处自在，至于末流，则着意所写，专在性交，又越常情，如有狂疾。其尤下者，则意欲媟语，而未能文，仍作小书，刊布于世，中经禁断，今多不传。"

我在《中国古代小说百科全书》中，翻查属于具有情色文字的明代小说，从《金瓶梅》始，到最近从俄国发现的手抄本《姑妄言》（其实已是清初作品）止，约为六十种。

一、"作者佚名""著者不详""作者不可考""无作者""不题撰人""姓氏无考"者，为绝大多数。

二、署名如"兰陵笑笑生""钓鸳湖客""醉西湖心月主人""东鲁落落平生""古吴金木散人"者，真实姓名及其生平，均不可考，又占去一部分。

三、最后，署真名，如《肉蒲团》可证实为李渔所著者，是极个别现象。

由此可见，这类明代情色文学的作者，写正文的时候，也许不知耻，但在落笔署上自己名姓时，还是有一分知耻之心。所以，那些"专在性交，又越常情，如有狂疾"的末流者，那些"意欲媟语，而未能文，仍作小书"的尤下者，都努力隐去姓名。肮脏文字要写，龌龊钞票要赚，但真名实姓是绝不署上的。即使用一个笔名，也是金蝉脱壳，不留痕迹的把戏。

作家写性，无论中外古今，为性而性者，少，为钱而性者，多。

生前不被人指责，死后不承担臭名，对这些明代"真实姓名无考"的情色文学作家，我逐渐有一点理解，他们实际上并非如鲁迅先生所说的"如有狂疾"，其实，他们一不无知，二不无耻，只是市场的驱使，书商的唆使，有钱有闲阶层的诱使罢了。

反观当代裤裆文学的作家，无论男的女的，倒没有一个想隐名埋姓的。我不知道这是无知，还是无耻？呜呼，写到这里，我也只好黯然搁笔了。

袁中道游高梁桥

在北京的西直门外，明清一带，那里是低洼地，有河，有湖，有沟，有堤，自然也有桥。高梁桥，即其中之一。

刘侗的《帝京景物略》里提到："水从高梁桥而又西，萦萦入乎偶然之中，岸偶阔狭，而面以阔以狭。"在明代，湖中植荷花，堤上栽垂柳，水面似还可以行船，可以垂钓，是当时京城的一处风景。现在的高梁桥，只是西直门外的一个公共汽车的站名，既无桥，也无水，全是城市风光了。

湖北的"公安三袁"，是中国文人中的特别一类，作为主张自我、追求性灵的作家，他们的小品文，冲淡平和，清快逸雅，至今为人称道。虽然，他们的文章和当时朝廷提倡的学问之道，意趣截然相反，可以看作是当时文坛的非主流派。但这并不影响他们弟兄三人，来到北京来参加科举，猎取功名，这恐怕也是中国知识分子的一种复杂心态了。

万历年间，袁中道和他的哥哥同在京城作客，有一篇《游高梁桥记》，记述他在这个景点的一次完全失败的春游，实际上也写出了文人自由的天性和无奈于仕途蹭蹬的矛盾。古来文人写游，无不记其兴，而袁小修却写败兴，也就成了别具一格的文字。

先是写他和他的哥哥袁中郎，"沟渠淤泥，委积道上，羸马不能行，步至门外"，那路泥马弱、举步维艰的尴尬状。继而写这两兄弟到高梁桥后，发现春意毫无，积冰尚存，已"三月中矣，杨柳尚未抽条，冰微泮"，一副惆怅失望之情，真是后悔也来不及了。没有办法，只好"临水坐枯柳下小饮"，谁知刚谈得有些意思时，"飙风自北来，尘埃蔽天，对面不见人，中目塞口，嚼之有声"，北京的春天特别短促，而碰上这样的风沙天气，简直是大煞风景了。

凡住北京较久的居民，都曾领教过这种春天的恼人的沙尘暴。而像袁中道笔下的"冻枝落，古木号，乱石击，寒风凛冽，相与御貂帽，著重裘以敌之，而犹不能堪"的严重情况，则是近年来绝无仅有的情况了。虽然如今北京的春天，仍是刮风天多，但风势较之先前，确是减弱多了，而"中目塞口，嚼之有声"的沙子，则尤为少见，这不能不说是多年来植树造林，为民造福的结果了。但元大都城会埋于沙土之中，直到近代才发现，可见明清两代，西北刮来的沙尘暴，一定还是很严重的。

于是，这两兄弟只好打道回府，"已黄昏，狼狈沟渠间，百苦乃得至邸"。接下来的一句就不得不让人捧腹了："坐至丙夜，口中含沙尚砾砾。"此刻，他不由得想起远在湖北公安县的老家，叹了一口长气，说："噫！江南二三月，草色青青，杂花烂城野，风和日丽，上春已可郊游。"接着他问自己：那些达官贵人不得已住在京师者，是为了官职；那些游客山人不得已住在京师者，是为了衣食；而我自己，袁中道很坦率地承认：我无官职，虽多次谋求也弄不到手，估计再努力也未必见成效，何况家中还有些可以糊口的薄产，那么我"舍水石花鸟之乐，而奔走烟霾沙尘之乡，予以问予，予不能解矣！"

所以，最后他觉得这次失败的春游，还是值得一书，书什么呢？"书之所以志予之嗜进而无耻，颠倒而无计算也。"在中国文人中间，痛陈自己颠倒者有之，但指斥自己"无耻"者，具有如此自审精神，而不怕出自己丑者，他是第一个。

袁中道是"公安三袁"中最年少的一位，也是很落拓不羁的一位。二十岁时，曾随其兄，到湖北麻城拜见过"狂人"李贽。从那次当面受教之后，"胆量愈廓，识见愈朗，的然以豪杰自命"。（袁宏道《叙小修诗》）他敢于这样剖白自己，也有他对于当时文人嗜进之心的批判。他既不能例外地同流合污，与其被别人骂自己，不如自己骂自己。袁中道以"无耻"二字来结束这篇文章，除了继承了李卓吾式的狂狷以外，更多的还是他的自信，他的豪气，他的胆识。

如果，他活到现在，看看时下文人们，那些迫不及待地，千方百计地给自己贴金者，招摇于名利场中，作势式令人作呕的表演者，不知该作如何想了？

李贽之死

李贽终于趁着剃头师傅转身时，拿起那把剃刀，顺手从自己颈间一抹而过。顷刻间，血喷如射，四处飞溅，那位待诏以及在场的狱卒，对这意想不到的突然事故，简直来不及反应，都吓呆了干站在那里。

他，神色不变，还是那副淡淡的，甚至有一点讥诮意味的笑容。

这自然是隔了数百年后的臆测，但也是这位老人势所必然的表情。因为，中国知识分子在活得实在不能再活的时候，大致可出现两类情况：一类是自杀，宁折不弯。自杀是需要大勇气的行为，能够下决心自杀者，通常不是懦夫；一类是不自杀，好死不如赖活着，趴在地下当狗、当狗屎、当不耻于人类的狗屎堆，都可以，就是不肯结果自己的生命。

我属于后者，在我生命中最黑暗的日子里，逼得我曾经尝试过自杀。那是在山区，悬崖峭壁，只要脚一歪，就是粉身碎骨的结果。我怯懦了，因为我见过山区老乡用这种办法处置过老牛。耕牛是不许宰杀的，然而这头牛太老了，而乡亲们又久久没见过荤腥，于是，队长叫来一个地富子弟，让他干这件事，万一上面责怪下来，好拿他去顶罪。即使老牛，它也不想死，当它大半个身子翻滚下去，前面两条腿还拼命攀住巉岩，那求生的欲望，让笔者益发感到自己弄死自己之艰难。看到老牛怖死的一刹那，算了，笔者打消了自杀的念头，决定当任人践踏的狗。

李贽敢自杀，笔者佩服他，虽然他不是一个十分的强人，但是，他敢于对那些"阳为道学，阴为富贵，被服儒雅，行若狗彘"（李贽《三教归儒说》）的东西说不；对"言不顾行，行不顾言"的"鄙儒""迂儒""腐儒""俗儒"们说不；对"以孔子的是非为是非"的绝对真理说不；对"六经"《论语》《孟子》等经典著作说不；对体制内一切认为正常的游戏规则说不的这种反叛精神，在只许点头称是，而不准抬头说不的封建社会里，实在是极有勇气的行为。翻开中国文化史，如李贽般逆潮流者，简直寥若晨星，如李贽般唱反调者，更是空谷足音。天下舆论一律，没有反对声音，大家匍匐在地，无人胆敢直腰，这恐怕就是封建社会得以迁延数千年的根本原因。

归根结底，中国的士，也就是大大小小的知识分子，骨头里过分缺钙，统治者才为所欲为，行所欲行，作威作福，肆无忌惮。

李贽不该到北京来的，但他的性格决定他非来不可。还未进朝阳门，只是在通州，就被告到诏狱里去。理由很简单，李贽是祸水，"敢倡乱道，惑世诬民"。在麻城两次被州抚勒逐出境，现在此人已经到了通州，天哪！"通州离都下仅四十里，倘一入都门，招致蛊惑，又为麻城之续。"告御状者为礼科给事中张问达，坏蛋一个，正是李贽咒骂了一辈子的伪德学、伪君子之类。其实，李贽早几年就对他朋友山西主考汪可受说过："得荣死诏狱，可以成就此生。""那时名满天下，快活！快活！"这一状告得他正中下怀，但很遗憾，对麻木的晚明社会，没造成一点轰动效应。相反，在纸醉金迷的首善之区，李贽被逮，关进大牢，无声无息，不闻不问，多他这个人，少他这个人，既不影响吃饭，也不耽误睡觉，这使他很伤自尊。于是，他决定自杀。

他学问当然很大，但对于切腹割腕自缢饮鸩之道，似乎缺乏研究，也许在中国漫长的封建社会里，士大夫（尤其明代）宁肯撅起屁股挨板子，鲜有决绝而自杀者。于是，无章可循的他，选择这种割脖子的方法，来结束自己生命，看来是平素里他太太杀鸡杀鸭，给他的启示了。虽然未能一刀毙命，但自杀是成功了，他很欣慰，无论如何，他要最后一次让国人震惊，让历史震惊，果然也达到了目的。可以想象，他这一刀下去，痛苦其次，快感是第一位的。

这是发生在公元 1602 年（万历三十年）春天北京的事情。这年，李卓吾已经 75 岁，如此高龄的自刎者，若放在当代，可以申请吉尼斯世界纪录。老夫子在死亡线上折腾了两天以后，终于因为喉管被割的缘故，在无法言语的难堪沉默中，与世长辞。呜呼，大师远行，凡尘两隔，再也听不到他那闽南口音的刺耳之声了。农历三月的北京，那应该是一个风沙飞扬的天气，应该是一个天昏地暗的日子。我想，在这个众人都不敢说"不"的国度里，这是送别大师的最好场景。

李贽之死，对他自己是个解脱，对别人，包括爱他的，敬他的；恨他的，怕他的，也是一个解脱。说实在的，大家都感到如释重负的轻松。卓吾老子这一生，尤其到晚年，仍给自己定下了太多的目标，多到了闹人的程度，实在是不敢恭维的。其实，这些在他古稀之年还要去奋斗、去树立的东西，只不过是他数十年来所作所为的平面延伸，同类项的不断反复罢了，对于他，对于别人，已不再具有什么令人耳目一新的意义。

有一支小提琴曲，叫《无穷动》，听一听那休想宁静的旋律，对于了解李贽，也许会有帮助。闹，或太闹，是中国文人一旦有点名声以后，便患有的永远治愈不了的痼疾。除非他死，死了死了，没办法闹了；除非他病，病得不轻，没力气闹了。舍此而外，只要这些人物不死、不病，文坛就永远有热闹好瞧。

古人云，强弩之末，难穿鲁缟，谁都会有这一天的。可李贽犹不收弓，犹以为尚能百步穿杨，犹拉开架子跃跃欲试，这是中外古今所有大人物难以逃脱的最后悲哀。观众对这类戏演完了，仍不肯卸装的角色，只有悲悯，而不同情。因为你不能老在舞台中央，占着茅坑不拉屎。李贽应该明白，你就是你，你已经是你。你辞官，你落发，你遣妻送女，你成为云游四方的不僧不道的老单身汉，早就定型了。折腾，是李贽，不折腾，还是李贽；闹，不会多，不闹，也不会少。

但是，这是一个充满诱惑的世界，名声，有时候比金钱更能弄得人魂牵梦萦，颠三倒四。李贽这一生，之所以远离家乡，之所以妻死不娶，之所以过着这种仰鼻息于豪门、吃白食于官衙的日子，议论讲学，授徒交友，著书立说，招摇过世，就是保持这种体制外的领袖群伦的地位，其终极目标，就是要做一个在世圣人。

凡人物（或其实算不得人物，只是自我感觉到果然也是个人物），都会程度轻重地患这种病。一旦发现居然人五人六了，从此，就不做那个本色的自己，而偏要做众人眼中的那个人物了。只要有那么几天，不见报纸上出现自己的名字，不见电视上露出自己那张肉脸，浑身五脊六兽，软不拉塌。必须出镜上报，必须亮相曝光，必须有点动静，必须闹点名堂。这样，才像阳痿患者服了伟哥以后，能够硬绷起来，能够坚挺起来。这样，他个人金枪不倒，倒不打紧，崇拜他的，为爱护他，不得不陪着累；嫌恶他的人，为防范他，不得不跟着累。

李温陵先生自然也不例外，他是个尤其爱闹的人，已经闹得刹不住闸，必须按这种活得很累的生存方式闹到底。汤显祖就埋怨过他：老先生啊！"自是精灵爱出家，钵头何必向京华"（汤显祖《叹卓老》），你老人家干吗一定要闹到天子脚下呢？但剧作家哪了解尊师是绝不怕闹大的底里，他一定要随马经纶御史到通县来，也是觉得在麻阳，在南京，闹动的震撼度不够大。所以，逮捕令一下，他好像求之不得，连忙招呼下人抬门板过来，他躺在上面，让送到京城。谁知审判长不把他当回事，"大金吾置讯，侍者掖而入，卧于阶上。金吾曰：'若何以妄著书？'公曰：'罪人著书甚多，具在，于圣教有益无损。'大金吾笑其倔强，狱竟无所置词，大略止回籍耳。"（袁中道《李温陵传》）

听说要将他遣返原籍，李贽觉得这场戏真是该演完了。

他一生两畏，一畏回乡，二畏回家，是绝对行不得的。于是，决定自杀，而且采用了近乎"行为艺术"的死法，也透出他必闹到别人目瞪口呆的风格。

1602年春天的北京城，那肆虐的风沙，显然比现在的状况还要糟得多。最虔信李贽的"公安三袁"之一的袁小修，写过一篇《游高梁桥记》，讲到与其兄袁中郎同去西直门外踏青，被沙尘暴刮回来的狼狈，"坐至丙夜，口中含沙尚砾砾"，可见风沙之烈，也可见彼时的中国人，尚无牙刷和刷牙这一说。就在同样的三月天，在通州北门外的迎福寺边，人们冒着扑面噎口的扬尘，草草地葬送走了李贽。"行年七十六，死无一棺"（陶望龄《歇庵集》），这倒也符合卓吾老子的一贯精神。

沙尘能将元大都的遗址，埋在地下不见踪影许多年，但是，掩埋李贽尸骸的那抔黄土，却遮挡不住他那"逆潮流"的精神。争议一直伴随着他的名字，讨论到明末，讨论到清初，褒者有之，贬者有之，官方封杀，民间传播。死了以后还要让人不安生，说明李卓吾一生没有白闹。明末清初，一些在野的大学问家，对李贽的行径持反感态度。如顾炎武："自古以来，小人之无忌惮，而敢于叛圣人者，莫甚于李贽。"如王夫之："王氏之学，一传而为王畿，再传而为李贽，无忌惮之教立而廉耻丧，盗贼兴。"稍后一点，在朝的王士祯也同样："余素不喜李贽之学，其《藏书》《续藏书》未尝寓目。近偶观之，其最害道者莫如《论狂狷》一篇。其言正如醉梦中呓语，而当时诸名士极推尊之，何哉？"更甭说编纂《四库全书》的纪晓岚和撰《明史》的张廷玉了，对李贽简直近乎唾弃了。

其实，即使如李贽最看重、最推许的，甚至向其请求"公能容我作一老门生乎"的焦竑，也对这位闹得十分厉害的老友，保持着若即若离的态度。当焦考中一甲进士第一名，任翰林院编修后，李贽很想依附于他，他以"身心俱不得闲"婉拒。自作多情的李贽在他《焚书》中，收录了那么多的《与焦弱侯书》，其中不乏肉麻吹捧，但焦竑的《澹园集》和《澹园续集》，却绝不保留一封他给李贽的书信，显然是有意剔除掉的。他的《玉堂丛话》一书，虽记万历以前的文人雅事，但并非只字不提同时代人，然而找不到李贽的名字。看来，李贽的闹，对持道统观念的文人学者来说，颇有点格格不入。

想不到十年"文革"期间，老先生又给挖出来热闹了一场。谁让他四百年前，抬举那位名叫武则天的女人呢？于是，被四百年后的另一位女人，引为青衫知己。这次，李贽以"高级篾片"的角色，扮了一次三花脸，很不体面。一时间，他的《藏书》《焚书》，重印出来，居然把汪曾祺先生的《沙家浜》、浩然先生的《艳阳天》挤到一边去，堂堂陈列于书店柜台正中为热销品。好在评法批儒，雨过地皮湿地过去，老先生与那些泛起的沉渣，很快沉落下去，总算没有请到写作组当高参，万幸万幸。

李卓吾一生，以割脖子为代价，不屈不挠"逆潮流"到底，说"不"到底。作为中国文人中特别能闹者，总觉得自己应该是一个在世圣人者，多少患有一点自大狂者的这一种人，是值得研究和总结的对象。当然，这类人，过去有，现在也有。但如今这等活"圣人"的肚皮里，除了一副好下水和良好的自我感觉外，别无长物。环视当下文坛，草包实在太多，菜鸟尤其不少，像李贽这样有学问的自以为的圣人，还真是踏破铁鞋无觅处咧！

李贽，福建晋江人，原姓林，有色目人血统，到他祖父一代，已完全汉化。1552年（嘉靖三十一年）乡试及第，也就是俗称的中了举。1556年（嘉靖三十五年）离开老家，携家眷到河南辉县任教谕一职，约相当于县教育局的督学。1560年（嘉靖三十九年）迁南京国子监教官，大概是个什么教研室主任之流，也是个闲差。因为明朝自永乐迁都北京，不好擅废他老爹朱元璋的首都，便象征性地在南京建立了一个缩微的政府机构，养一批闲官。

所以，李贽自及第以后，不算怎么走运，先是丁父忧，后是丁祖父忧，忙于出缺奔丧，即使得到一官半职，也是在清水衙门坐冷板凳，仕途很不顺畅。直到1576年，才调任云南姚安（一个经常好发生地震的地区）当知府，这才有一点俸禄外的灰色收入，使口袋稍有充盈之感。此公熬鹰似的熬了24年，像一首流行歌曲唱的那样，"等得太久太久"，实在是相当的不耐烦。换个别人，也许认命，但他，很不愿意如此按部就班，从体制内循序渐进上去。他肯定会骂娘的：熬到出头之日，还不得到驴年马月？所以，他的"逆潮流"的思想，和说"不"的行动，一是他的天性狂狷所致，二也是一生遭际所赐。

在这里，倒无妨参照《红与黑》里的那个于连，重温司汤达笔下这个外省青年的心路历程，也许对四百年前走出泉州古城的李贽，有所了解。那个木匠的儿子，从外省小镇来到首善之区巴黎，能够站稳脚跟，大展宏图，能够不择手段，达到目的，能够无所不为，下作行事，能够蚕食鲸吞，捞取一切，能够寡廉鲜耻，背叛出卖，能够声色犬马，与那些贵妇名媛上床。他做这一切的时候，没有揭竿起义，没有明火执杖，没有革命宣言，也没有推翻政权，而是穿着燕尾服，戴着白手套，含情脉脉，彬彬有礼，温文尔雅，谦恭谨慎，有时还要委曲求全，通过体制内的合理、合法、合情的正常运作，实现着他的欲求。

这也是过去、现在、将来，所有来到大城市捞世界的外省人的不二法门，尤其来自穷乡僻壤的外省青年，更是生命力特强，存活率特高的一族。他们所表现出来的敢于投机，敢于冒险，敢于钻营，敢于巴结，甚至敢于无耻的精神，比之在优越环境中成长起来的同龄人，强上百倍。由于出身清苦，处于底层的原因，这些人对于财富的冀求，权力的渴慕，往往表现得非常贪婪，有时达到病态的癖嗜。但是，他们通常不找体制的麻烦，而是在体制认可的范围里，无所不用其极地去获得一切，这种干劲，是养尊处优惯了的城市人所不具备的。

李贽做不到这一点，虽然他具有这种外省人的心结，但不具有于连那种在体制内打拼的力气。试想，他应乡试，26岁；到河南，30岁；迁南京国子监，34岁；进北京，38岁；赴姚安任知府，50岁。这个年过半百的外省人，早过了像于连那种风华正茂的年纪。在麻城与几位小女子、媳妇谈经讲道之余，顶多也只能流露一点柏拉图式的情愫而已。做不了，也无法做于连的他，"不如遂为异端"，挂冠而去，"宁贫贱而轻世肆志"，以"逆潮流"的态势，从体制外另辟蹊径，闹出一番他的天地，便是他的目标。

黄仁宇在《万历十五年》一书中说过，"十分显然，李贽没有创造出一种自成体系的理论，他的片断式的言论，也常有前后矛盾的地方。读者很容易看出他所反对的事物，但不容易看出他所提倡的宗旨"。这样的评价是准确的。但是他臆断："如果他在 1587 年，也就是他剃度为僧的前一年离开人世，四百年以后，很少会有人知道还有一个姚安知府名叫李贽者其人其事。在历史上默默无闻，在自身则可以省却了多少苦恼。"他认为："李贽的不幸，在于他活的时间太长。"其实，从这位历史人物的心理状态进行探求的话，他的最大苦恼，应该是"不甘为一世人士"，怕不出名；他的不幸，应该是担心"今世想未有知卓吾子者也"，这番话，仍是怕不出名。所以，他宁愿穷苦，宁愿折腾，也不愿默默无闻。

名，是他的一股无名毒火，片刻不宁地在燃烧着那颗不安的心啊！

他自杀的前两年，1600 年（万历二十八年），年过古稀的李贽，被总理河漕的刘冬星，大概相当于水利部长的要员吧，从南京接到济宁小住。虽然是个小城，但却是个古城，当年李白、杜甫曾经在这里作客，至今城内留有遗址。李贽看了一遭以后，感慨系之。"济上自李杜一经过，至今楼为太白楼，池为杜陵池，池不得湮，诗尚在石，吁，彼又何人，乃能使楼池之名不能灭也！吾辈可以惧矣，真是与草木同腐也哉！"

中国的士大夫，无论其为主流，抑或异端，都好名，尤好身后之名；追求所谓的不朽，几成一种病态。特别那些自以为是人物者，做顶天立地的大事业，为名垂青史的大人物，有传之后世的大著作，立德、立功、立言，是胸臆中总在涌动的心潮，李贽属于最为严重的一位。早年，这样的抱负，多少还有点积极的进取励志之意，如今，年纪一把，行将就木，还在那里害怕自己与草木同腐，这就表明李贽到了晚年，求名的亢奋状态，非但未曾降温，甚至到了近乎谵妄的程度。

十多年前，他在湖北麻城芝佛院给自己造灵骨塔时，就透出这种神经质。在《豫约》中嘱咐弟子："若其真实有高兴至塔前礼拜者，此佛子也，大圣人也，急宜开门延入，以圣人待之，烹茶而烧好香，与事佛等，始为相称。"难得知己，竭诚相待，自是李贽这番话的主旨，但夸张地捧朝拜者为圣为佛，那言外之意，他这个被朝拜者，岂不是更圣更佛的上上人了吗？如此直白的自我期许，正应了清初大学者方以智对他的评论："专骂好名者，正自家好名之至耳！"

李贽也不讳言："好名何害？好名乃世间一件好事。"因此，求名、邀名、造名、醉名，陪伴了这位老爷子一生，成为他擦拭不去的痛苦之源。一直到他下决心割脖子以后，才彻底放下这个沉重的包袱。

据袁小修《李温陵传》，他在气绝之前，曾与这位待诏有段对话。

侍者问曰："和尚痛否？"

以手书其手曰："不痛。"

又问曰："和尚何自割？"

书曰："七十老翁何所求！"

最后这句话，算是他得到了真缔，"舍亢入谦，而公遂老矣，死矣！"至此，离上帝还有一步之遥的时候，李贽放弃了一生要做在世圣人的梦。他知道他演完了最后一幕，不可能再有什么戏了。这一刀，表示了他的弃绝，他的断裂，他的转折，因为他终于悟到无须乎再追求什么了，于是可以死了。从这一刻起，升华了的他，属于他个人身影的那些部分，对于历史的他来说，逐步在减弱，在淡退，而他一生中对虚伪的儒学体系的抨击，对伪道学、伪君子，以及一切从政者的揭露，对封建社会主流意识的批判，所表现出来的不屈不挠精神、卓尔不群思想、特立独行品质，渐渐成为历史上的他的主体或者全部，并且愈来愈光辉。

当然，也无须为贤者讳，甚至羁押于镇抚司监狱里，他在一首《书幸细览》的诗里，还幻想神宗朱翊钧读了他的《藏书》《焚书》后，如聆纶音，立刻下了一道圣旨：着八抬大轿，由东华门进，朕要聘这位李老先生为国师呢！从这个极卑微，也极机会主义的细节，也看到植根于儒家文化的中国士大夫，不论其逆反主流到什么地步，悖背体制到什么程度，最后，还是服膺于皇上圣明，这就是知识分子两面性的天生软弱了。

他死得相当痛苦，因为他是一个爱洁成癖的人，不停地沐浴，不断地扫地，是他打发业余时间的主要消遣。平素里，凡来访赘公者，有一条规矩，都要坐得离他稍远一点，因为他简直忍受不了别人的体臭。这或许是嘲讽了，干净了一辈子的他，想不到最后以大污秽、大邋遢收场，衣衫尽染，浑身殷红，创口滴血，鬓须凝结，这是他极不愿意看到的狼狈场面。于是，躺在门板上的他，那本来明亮睿智的双眼，渐渐失去往日的光彩，一直熬到第二天的深夜，血流尽最后一滴，心脏停止跳动。

李卓吾活着的时候，有人恨他，有人敬他，是个有争议的人物。死了以后，仍然不能盖棺论定。有人尊他为圣人，有人憎他为败类；有人认为他是中国第一思想犯，有人认为他其实没有什么思想，不过是好作大语怪论，喜唱反调的另类文人而已；有人看他为道德高尚、行为磊落的学问家；有人看他不过是周旋于权贵之门做清高状的清客；有人认为他是一个狂热的传教士，仆仆风尘，到处宣扬他的教义；有人认为他虽然大骂"今之从政者，只是一个无耻"，但吃穿拿用，全赖这班无耻之人供给，过着优越富裕的寄生生活。他虽剃度，但不拒酒肉；他卑侮孔孟，却在佛堂里挂孔子像……如果我们将他作为一个人看待，不是先知，不是神仙，那么有高尚，也有庸俗，有伟大，也有渺小，就是很正常的事情了。

但是，李贽的可贵，他像黑夜里灼目的闪电，虽匆匆一瞥，却唤醒了中国知识分子，是可以而且应该喊出一声"不"，向万古不变的封建秩序挑战。否则，口口声声"奴才该死""吾皇万岁万岁万万岁"，说不定到今天我们还在黑夜里摸索。

15、16世纪，欧洲开始向现代社会发展，但同一时期的中国，更具国力优势。当1405年郑和率船队从泉州港启碇，向南中国海进发，欧洲还不具备如此强大的远航能力，相隔近半个世纪以后，发现美洲的哥伦布，才出生在意大利。如果，当时的中华大地上，有更多的如李贽般敢于思想的知识分子，觉得大明王朝也可能换一种方式生存在这个世界上的话，谁知道今天的中国又会发展成个什么样子呢？《明史》论朱翊钧，"明亡，实亡于神宗"，其实，中国的积弱之势，又何尝不是从明代错过了这样一个发展机遇而造成的呢！

这就是李卓吾先生更令人肃然起敬的所在了。

徐渭之死

徐渭，是中国文学史上的一位奇人。

说他奇，因为他不但想杀死自己，还曾经杀死过他人。中国文人自杀者甚多，杀人者绝无仅有。自杀居然不死，杀人居然不偿命，这样，徐文长是中国文人行列里的一个很特殊的例外。

五千年来，说来泄气，文人只有伸长脖子挨宰的份儿，撅起屁股挨打的份儿，哪来举刀杀人的勇气？连腹诽也不敢。所以，历代统治者看透了这一层，遂有"秀才造反，三年不成"的定论。别说三年，给他三十年，再借给他胆子，也成不了气候。因此，姑且不论徐渭杀了谁，杀得有无道理，但他能够操刀，能够下手，能够置人于死，能够出一口恶气，干出不计身家性命的大事，对颇为脓包的中国文人而言，多少有一点振作之意。

俗话说，狗逼急了跳墙，兔子逼急了咬人，而中国文人逼急了，相比之这类小动物，还真是赧颜抱愧。既缺乏狗的唐突之力，更缺乏兔的决绝之心，立马腿酥脚麻，膝盖发软，浑身寒战，心惊胆跳，来不及地趴在地下，求爷爷告奶奶，做检查写交代，流鼻涕抹眼泪，装孙子装孬种。这时候，哪怕扔给他一把刀，要他反抗，也不敢接的。

所以，徐渭敢杀人，真是好一个了得。

《中国文人的非正常死亡》这本书，花了我十年工夫，前五年磨刀，后五年砍柴，所以把徐渭放到最后一位来写，因为他敢持刀，他敢杀人，使窝囊一生、孬种一生的我，神往不已，仰慕不已。若是把他先写了，剩下的光是些豆腐渣，尽是些鼻涕虫，会越写越没劲、越泄气。所以，要拿敢杀敢砍的他来压轴，对未来的所谓文人，垂范是说不上的，启示总能有一点。因为，徐渭告诉我们，无论生存，无论死亡，也就是莎士比亚在《哈姆雷特》里的台词所写："To be or not to be，that is a question"，那难题，很大程度还是可以由自己做主的。

据陶望龄的《徐文长传》，"渭貌修伟肥白，音朗然如唳鹤，常中夜呼啸，有群鹤应焉"。每读至此，我就感慨万千，因为我也曾经有过想啸的冲动，可是，我敢半夜起来，向黑暗的天空吼出一声吗？所以，我挺佩服明代这个半夜里爬起来大啸数声，振聋发聩的同行。记得我在太行山里修铁路时，在峰高山陡的工棚里守夜，时见孤狼，乘着幽暗的月色，沿河谷沙砾滩茕然独行。偶然间，它会停下来，抬起脑袋，朝那峭壁顶端露出的月牙，嚎上好一阵。那声响在两山夹峙的河谷里，所碰撞出来的回音，能延续很久很久。我一直思索，这条狼，是吼它的孤独？是吼它的愤懑？还是吼这个世界对于它的排斥和拒绝？总之，当我构思徐渭这篇随笔时，我就想起那条深夜里出没的狼，也想起那年代里作为另类的我，遭人唾弃的孤独。

十年来，徐文长陪我写完这本书，我也不停地打量这个明代嘉靖年间的不幸文人。大概，一个人到了敢动手杀死自己，敢持刀杀死别人的地步，也就没有什么好怕的了。于是，所有他不赞成，他不满意，他讨厌，他反对的人和事，都敢堂而皇之地进行挑战，进行批驳，进行嘲骂，进行攻击，这种肆无忌惮、罔顾一切的精神，这种为所欲为、言所必言的风格，是中国文学天空里少见的亮丽色彩。难怪郑板桥刻了一方图章，"青藤门下走狗"，好像齐白石也有过当他走狗的意思。夫走狗者，硬是铁了心地要追随下去的。我忖度这两位大师，仅仅由于其文、其画、其诗、其书，非当这个走狗不可吗？不，他们追随的是他这个人，这个在中国文学史上，中国艺术史上，唯一的无师自法的这一个。因为中国文人，百分之九十九点九，都习惯于跟着人家屁股后边走，唯有徐渭，"病奇于人，人奇于诗，诗奇于字，字奇于文，文奇于画"（袁弘道引梅客生言）。这一个"奇"字，抓住徐渭的本质。什么叫"奇"，"奇"就是不同于别人。唯其"奇"，才使崇拜者对他五体投地的。

徐渭（1521—1599），明代文学家、戏曲家、书画家，初字文清，后改文长，号天池山人、青藤道士、田水月，山阴（今浙江绍兴）人。

说到绍兴，我就想起明末王思任所言："会稽非藏垢纳污之地，乃报仇雪耻之乡。"宋之陆游，明之徐渭，是绝对当得起这句话的绍兴人。关于山阴的徐文长，有许多民间传说，流行于浙东一带，无非机智幽默调侃滑稽之类，这全是后来人的附会演义，不足凭信。

其实，徐渭的一生，落拓蹭蹬，宿命不幸，屡遭灾变，际遇可悲，是一个在重重矛盾中活得很累很苦的一个文人。因为，在这个平庸的世界上，一个特别有才华的文人，第一，很难被社会认同，他也很难认同社会，第二，很难被集体接受，他也很难接受集体。总是处于不被理解，更被误解的难堪孤独之中，不光徐渭，所有天才，这是不可逃脱的噩运。因此，西哲有云，天才的最大不幸，首先，谁教你生错了时代；其次，谁教你生错了地方。徐渭是两者皆错，结果，倒霉了整整七十三年。

可以想象，徐文长无法见容于这样一个生存环境之中，他该活得多么艰难。因受到仇视而愤慨，因受到抵制而躁亢，因受到排斥而卞急，因受到悔谩而狂狷，一天二十四小时，总是处于紧张之中，他不敏感，他不神经质，他不歇斯底里，他不疯狂，那就怪了。因此，不可能有心思像民间传说中的他那样，玩幽默，玩轻松，扮演一个逗人哈哈一笑的角色。

此人一生，是充满着矛盾的一生。这矛盾，固然是激发他创作的动力，同时也是制造他烦恼的根源。

他在《自为墓志铭》中剖析过自己："山阴徐渭，少知慕古文词，及长益力。既而有慕于道，往从长沙公究王氏宗，谓道类禅，又去扣于禅，久之，人稍许之，然文与道终两无得也。贱而懒且直，故悍贵交似傲，与众处不浼袒裼似玩，人多病之，然傲与玩，亦终两不得其情也。"

注意这"两无得"或"两不得"的"得"字，对于中国文人来讲，这是一场永远也醒不过来的梦魇。无论过去的文人，还是现今的知识分子，对于"得"，都是非常在意的。萤囊映雪，悬梁刺股，为了什么呢？就是要"得"。无论如何，对当下的人来说，可得的东西多，能得的途径也多，为得到而使用的手段格外的多，因此，"得来全不费功夫"的可能，"世无英雄，遂使竖子成名"的可能，"暴得大名，浪得虚名"的可能，"空手套白狼""做无本买卖""以次充好""以假乱真"的可能，相比之徐渭那个科举取士的时代，要多得多。

徐渭，包括大家都认为，只要秀才、举人、进士一路考下去，按其学问、按其努力、按其才华、按其心志，绝对该得、应得大功名。但上帝从不给人百分之百，你有了文学上的一切，你有了艺术上的一切，对不起，金榜题名，状元及第，就是没有你的份儿。

一开始，他意气风发地从绍兴乘船，到省城杭州应省试，信心十足，相当自许，直如探囊取物耳！按他的性格，这大话肯定是吹过的。绍兴城里也都知道这位徐秀才，才高八斗，学富五车，凭他的天分，中一举业，立一旗竿，还不是唾手可得？然而，老天爷故意作梗，此公竟然从二十三岁入场，一直考到四十一岁，无不铩羽而归。

读他自编的《畸谱》，真忍不住为他一哭。

二十三岁，科癸卯，北。

二十六岁，科丙午，北。

二十九岁，己酉科，北。

三十二岁，应壬子科。时督浙学者薛公，讳应旂，阅余卷，偶第一，得廪科，后北。

三十五岁，乙卯，阮公讳鹗视学，以第二应科，复北。

　　四十一岁，应辛酉科，复北。自此，祟渐赫赫，予奔应不暇，与科长别矣。

　　四十四岁，是岁甲子，当科，以故夺，后竟废考。

　　陶望龄也叹息了："举于乡者八而不一售。"宿命如此，夫复何言？

　　辛酉这一科，他的上司胡宗宪，一个极有权势的方面大员，还为他走了后门，关照下去，谁知他犯小人，被人家做了手脚，终于还是名落孙山。呜呼，应得而不得，想得而不得，谁都以为他该得，结果偏不得，近二十年的科场失败，与《儒林外史》里的那个范进，堪相伯仲，遂成为他人生在世的最大心病。这心病，使他狂而为文，在文坛获得极大成功，也是这心病，使他愤而面世，在人间弄得相当失败。

　　所以，我看出来，他为什么对早他半个世纪的唐伯虎，表现出极大兴趣？

　　一方面，唐寅与他同为多面手，书、诗、文、画，无不高妙；一方面，唐寅也与他同为科场失意，一蹶不起的失败者。于是，视作知己，一再道及，感佩之状，溢于言表，在他的诗文中，唐寅出现的频率，是较高的。有一首《唐伯虎古松水壁阁中人待客过画》的题诗，他甚至写道："南京解元唐伯虎，小涂大抹俱高古。壁中水阁坐何人？若论游鱼应着我。"此公恨不能化为那幅画中的鱼，与这位同命同运的前辈交流，可见其内心活动之一斑。

　　诗中的"解元"二字，虽是信笔拈来，大有深意存焉！

别人这样称呼，也许只不过是称呼而已。而徐渭写在纸面上，多少是他科举不得意的情绪宣泄。因为，唐寅考场被斥，只得了个"解元"的虚名，惶恐半生。徐渭多次乡试碰壁而归，不过是个做幕教馆，鬻字售画的广文先生，惺惺相惜，全在下意识中流露了。

更为精彩的，这两个人的命际遭遇，巧合得类似电视连续剧的上部和下部。

这两位考场失意，文坛知名，唐被江西的宁王朱宸濠礼聘，入幕为宾；徐应浙江督帅胡宗宪邀请，书记文案。因为中国的官僚好附庸风雅，因为中国的文人好亲近权力，这种一拍即合，或者，不拍也合的现象，相当普遍。唐寅聪明，聪明的人不傻，一看朱宸濠存心谋反，赶紧装疯卖傻，抽身而去，因而没有受到这位藩王叛逆的牵连。徐渭执着，执着的人呆愚，上了督府胡宗宪的船，竟不知江湖深浅，浑不晓风浪险恶，当真地以为自己是船老大呢？扯篷摇橹，拉纤挽舟，结果，差点为之送命。

这就是中国文人的悲哀了。

"皮之不存，毛将焉附"可谓点准死穴，一语中的。无论标榜清高者，待价而沽者，自居清流者，终南隐居者，甚至如唐伯虎"闲来写就青山卖，不使人间造孽钱"者，总得有一个能领到饭票，拿到菜金，吃到公帑，取得钱粮，现在叫组织，叫单位，过去叫衙门，叫官府的所在，或长远，或短暂地依"附"着，这才不六神无主，这才不惶惶度日。

附，就是附庸、附属、附着、附靠，主从关系便分晓了。因此，不论是礼聘去的，邀请去的，拿八抬大轿抬去的，应博学鸿词科自投罗网去的；还是用枪逼着去的，拿刀押着去的，挥着大鞭子抽着去的，戴罪立功连滚带爬去的……端谁的碗，服谁的管，领谁的钱，看谁的脸。一句话，"附"是中国的士，中国的文人，中国的知识分子，其精神状态和物质基础的全部。

除掉商末孤竹国的君长子伯夷，君少子叔齐，偏要在周的体制外讨生活，在中国还少见这等孤高耿介之士。两兄弟拿定主意，"耻不食周粟"，也就是不拿周朝的工资。最后来到山西永济，在首阳山挖蕨根和薇菜充饥，可不知当地的谁，说了一句，普天之下，莫非王土，你二位采的这些野菜，可也是周朝土地上长的哦，你们能咽得下去吗？于是，这两个想不开的呆子，生生给饿死了。从此，在这个世界上，再也找不到伯夷、叔齐如此愚不可及的傻瓜蛋了。懂得文人必须依附的天性，也就明白"文革"期间，遍布全国的五七干校，为什么不设围墙，不设警卫，也决不担心接受再教育的大小知识分子，会愤而出逃，会铤而走险。

你既然是一根毛，你就得找到能够附着的一块皮。即使徐渭，也不能例外。为了能在控制江浙军事大权的司令部里，领一份饷，大师也不得不屈尊俯就，竞争上岗。陶望龄的《徐文长传》，写得真实些。"胡少保宗宪总督浙江，或荐渭善古文词者，招至幕府，笔书记。时方获白鹿海上，表以献。表成，召渭视之，渭览罢，瞠视不答。胡公曰：'生有不足耶，试为之。'退具藁进。（胡）公故豪武，不甚能别识，乃写为两函，戒使者以视所善诸学士董公份等，谓孰优者即上之。至都，诸学士见之，果赏渭作。表进，上大嘉悦。其文旬月间遍诵人口。公以是始重渭，宠礼独盛。"

袁弘道的《徐文长传》，对徐渭谋到这份幕宾差使，则是高调描写，突出其"戴敝头巾，衣白布澣衣，直闯门入，示无忌讳"的文人风骨。"文长为山阴秀才，大试辄不利，豪荡不羁。总督胡梅林公知之，聘为幕客。文长与胡公约，若欲客某者，当具宾礼，非时辄得出入，胡公皆许之。文长乃葛衣乌巾，长揖就坐，纵谭天下事，旁若无人，胡公大喜。是时公督数边兵，威振东南，介胄之士膝语蛇行，不敢举头，而文长以部下一诸生傲之，信心而行，恣臆谭谑，了无忌惮。会得白鹿，属文长代作表，表上，永陵喜甚，公以是益重之，一切疏记皆出其手。"

其实，所谓幕宾，说白了，陪着聊天的清客，以文字听差的扈从而已，从徐渭"深恶富贵人"的"纵诞"性格，这份粮秣，是吃不长久的。可是，胡宗宪需要一支好文笔，巴结京师当局，颇善遇他，颇优容他，表现出相当雅量。"幕中有急需，召渭不得，夜深，开戟门以待之，侦者得状，报曰：'徐秀才方大醉嚎嚣，不可致也。'公闻，反称甚善。"（陶望龄《徐文长传》）

于是，一直失意，从未牛皮过的徐渭，一直边缘化，从未上过台盘的徐渭，一直科场败北，从未神气过的徐渭，有生以来，第一次找到了感觉。尤其军门权力的威风，比他家乡的陈年花雕，更为醉人，果然也就晕晕乎乎起来。这些年来，我在文坛，看到诸公顶戴花翎以后，那蛮可笑的嘴脸，便大致想象我们这位徐大师，把自己看作督帅府的股肱人物，胡宗宪的心腹体己，拖着胖胖的身躯，扛着硕大的脑袋，往来于越东州府，奔波于剿倭前线，那不遗余力，鞠躬尽瘁，殚思竭虑，悉心效劳的"春风得意马蹄疾"的样子，便不禁想起"小人得志"这句对大师不甚恭敬的成语。

据袁弘道《徐文长传》："文长自负才略，好奇计，谭兵多中，凡公所以饵汪徐诸房者，皆密相议然后行。尝饮一酒楼，有数健儿亦饮其下，不肯留钱，文长密以数字驰公，公立命缚健儿于麾下，皆斩之，一军股栗。有沙门负赀而秽，酒间偶言于公，公后以他事杖杀之，其信任多此类。"

《明史·徐渭传》有道："藉宗宪势，颇横。"陶望龄的《徐文长传》也说："间或藉气势以酬所不快，人亦畏而怨焉。"纪昀在《四库全书总目》里更不客气："一为权贵所知，遂侈然不复约束。"这就是说，大师不见得每时每刻都大师，大师不见得不偶尔比小人还要小人。所以时下那些大师、准大师，忽然之间，很不要脸起来，也就只当看不见罢了。反正那一程子，两三年间，大师的脑袋，肯定是进了点水，以为自己是胡宗宪的宪兵队长、侦缉处长，以为自己是英国情报五处的"007"呢，这就不免好笑了。

这个胡宗宪，先附赵文华，通同作奸，陷害同僚；后依严嵩父子，密相勾结，贪赃枉法。徐渭，一介草民，未必详细知悉官场和宫闱中的黑幕，不知不为罪，也不能深怪。但是，与他有知遇之恩的沈炼，却是因劾严氏父子而终被谋害，他不会不知道，也不会不痛心。因为他在《畸谱》的"纪知"一节中，写道："沈光禄炼谓毛海潮曰'自某某以后若干年矣，不见有此人，关起城门，只有这一个'。"徐渭是个知恩图报的人，这份赏识他的知遇之情，他是相当感激的。

所以，他写出"公道自然明日月忠臣何意祀春秋"的沈青霞先生祠的榜联。写出"两上书而伏阙，一抗议而廷争，迨谪边氓，触帅臣之所忌，其于宰辅，值旧怒之未平，遂构谋而巧中，遽矫命以伏砧"的《祭沈锦衣文》的史实。然而，也是这一支笔，写出了令人齿冷的《代（胡宗宪）贺严阁老生日启》。大师的肉麻吹捧，登峰造极："施泽久而国脉延，积德深而天心悦。三朝耆旧，一代伟人，屹矣山凝，癯然鹤立……"算是把马屁文章做到了极致。

文人的可怜，为了这块附着的皮，文人的可耻，也是为了这块附着的皮。有的人，一时间死不肯低下自以为高贵的头，一时间又不得不蹶起屁股任人鞭策；有的人，一时间神气活现到天都装不下他，一时间又不得不垂手侍立听从差遣；有的人，一时间铁骨铮铮慷慨激昂声震云天，一时间又不得不说违心之言，不得不做违心之事。人格和文章分裂，言论与行为悖背，徐渭既不是第一个，也不是最后一个，作为知识分子的我们，或多或少，都曾有过这样的做人体验。想想，人无完人，金无足赤，智者千虑，必有一失，也就不忍苛责了。

同时代的汤显祖，不知是否因为这点缘故，始终与他保持着有礼貌的距离？徐文长对汤显祖的赞赏，最初由诗而起。"真奇才也，生平不多见。"他曾经素昧平生地主动与之联络，对这位目空一切的大师来讲，实为破天荒之举。

信是这样写的："某于客所读《问棘堂集》，自谓平生所未尝见，便作诗一首以道此怀，藏此久矣。顷值客有道出尊乡者，遂托以尘，兼呈鄙刻二种，用替倾盖之谈。《问棘》之外，别构必多，遇便倘能寄教耶？湘管四支，将需洒藻。"（《与

汤义仍》)

诗是这样写的："兰苕翡翠逐时鸣，谁解钩天响洞庭？鼓瑟定应遭客骂，执鞭今始慰生平。即收吕览千金市，直换咸阳许座城。无限龙门蚕室泪，难偕书札报任卿。"(《读问棘堂集拟寄汤君》)

信也好，诗也好，充分表现他对汤显祖的渴慕之意，期待之情。然而，这封不会不送到的信，这首不会不读到的诗，汤显祖既无复函，更不和诗，实在是件令人感到蹊跷的公案。

王思任评《牡丹亭》时曾经提及："往见吾乡文长批其卷首曰：'此牛有万夫之禀。'虽为妒语，大觉俯心。则若士曾语卢氏李恒峤云：'《四声猿》乃词场飞将，辄为之唱演数通，安得生致文长，自拔其舌。'"看来，徐渭对汤显祖，大有"嘤其鸣兮，求其友声"的热情，而汤显祖对徐渭，只是出于职业上的尊敬，不但不愿深交，连最起码的同行来往也没有。

所以，明末清初的周亮工说的话："青藤自言书一，画次，文第一，诗次，此欺人耳。吾以为《四声猿》与草草花卉俱无第二。"清人郑板桥在《潍县署中与舍弟第五书》中所道的："忆予幼时，行匣中惟徐天池《四声猿》，读之数十年，未能得力，亦不撒手，相与终焉而已。世人读《牡丹亭》而不读《四声猿》，何故？"多多少少都能听出一点弦外之音。

从《万历野获编》，约略能够看出一丝端倪，沈德符稍晚于汤显祖，但所记却是亲见亲闻。"文长自负高一世，少所许可，独注意汤义仍，寄诗与订交，推重甚至，汤时犹在公车也。余后遇汤问文长文价何似，汤亦称赏，而口多微辞。盖义仍方欲扫空王李，又何有于文长。"再说，徐渭的《寿严嵩词》，一直为人所诟辱，以天下为己任的汤显祖，不会不介意的。

这种了无回音的冷漠态度，对"眼高千古，独立一时，当时所谓达官贵人，骚士墨客，皆叱而奴之，耻不为交"的徐文长来说，可想而知，是何等的难堪了。

因此，当严世蕃掉了脑袋，严分宜回乡看坟，朱厚熜大发雷霆，胡宗宪瘐毙诏狱之际，我们这位大师，面临着巨大的政治压力、经济压力，遣散后被逮有口难辩的压力，以及失去保护伞后，群起而攻之的报复压力，恐怕还包括在文坛上被鄙视、被唾弃的舆论压力，于是，身心全面崩溃，精神彻底垮台。按照现代精神病学的论点，极为天才的人，其精神状态未必就是十分健全的。"虑祸及，遂发狂。"

据徐渭自编《畸谱》：

> 四十五岁，病易。丁割其耳，冬稍瘳。
> 四十六岁，易复，杀张下狱，隆庆元年丁卯。

徐渭的"易"病，当是精神分裂症的一种。否则，他绝不可能像荷兰画家凡·高那样，跟自己的耳朵过不去，用一根大钉子刺进去。而且，因为一下子死不掉，又用棍棒敲击自己的阴囊，使睾丸碎裂，以促速死。陶望龄是唯一自始至终了解他、关注他的同乡友人，据他的记载："引巨锥刲耳，刺深数寸，流血几殆。又以椎击肾囊碎之"，这样极其残忍的、匪夷所思的自杀方法，史所罕见，世所罕见，说句绝对应该掌嘴的话，对大师之卓绝，之坚韧，之狠愎，之非常人所能为的奇行，触目惊心的同时，也不能不为这位中国文人所创造的非正常死亡方式赞叹。

我记得在我生命中最黑暗的岁月里，也曾经想从太行山深处的悬崖跳下去的。然而，还未跨出半步，那凄凉的山风从裤脚管嗖地吹进，顿时战栗起来，害怕起来，不敢死也不想死了，可见死是一件多么艰难的事。因此，我特别崇拜这位面对死亡毫无惧色的文人。

自杀多次未果，杀妻坐牢八年，"绝谷食十余岁"。"晚年愤益深，佯狂益甚。或自持斧击破其头，血流被面，头骨皆折，揉之有声。""古今文人牢骚困苦，未有若先生也哉。"

然而，生命力顽强的他，在他出狱之后到抱愤而卒的十九年间，是他创作最旺盛、作品最辉煌的时期，凡他笔下倾泻而出的"一段不可磨灭之气，英雄失路托足无门之悲，故其为诗，如嗔如笑，如水鸣峡，如种出土，如寡妇之夜哭，羁人之寒起，当其放意，平畴千里，偶尔幽峭，鬼语秋坟"（袁弘道语），其才情睿智，其韵语华章，其彩墨精粹，其放谈高论，无一不达到了"光芒夜半惊鬼神"（黄宗羲诗）的巅峰状态。

虽然，大师的晚景凄凉，结局很惨，死时"帏莞破弊，不能再易，至藉藁寝"。穷得不能再穷。但是，他所留存下来的诗、文、书、画，"岂知文章有定价"（黄宗羲诗），成为中国文化遗产中无与伦比的瑰宝。因此，袁弘道大声呐喊，誉他为"有明一人"。其实，他那摧折不倒，折腾不死，挺挺兀立，敢杀敢砍的精神，对于中国文人的感召启发意义，千古以来，恐怕也就是徐渭"这一个"罢了。

正是这一个，我们看到了中国文化的脊梁，中国文人的希望。

屠长卿的风流病

屠隆（1543—1605），字纬真，一字长卿，浙江鄞县人。"生有异才"，万历五年进士，官至礼部主事。他比汤显祖出道早，才气大，据说他"落笔数千言立就""诗文率不经意，一挥数纸。尝戏命两人对案拈二题，各赋百韵，咄嗟之间二章并就，又与人对弈，口诵诗文，命人书之，书不逮诵也"。（《明史》）

在中国戏剧史上，他与汤显祖是同时代的剧作家。

不过，到得今天，知道汤显祖者，尚有人在，当然也不是很多的了。而知道屠隆或屠长卿者，则更为寥寥，少得可怜。文学史真是一面很无情的铁筛，它只留下筛不掉的，确实具有长久价值的东西。而经不起时光磨炼，耐不住潮流消蚀，曾经红得发紫的文人，曾经洛阳纸贵的作品，先是慢慢淡出，接着渐渐冷落，最后彻底遗忘，这种文人不可逃避的，被旁置、被冷落、被湮没、被消解的过程，构成了一部文学史。

即便是赫赫扬扬的不朽文人，家弦户诵的经典作品，虽然还会留存在书架上，但也挡不住蒙上厚厚尘土的命运，成为再也无人翻阅的故纸堆。新陈代谢，是人类社会发展的必然，一代读者，自有一代读者的爱好，这是没有办法的事。

文人，没有一个想速朽的，都有名垂青史、高标千古的强烈愿望，哪怕写得极狗屁，极狗屎，也以为是珠玑，是瑰宝，恨不能存放在银行保险箱里的。然而，存起来又如何，该狗屁还是狗屁，该狗屎还是狗屎。在敦煌石窟里发现的众多文物当中，文学方面可堪一提的，也就是唐代白行简的《大乐赋》，和五代韦庄的《秦妇吟》，但这两位先生的本意，倒不是求不朽，而是希望速朽的。

　　希望不朽者速朽，盼着速朽者倒不朽，这当然很具讽刺意味。

　　万历年间，屠长卿写的戏，如《昙花记》《修文记》《彩毫记》，《明史》称其"大行于世"，誉满京师，"声名大噪"。是要比汤显祖略占优势的，因为屠在戏剧方面更行家里手一点。在英国伊丽莎白时代，莎士比亚的戏，为什么叫座，而本·琼生的戏，为什么冷场，就因为这两位剧作家，莎在舞台上跑过龙套，本则从来没有粉墨登场过，就这一点差别，找不到只有在戏台子上才能体会到的感觉，写出来的戏就书本气，观众坐在剧场里，是要看戏的，不是读书去的。

　　屠长卿，世家子弟，风流倜傥，蓄有戏班，聘着名角，声色犬马，吹拉弹唱，琴棋诗画，无不涉猎。情致上来时，束发勾脸，披绣着锦，吟唱念作，客串红毡，并不比当时那些名角差到哪里去。因此，积累了丰富的舞台实践经验，非纸上谈兵者所能企及。他的戏，熟悉编剧门道，深谙观众口味，他的编剧主张，倒有点时下三贴近的文艺路线，贴近群众，贴近现实，贴近时事，主张"针线连络，血脉贯通"，主张"不用隐僻学问，艰深字眼"，甚至编过整出戏无一曲，尽用宾白演出，类似现代话剧的本子，力求通俗易懂，颇受市民欢迎。

这两位剧作家，屠的年岁略长于汤，在写戏的宗旨上，两人志趣不一，因之风格迥异。屠长卿是戏剧家写戏，汤显祖则是文学家写戏了。汤显祖着意诗情画意，追求至美境界，雕琢文词，竭尽精萃，刻画情感，努力细腻，无论清雅或典丽，简洁或浓艳，尽管为文人戏，曲高可并不和寡，同样也在学屠之所长，深入浅出，雅俗咸宜，具有不错的票房价值。他的《牡丹亭》《邯郸记》，多用唐人诗句点缀，吻合得如同自家手笔，很让读者和观众情为之痴，意为之移，玩味不已，吟哦再三。不仅当时，"京华满城说《惊梦》"，数百年来，始终盛演不衰，真不知赚了世上痴男怨女的多少眼泪。

明代沈德符在《万历野获编》里说"汤义仍《牡丹亭梦》一出，家传户诵，几令《西厢》减价"，绝非夸张的表述；不过，在肯定他的才华同时，也指出剧作本身的微疵。"奈不谙曲谱，用韵多任意处，乃才情自足不朽也。"这便是诗人写戏的美中不足了，恐怕也是汤对屠这位熟悉舞台的同道，持礼敬态度的缘故。

我记得 20 世纪 40 年代，在南京读国立剧专的时候，校长余上沅先生讲过他在英国求学的经历，他说他学戏的同时，还参加过莎剧《哈姆雷特》的演出。听讲的学生，自然肃然起敬，这是在莎翁的故土演莎剧呀！有人举手提问，余校长，您在剧中出演何角？他回答说，就是一开幕的那个只有几句台词的鬼魂，大家不禁哄堂大笑。余校长一脸正经，等笑声落下去，他说，演戏的写戏，和不会演戏的写戏，是有着很大差别的。休看不起这个小角色，你再写戏，心里就有了舞台，就有了观众，那是很不一样的感觉。

屠略胜于汤，仰仗于这种近乎科班出身的职业优势。汤后来居上，又超过了屠，就是沈德符所说的"才情"，使其作品在数百年后，仍有相当的生命力。所以说，文学这东西，一时输赢，定不了终身，只有经过长时间的淘汰以后，才知道其是否具有久远的价值。短期炒火的作家，瞬间泡沫的作品，很快就会烟消云散，化为乌有。余生也晚，所谓新时期的文学，多少红遍天、红翻天的作家，才过去三十年不到，仿佛都从人间蒸发，打着灯笼也找不着了。

但是，镜头返回400年前，时值万历，屠长卿却是一位真正的热点人物。

明代出才子，凡才子，皆风流，屠是最典型的一位。他的风流，相当出格，非一般文人所能达到的。他交游广，他才气大，他新闻多，他钞票不少，他支持者也众，他的同性恋、异性恋的绯闻，更是轰动京城。他被弹劾，弄得丢官失职，卷铺盖回家，成为朝廷上下议论纷纭的焦点……这一切，都还不足以表现他的出格，他最令人惊异的出格，是你绝对想不到的出格，他是中国文人中间第一位得过梅毒病的患者，他是中国文学史上不是唯一、也是第一的死于花柳病的文人。

对这样一位创吉尼斯纪录的风流才子，后来的任何中国文人，都不得不对他甘拜下风。

这位在官场，在文坛，在娱乐圈，在色情场合，不断制造头条新闻的风流才子。用北京话来说，是个"不拾闲儿"。可是，从他的著作《婆罗馆清言》和《续婆罗馆清言》，据其所写的那些看透人生、参悟尘世的名言隽句，又严肃得要命，清雅得要命，正经得要命，道学得要命。很难相信说出下面这些话者，和做出上面那种事者，是同一个人。

> 三九大老，紫绶貂冠，得意哉，黄粱公案；二八佳人，翠眉蝉鬓，销魂也，白骨生涯。
>
> 饧粘油腻，牵缠最是爱河；瞎引盲趋，展转投于苦海。非大雄氏，谁能拯之？
>
> 明霞可爱，瞬眼而辄空；流水堪听，过耳而不恋。人能以明霞视美色，则业障自轻；人能以流水听弦歌，则性灵何害？
>
> 美人傅粉涂香，终沦于粪土，猛士格虎伏象，死制于蝼蚁。古簸锈刀，旧日战争之地；蚀钗灰袄，昔时歌舞之场。英雄漠漠精灵，秦晋茫茫岁月。婆罗居士，酿酒治蔬，无日不延宾客；杜门禁足，经年懒过邻家。白香山云，丘墅有泉石花竹者靡不游，人家有美酒鸣琴者靡不过。吾甚愧其言。

这就是中国文人的说一套、做一套的两面特色了。

当然，这也是一种本领，一种超生存状态下的特技表演，也不是每个文人都能玩得转的，但高手就例外了。该哭时哭，该笑时笑，该喊时喊，该叫时叫，正确的话，在高八度地讲出来的同时，见不得人的猫腻，诸如贪婪之欲啊，好色之心啊，求名之瘾啊，为官之望啊，也无妨并行不悖地实施。

可是，屠隆到底不是古罗马神话中的那个两面神雅努斯（Janus），他的神通并不广大，最后还是玩砸了，被褫夺礼部主事职务。

但是，这位北京土话里所说的那种"不歇台儿"的人物，江山易改，禀性难移，回到家乡的他，也仍是高谈阔论，吟诗作画；听曲饮酒，看戏论文；引吭高啸，踏青放歌；骑射蹴扑，浅酌低唱，将风流进行到底。甚至死前三年，万历三十年（1602）中秋，还在乌石山邻霄台连开三天三夜的"无遮大会"呢！

"无遮会"一词，原出佛经，有自由论坛之义。但这次会，倒是他给自己找乐的超级堂会。加之这一年，他59岁，中国人习惯做九不做十，别人不给他祝寿，他自己给自己办花甲寿诞大典。那场面之大，节目之多，招待之周到，宴席之丰盛，足足那么一折腾，竟成为文坛另类的一次嘉年华盛会。那几天里，乌石山下，邻霄台上，唱和的文人学士，相好的名媛秀妇，助兴的僧道侠隐，帮衬的美娟俊童，如众星捧月似的围着这位大哥大。

政治家怕糊涂，更怕老糊涂。文学家则怕不清醒，尤其怕越老越不清醒。一些老前辈，老同志，老作家，老先生，老了老了，闹出很不清醒的名堂，进退失据，徒劳无功，出丑丢人，洋相十足，也是颇教人啼笑皆非的。

那些捧场文章是能当真的吗？那些出钱买来的好评能作得数吗？那些关在一间黑黢黢屋子里捏弄出来的排行榜有一点狗屁权威吗？那些册封为文坛齐天大圣、文化界天王老子的尊号能唬住三岁小孩吗？

要知道，聪明的中国人，无不懂得逢场作戏的规矩，既然老爷想听，大家一律阿弥陀佛，口吐莲花，把屠捧得一佛出世，二佛涅槃，手舞足蹈，魂飞魄散，真所谓大开心，大畅快，大欢悦，大通泰，达到了死也无憾的境界。

消息传到江西临川，"鸡埘豕圈，接迹庭户，萧闲咏歌，俯仰自得"的汤显祖那儿，这位"穷老蹭蹬"（《明史》）的义仍先生，也口瞪目呆，摇头不迭。尽管自惭弗如，但也不能不长叹一声，阁下，您可真能闹啊！虽然屠、汤二位，同为进士出身，同放外省知县，同升礼部主事，同被逐出国家机器；但无论为人，无论行事，敛约自重、清高自守的汤显祖，和恣情放纵、狂诞任性的屠长卿相比较，同命不同途，有着很不相同的处世态度和人生哲学。

但是，汤显祖要是能够了解屠隆的病情，也许就不忍苛责了。

他当然不可能知道自己，再有一千天就呜呼哀哉，但他不可能不明白，自己所患的梅毒，在明代，绝对是百分百的不治之症，正一天逼一天地促使他接近死神。因此，爱抢镜头，爱出风头，爱搞声势，爱闹名堂的屠长卿，需要这种精神上的鸦片，给他以强刺激。一般来说，凡热烈的掌声，捧场的词语，谄媚的笑脸，悦耳的马屁，对需要者而言，都会起到伟哥或者摇头丸的兴奋作用。

所以，他举办这次"无遮大会"，肯定是预感到苦日无多，利用自己尚有力气，犹有资本的有限日子里，作一次告别仪式；肯定是趁活着还有口气，先给自己开追悼会，省得死后听不到诔墓之词而遗憾的一次彩排。

这份良苦的用心，是作为纯文人的汤显祖，对于既是文人，更是风流才子的屠长卿，不够充分理解的地方了。汤应该明白，一个穷其一生都在不停折腾的"闹"，一旦偃旗歇鼓，鸦雀无声，岂不比死还难过？

要是能通过时光隧道，回到万历年间，那时的北京也好，南京也好，乃至大小城市，妓院娼馆，充斥市廛，神女娈童，诱色卖身，媚药秘方，大行其道，淫具亵器，公开买卖。而在街市集镇，茶楼酒肆，那些御女之道，房中之术，淫秽文字，春宫图画，更是堂而皇之地大明大摆。因此，实际上全社会对于淫荡，已到了毫不以为羞耻的田地。

像屠隆这样的才子，引娼挟妓，眠花宿柳，平康冶游，招蜂惹蝶，弄出一身病来，是不必大惊小怪的。然而，得了性病，多少有点中奖的荣耀感，实在是匪夷所思。在今天说来，某位作家从三陪小姐那里染上淋病白浊，顶多从电线杆子上贴的小广告，找江湖郎中私下治疗，绝不愿意大事张扬。无论如何，这是不大名誉的事情。可在明朝，却视作风流，不但不感到难为情，不觉得是件多么难以启口的话题，还要堂而皇之写进诗文里的。

万历三十三年（1605）乙巳前，在江西临川的汤显祖，写了一组七绝，共十首，慰问他的好友，已经病倒不起的屠隆。"戏寄十绝"的这个"戏"字，当然是略带调侃的口吻，在汤看来，屠隆害了梅毒，不过和伤风感冒一样，既未感到惊讶，也不认为奇怪，更没有责备其不检点的意思。估计 15 世纪的明代，性病的普遍发生率，是那个淫乱社会的必然现象。讵知屠长卿风流出格，性生活过于糜烂，以致最后不治，首开中国文人性病死亡记录。

明代中后期，是个淫风甚炽的年代。据明谢肇淛《五杂祖》：

> 今之娟妓布满天下，其大都会之地动以千百计，其
> 他穷州僻邑，在在有之，终日倚门献笑，卖淫为活，生
> 计至此，亦可怜矣。两京教坊，官收其税，谓之脂粉钱。
> 隶郡县者则为乐户，听使令而已。唐、宋皆以官伎佐酒，
> 国初犹然，至宣德初始有禁，而缙绅家居者不论也。故
> 虽绝迹公庭，而常充斥里闾。又有不隶于官，家居而卖
> 奸者，谓之土妓，俗谓之私窠子，盖不胜数矣。

因此，汤显祖，这位与莎士比亚同年死去的剧作家，就认为屠长卿把感情寄托到婊子身上，婊子又将梅毒螺旋体传染到他身上的"情寄之疡"，是风流，不是丑恶。作《拍案惊奇》的凌濛初曾经对 15、16 世纪的中国人的心理状态，做过这样的表述："近世承平日久，民侈志淫。"其实，民风的淫逸，是在帝王、臣宰，整个国家机器中的大小官僚带动下，再加之商人性消费的勃兴，与文人自命风流的推波助澜，上有所好，下必甚焉，才形成这种全民参与的世纪末淫风。

风气，这东西，一旦形成，便会左右社会，左右人的意识，作家也不能例外。我记不得是"公安三袁"中的哪一位了，竟认为妓女所能给予离乡背井者的灵肉满足，实在有其存在的必要，并为之论证，振振有词，颇理直气壮的。这也就是一代人说一代的话，一代作家写一代的作品。现在回过头去看我们亲历过来的 20 世纪，20 年代的尝试，30 年代的拓展，40 年代的跌宕，50 年代的惶恐，60 年代的矫情，70 年代的伪善，

从作家的话语中，大致可以揣摸出那个时代的大致脉搏和基本面貌。

所以，作家，作品，时代，风气，说到底，其实是密不可分的一个整体。明季中后期，在当时那种世纪末的极端颓废风气下，文人的不护细行，也是令人不敢恭维的。戏曲家何元朗，能够当场脱下妓女王赛玉的绣花鞋，做饮酒的杯托，传行席间，先嗅脚臭，后品酒香，划拳行令，这种变态的恋物癖，实在是相当下作的。大文人王世贞还作长诗，以记其盛，视淫乱为风流，视荒唐为正经，视无耻为潇洒，视低级趣味为高尚行动，便是那个时代的神经错乱了。

所以，万历十二年（1584）甲申十一二月间，汤显祖的长诗《怀戴四明先生并问屠长卿》，径直写到他朋友的私生活，坦白道出他同时与男与女的性关系，略无顾忌：

> 赤水之珠屠长卿，风波宦跌还乡里，岂有妖姬解写姿？岂有狡童解咏诗？机边折齿宁妨秽，画里挑心是绝痴。古来才子多娇纵，直取歌篇足弹诵。

对屠这种与同性苟且、与异性淫荡的荒唐生活，虽说不上是赞美褒扬，但没有任何责让和不以为然的口吻，恐怕是时代风气使之然耳。次年，乙酉三月，在《送臧晋叔谪归湖上，时唐仁卿以谈道贬，同日出关，并寄屠长卿江外》一诗中，汤显祖更写道：

> 君门如水亦如市，直为风烟能满纸。长卿曾误宋东

邻，晋叔讵怜周小史。自古飞簪说俊游，一官难道减风
流。深灯夜雨宜残局，浅草春风恣蹴球。

这首诗，干脆美化起这两位因同性恋而丢官的才子来。
臧晋叔，戏曲家，他编纂的《元曲选》，至今仍是研究元人杂
剧的典籍。据徐朔方先生《汤显祖全集》笺注："臧懋循字晋
叔，长兴人，官南京国子监博士。每出必以棋局，蹴毬系于
车后，又与所欢小史衣红衣，并马出凤台门，中白简罢官。"
这个男性"小史"，就是他的"性伴侣"。

而"长卿曾误宋东邻"，则是屠隆大出其名的一桩风流官
司。这位才子在礼部任主事时，因与西宁侯宋世恩交好，属
同性恋关系，气味相投，情好甚昵，共嬲俊童，形影不离。
同时，屠隆又与宋的姬妾有染，放肆不检，秽闻狼藉，闹得
满城风雨，遂遭弹劾，以淫纵罪，削籍。这是去年之事，今
年，臧晋叔又因情色被贬，谪归故里。于是，汤显祖在送行
的诗中，旧事重提，一并谈起。从"一官难道减风流"诗句看，
汤对这两位朋友的性丑闻，绝对看作是一种高尚的风流，认
为，即使丢官，也要风流，那是值得肯定的。

所以，屠隆死前，汤显祖写去慰问诗十首，诗题里提到
了他患的"情寄之疡"，没有任何隐讳和回避。在那个对淫乱
不以为耻的年代里，丑恶与美好，整个都颠倒了，即使道出
其所患之恶疾，也不存有中伤朋友的意思。那时的一个才子，
得了杨梅大疮，烂了鼻子，对他的人格品德，不但无碍无损，
相反，还被视作体面的、光彩的风流韵事，当作美谈呢！

这就真令人忍不住要咄咄了。

屠长卿终于在苦楚与肮脏的恶疾中死去，画了句号。似乎同命同运，病得不轻的明王朝，进入回光返照期，终于走向覆灭，也画了句号。

　　现在，除了研究文学史和戏曲史的专家外，绝大多数当代读者，已经不大关注屠隆了。他是谁，他写过些什么，他的传奇戏剧有些什么影响和价值，都是无关紧要的事情了。但他是一个死于梅毒的中国文人，以及他与那个时代的炽烈淫风，与那个时代的文学浊流，这种互依共存的关系，倒是值得后人玩味的。

强人张居正

一提张居正，马上想到他也许是中国历史上，数得过来的强人之一，马上想到他在明代后期所推行的并得到实践证明是成功的改革。

张居正（1525—1582），字叔大，号太岳，湖北江陵人。作为明神宗朱翊钧的首辅，达十年之久，是个有作为，具谋略，通权术的大政治家。张居正的改革，了不起，我打心眼里佩服他；但对他这种太厉害的人，绝无好感。凡强人，都具有一点使人讨厌的"侵略性"，他总要求你如何如何，而你不能希望他如何如何，大树底下不长草，最好敬而远之。

明代不设宰相，朱元璋定下的规矩。这位独裁者要求高度集权，只挑几个大学士为其辅佐。在这些人中间，指定一个小组长，就是"首辅"。说到底，首辅其实就是一人之下、万人之上的宰相、丞相，或首相。而张居正，是明代历朝中最具强势的首辅，在任期间，拥有说一不二的权力；因为朱翊钧十岁登基，相当一个高小五年级生，对于这位严肃的老师，敬畏之余，言听计从，是可想而知的。

记不得在哪儿看过这位改革家的肖像，是个不苟言笑，脸色阴鸷，目光严厉，神情冷峻的正人君子，大概没人敢对他说一声不，除非你不要命。但他在自家的府邸里，与他极钟爱、极标致的小娘子们，风流缠绵的时候，是不是也板着面孔，让美人儿也望而生畏呢？史无记载，就不敢悬拟了。

一般来讲，在中国，改革者取得成功，至少要具备下列三要素：

一、支持他进行改革的力量，必须足够强大，不至于轻易被扼杀。

二、推行改革的过程中，会有阻难，不至于难到进行不下去，半路上夭折。

三、改革者的道德品质即使有非议之处，但不至于成为反对派使其落马的借口。

时下国产的电视连续剧，差不多以此为金科玉律，来写改革的。其实，真实生活远非如此，不是惊涛骇浪，艰难险阻，就是功亏一篑，全军覆没。哪像作家和编导所设想的，高峰护驾，破关斩将，美人青睐，春风得意，鱼与熊掌兼得呢？中国历史上的改革者，十有九个都很命苦，得好果子吃者不多。也许张居正是唯一的幸运者，至少在他活着时，他让别人吃苦头，自己从没吃过任何苦头。倒霉，是他进了棺材以后的事。

我之所以说他了不起，就因为张江陵是中国唯一没有什么阻难、顺风顺水的改革家。在中国全部封建社会中，只有他是活着没有挨整，死后遭到清算的改革家。

他之所以没吃苦头，是由于皇帝支持，而皇帝支持，又是皇太后和大内总管联手的结果。有这样三位一体的后台，他有什么怕的，愿意怎么干就怎么干。当然，不可能没有政敌，更不可能没有政治上的小人，但张居正是纵横捭阖的九段高手，在政坛上所向披靡，谁也不堪一击。小人，他更不在乎，因为他也是相当程度上的小人。

只有一次，他一生也就碰到这么一次，坐了点蜡，有点尴尬。因为其父死后，他若奔丧回去，丁忧三年，不但改革大业要泡汤，连他自己的相位能否保住，都成问题。便讽示皇帝下令"夺情"，遂引发出来一场面折廷争的轩然大波，使心虚理亏的他，多少有些招架不住。最后他急了，又借皇帝的手，对这些捣乱分子推出午朝门外，按在地上打屁股，用"廷杖"强行镇压了下去。

第一个屁股打得皮开肉绽，第二个屁股就会瑟缩颤抖，第三个屁股必然脚底板抹油开溜。他懂得，制造恐惧，从来是统治者最有效的威慑手段，操切专擅的张居正，把反对派整得老老实实，服服帖帖。他是个精通统治术的政治家，也是个冷面无情的政治家，为了目的，他敢于不择手段。

《明史》作者不得不认可他凶，认可他行，认可他有办法。"尊主权，课吏职，信赏罚，一号令，虽万里之遥，朝下而夕举，自是政体为肃。"他所以要镇压反对派，是为了营造出推动政治改革、经济改革的大环境，加之"通识时变，长于任事，不可谓非干济之才，而威柄之操，几于震主"。所以，在其手握极权的十年间，说张居正在统治着大明王朝，不算夸饰之词。他曾经私下里自诩：我不是"辅"，而是"摄"。休看这一字之差，表明他深知自己所拥有的政治能量。

张居正稳居权力巅峰时，连万历帝也得视其脸色行事，这位年轻皇帝，只有加入与太后、冯保组成的铁三角，悉力支持张居正。如此一来，宫廷内外，朝野上下，首辅还用得着在乎任何人呢？

众望所归的海瑞，大家期待委以重任，以挽救日见颓靡的世道人心，张居正置若罔闻，将其冷藏起来。文坛泰斗王世贞，与张同科出身，一齐考中进士，很巴结这位首辅，急想进入中枢，他婉拒了："吴干越钩，轻用必折，匣而藏之，其精乃全"，劝他还是写他的锦绣文字去也了。与李贽齐名的何心隐，只是跟他龃龉了两句，后来，他发达了，他的党羽到底找了个借口，将何心隐收拾掉以讨他欢心，他也不觉不妥而心安理得。

所以，张居正毫无顾忌，放开手脚，对从头烂到脚的大明王朝，进行大刀阔斧的改革。他最为人称道的大举措，就是动员了朝野的大批人马，撤掉了不力的办事官员，镇压了反抗的地主豪强，剥夺了抵制的贵族特权，为推广"一条鞭法"，在全国范围内雷厉风行，一亩地一亩地地进行丈量。在一个效率奇低的封建社会里，在一个因循守旧的官僚体制中，他锲而不舍地调查了数年，立竿见影，收到实效，到底将缴赋纳税的大明王朝家底，摸得清清楚楚，实在是亘古未有的壮举。

《广阳杂记》载："蔡岷瞻曰，'治天下必用申韩，守天下必用黄老，明则一帝，高皇帝是也，明只一相，张居正是也。'"可见世人对其评价之高。这项大清查运动，始终是史书肯定的大手笔。我一直想，张居正不死得那么早，再给他十年、二十年，将其改革进行到底，而且，万历帝未长到三十岁前，他还得辅政，这是太后的懿旨。或许中国将和欧洲老牌帝国如西班牙，如葡萄牙，如英吉利，在14世纪进入第一次工业革命时期，也未可知。

我们从凌濛初的初刻、二刻《拍案惊奇》，就会发现其描写对象，已从传统的农耕社会，转移到城市，市井阶层和商人成为主角。这说明世界在变的同时，中国也在变，萌芽状态的资本主义商品经济，已经形成。然而，张居正的改革失败，错过了一次历史的转型期。

想到这里，不禁为张居正一叹，也为中国的命运一叹！

张居正一直清查到万历八年（1580），才得到了勘实的结果：天下田数为七百零一万三千九百七十六顷，比弘治十五年（1502）增加纳税田亩近三百万顷。这数字实在太惊人了，约计为二亿八千万亩的田地，竟成了地主豪强、王公贵族所强占隐漏，而逃避赋役的黑洞。经过这一次彻底清查，"小民税存而产去，大户有田而无粮"的现象得以基本改变，整个国家的收入，陡增几近一点五倍。

改革是一柄双刃剑，成功的同时，张居正开罪的特权阶层，触犯的既得利益集团，统统成了他不共戴天的对立面。所以，他死后垮台，墙倒众人推，落井下石，如同雪崩式的不可收拾，这大概也是所有改革家都得付出的代价。

因为封建社会的统治架构，犹如积木金字塔。塔尖坐着皇帝，下面则是层层叠叠支撑起来，保持相对稳定的各级官僚机构。任何触动，就有可能打乱这座塔的上下牵系、左右制约的平衡。所以，即使是不伤筋动骨的小改小革，也会受到求稳惧变的体制维护者的抵制。他们宁可这座金字塔哗啦啦地一个早晨垮塌，也不肯在垮台之前，进行最起码的修整和巩固。

在中国，流血的激烈革命，要比不流血的温和改良，更容易获得成功，就在于这些因循守旧、冥顽不化，拒新抗变，抵制改革的既得利益者，联起手来扼杀改良运动，简直小菜一碟。而一旦革命者磨刀霍霍而来，老爷们比猪羊还会驯服得多地伸出脖子挨宰。外国也如此，当巴士底监狱大门轰然打开以后，那些贵族、骑士、名媛、命妇，不排着队向广场的断头台走去吗？

张居正推行的"一条鞭法"，从《明实录》的太仓存银数，可以清楚地看出改革成果：

年	月	数量
隆庆六年（1572）	六月	2525616 两
	十月	2833850 两
	十一月	4385875 两
万历三年（1575）	四月	4813600 两
	六月	5043000 两
万历五年（1577）	四月	4984160 两

（据樊树志《万历传》）

上列表格雄辩地证明，改革是时代发展的必然，是统治集团自我完善的必然，推行改革势必要带来社会进步。但历史上很多志士仁人，还是要为其改革的努力付出代价。往远看，秦国孝公变法，国家强大了，商鞅却遭到被车裂的命运；往近看，清末百日维新，唤起民众觉醒的同时，谭嗣同的脑袋，掉在了北京的菜市口。

幸运的张居正，他是死后才受到清算的，他活着，却是谁也扳不倒的超级强人，强到万历也要望其颜色。有一次，他给这位皇帝上课，万历念错了一个字音，读"勃"如"背"，他大声吼责："当读'勃'！"吓得皇帝面如土色，旁边侍候的臣属也大吃一惊，心想，张阁老，即使训斥儿子也不该如此声严色厉呀！所以，他活着一天，威风一天，加之年青皇帝不得不依赖和不敢不支持的情况之下，满朝文武，都得听他的，谁敢说声不。

我在想，树敌太多的张居正，以其智慧，以其识见，以其在嘉靖、隆庆年间供职翰林院，冷眼旁观朝野倾轧的无情现实，以其勾结大珰冯保将其前任高拱赶出内阁的卑劣行径，会对眼前身边的危机了然无知？会不感到实际上被排斥的孤独？后来，我读袁小修的文章，这位张居正的同乡，有一段说法，使我释疑解惑了。"江陵少时，留心禅学，见《华严经》，不惜头目脑髓以为世界众生，乃是大菩萨行。故其立朝，于称讥毁誉，俱所不计，一切福国利民之事，挺然为之。"（《袁小修日记》卷五）

看来，那些被强制纳税的地主豪强，被整肃得战战兢兢的各级官员，被旁置被冷落对他侧目而视的同僚，被他收拾得死去活来的反对派，都以仇恨的眼光在一旁盯着他。这其中，尤其那早先的小学生，现在已是初中生或高中生的朱翊钧，一天天积累起来的逆反心理，这位政治家是感受到的，对其处境像明镜似的清楚。要不然，他不会提出致仕的想法，但太后有话，万历不到三十岁，不令其亲政，这位恋权的政治家，实际上也不想真的罢手，于是，视事如旧。

袁中道散文写得漂亮，炼字如金，一个"挺"字，便将其独立特行、四面受敌的处境形容出来。于是，这位骑在虎背上的改革家，显然，下来是死，不下来也是死，他只有继续"挺"下去的一条路好走。我想他那时肯定有一种理念在支撑着，他估计不至于马上与死神见面，只要不死，他就继续当首辅。只要在这个座位上，一切都可以从长计议。

唉！这也是许多强人，在兴头上，不懂得什么叫留有余地，什么叫激流勇退的悲剧。他忘了，你强大，你厉害，你了不起，你无法改变上帝。这位活得太忐忑，太吃力，太提心吊胆，太心神不宁的改革家，终于迈不过去万历十年（1582）这个门槛，二月，病发，六月，去世，享年57岁。

万历十年六月，寿终正寝，备极哀荣，十月，追劾者起，反攻倒算；十一年三月，尸骨未寒，夺其官阶；十二年四月，抔土未干，又籍其家。最为惨毒的，因为抄不出万历所想象的那么多金银财宝，令围江陵祖居，挖地三尺，株连勒索，刑讯逼供，家人有饿死的，有上吊的，剩下的也都永成烟瘴地面，充军发配。

张居正这个家破人亡的最后结果，并不比商鞅或者谭嗣同更好一些。

在这场清算运动中，最起劲的，最积极的，最没完没了的，恰恰是信任或是听任他进行改革，并坐享其改革成果的万历。而最莫名其妙的是，清算张居正的同时，矫枉过正，将初见成效的改革大计，也否定了。

这个老谋深算的政治家，竟没有估计到，你过去钤制他的压力愈大，他后来反弹你的抗力也愈高。一旦得手，不狠狠地往死里收拾你才怪!《实录》说张"威权震主，祸荫骖乘"；海瑞说张"居正工于谋国，拙于谋身"，都有为他惋惜之意，认为他这样具有高智商的政治家，应该懂得最起码的机变韬晦之道。人走茶凉，当是不可避免，但死无葬身之地，险几抛尸弃骨，就得怪张居正太相信自己的强，而太藐视别人的弱。

强人会弱，弱人会强，这也是大多数强人得意时常常失算的一点。就看万历对于张居正的清算到挖地三尺的狠毒，生生饿死张家老小的残忍，便知道张居正这个极其自信，也极其自恋的政治家，未必不明了骑上这只老虎，凶多吉少，上去是死，下来也是死，但他估计应该不至于死得那么难看。可张居正的全部不幸，是碰上了不成器的万历，这个精神卞急，性格偏执，缺乏自律能力，心理素质不算健全的青年人，做好事，未必能做好，做坏事，却绝对能做坏。诸葛亮比他幸运，虽然阿斗同样不成器，但后主闇懦，始终不敢对相父说不。张居正辅佐的朱翊钧，却是一个翻脸不认账的小人。你在，我怕你，你不在了，我还用怕你? 再说，冯保给外放了，太后也交权了。一拍御案，统统都是张居正的错，又能奈我何?

据谈迁的《枣林杂俎》中《炯鉴·柄相末路》中所收录的"万历十二年故太师张居正子礼部主事敬修自缢。遗词"看，在万历眼中，他的老师，他的首辅，为相十数年，没有数百万两积攒下来的家产，是说不过去的。所以他定下这个指标性的数字，让去办案的人员克期完成这个搜括任务。可张居正不是严嵩，虽然也非清廉之官，但也不是明目张胆的贪贿之吏。因为他志不在此，作为一个改革家，他只想到国家的富，却不及考虑自家的富，因而，那个承办此案的丘侍郎橓，也极不是一个东西，不达数百万的指标，不肯罢手，抄了北京的家，又抄湖北的家，"悬赃酷拷，贻楚患数年"。

张敬修在《遗词》中说："四月二十一日闻报，二十二日即移居空宅，男女惊骇之状不忍言。至五月初三日丘侍郎至府，初四日即差官提张敬修面审。其中细微曲折之情，不及多言，但其大注意在屈坐先公以二百万家赀，又要我扳承天、夷陵、本县三家，要坐曾确庵家寄银十五万两，坐王少方家寄银十万两，坐傅大川家寄银五万两。他云依说便罢，如不依，则当奉天命事。其间恐吓人之语，令人胆破魂飞。嗟嗟，此三家者，皆怨仇祸患与张六同之，以数十万为寄，何其愚哉？或当事者处心蓄谋已定，区区何能分解？而威势所逼，只得欺天枉人从之。夫数十万银，吾意三家纵滥，亦何能有如此之积？天上飞来之祸，何爱片言之重？只得从口事之意。盖料三家断不能完结此事，吾日后如何见之？区区微衷不能自白，恐后世以敬修为何如人品？……独空坐二百万，又欲屈坐曾、王、傅三家三十万，欺天枉人。不得已旗言片楮，没齿以代剖心。至十三日务钦差上司会审，叔侄俱严刑拷讯，逼勒扳扯他人，亡虑数十家。扳而合诸葛亮公意，即首肯之；不合其意者，则另开来。合则从，不合则夹打，令人魂习无生气。嗟嗟！"

谈迁说"方其秉国之钧，百吏震竦，气势回山岳。一朝失据，步入西市，诸子为囚，富贵安在哉！今贵溪、江陵之论定矣，功九而罪一"。然而朱翊钧这个绝对的小人，却坐在后宫，等着丘侍郎橚将张居正家抄没的数百万两白银，押解回来咧！鲁迅与曹聚仁的通信中，感慨过："古人告诉我们唐如何盛，明如何佳，其实唐室大有胡气，明则无赖儿郎。"清代赵翼在《廿二史札记》中，也论述过："盖明祖一人，圣贤豪杰盗贼之性，实兼而有之者也。"这就是说，"圣贤豪杰"与无耻、无赖、无所不用其极的"盗贼之性"，同在一个人的身上，是可能的。

我怀疑明代诸帝的这种无赖基因，是不是从开国皇帝朱元璋承袭下来的？一上台还透着几分英明，几分正确，但都坚持不多时日，便一百八十度地走向倒行逆施的反面。这个埋葬在定陵里的据说腿有点短的家伙，也逃脱不掉明代皇帝的通病。

你活着的时候，他忌惮你，一口一声"张老先生"，循规蹈矩，知书识理，你以为替大明王朝，辅佐出一位中兴之主。事实不然，你一旦闭上眼睛，你树了无数的敌，就要跟你算账，其中最可怕者，恰恰是昨天的有为青年，今天的无赖帝王。

无赖行径，成为一个统治者的主流，治国就是一场胡作非为的游戏。

张居正死的当年，朱翊钧自毁长城，将蓟镇总兵官戚继光调往广东。张居正死的次年，努尔哈赤统一女真各部，崛起关外。这绝不是偶然的巧合，而是清兴明衰的前奏曲。一个政权，旺盛是需要水滴石穿的努力，衰败却常常是转瞬间事。特别是他搞掉张居正后的数十年间，疯狂搜括，拼命聚敛，以致民乱迭起，蔓延全国，成不可收拾之势。

明亡祸根，缘起多端，但总结起来，无非：一、内乱；二、外患。这一切，都始自于朱翊钧这个无赖。历史是无法假设的，若以前表所显示的国家财政收入进展态势，如果张居正的改革，不因其死而止，不因万历的感情用事而废，不因继其任者避事趋时而停顿，萧规曹随，坚持改革，明王朝的气数，不至于那么快就完蛋的。

　　因为中国为农业大国，农业为国之命脉，起着举足轻重的作用。但农业的生产周期短，以年计，只要有休养生息、恤民安农的政策，有风调雨顺、五谷丰登的年景，用不了数年工夫，国家就会富足起来。更可贵的，是中国人所具有的耐受精神，乃汉民族绵亘五千年的最大支撑力。哪怕命悬一丝，稍有纾解，立能生聚出复兴的活力。也只不过经张居正十年努力，太仓存帑积至四百万两，国库之充盈，国力之雄厚，为明历朝之最。《明史》说："神宗冲龄践祚，江陵秉政，综核名实，国势几于富强。"这当然是张居正的改革奇迹，也是中国人一旦有了正确指引，民族精神就必能焕发的结果。

　　据陈登原《国史旧闻》，载林潞（此人约与方苞同时）的《江陵救时之相论》竭力赞许这位改革家："江陵官翰苑日，即已志在公辅，户口阨塞，山川形势，人民强弱，一一条列，一旦柄国，辅十龄天子，措意边防，绸缪牖户。故能奠安中夏，垂及十年，至江陵殁，盖犹享其余威，以固吾圉者，又十年也。"

　　从太仓银库岁入银两统计，也确实证实，即使在其死后，张居正的改革，还让朱翊钧当了多年太平天子：

张居正生前	太仓存银数
万历元年（1573）	2819153
万历五年（1577）	4359400
万历六年（1578）	2559800
万历八年（1580）	2845483
万历九年（1581）	3704281
张居正死后	太仓存银数
万历十一年（1583）	3720000
万历十三年（1585）	3700000
万历十四年（1586）	3890000
万历十八年（1590）	3270000
万历二十年（1592）	4512000

（据樊树志《万历传》）

据黄仁宇《十六世纪明代中国之财政税收》一书，公元1620年朱翊钧驾崩时，紫禁城中的太仓仍存有白银700万两。《明史》记载："（万历）四十八年七月，神宗崩。丁酉，太子遵遗诏发帑金百万犒边。尽罢天下矿税，起建言得罪诸臣。己亥，再发帑金百万充边赏。"从这些万历驾崩后花钱的大手笔看，应该看到张居正的改革，确实给朱明王朝带来很大的财政收益。这笔由张居正积攒下来的大批库银，一直到崇祯朝还没有花完。据说，李自成攻进北京城后，在国库里发现了大量的白花花纹银，而且还是高纯度的白银，以至李岩不禁感叹之至。李自成所以成为闯王，就是在于农民受不了官府的苛捐杂税，才在"迎闯王，不纳粮"的旗号下，成为揭竿而起的"叛乱分子"。李岩弄不明白，你崇祯皇帝扣着祖宗留下的这许多银子，为什么不拿出来救灾赈济发饷支边呢？

朱翊钧统治的48年间，张居正辅佐的前10年，有声有色。此后的38年，这位皇帝渐渐与其祖父嘉靖一样颓唐庸惰，无所作为，"因循牵制，晏处深宫，纲纪废弛，君臣否隔"，"以至人主蓄疑，贤奸杂用，溃败决裂，不可振救"。每况愈下，直到不可救药。（《明史》）

神宗以后，败亡加剧：光宗在位一年，色痨而亡；熹宗在位七年，政由魏、客；思宗在位17年，换五十相。明末的这些不成材的皇帝，不亡何待？所以，万历死后第25年，大明王朝也就国将不国了。他的孙子朱由检，外受逼于努尔哈赤后代的大军压境，内受逼于李自成的农民起义军的兵临城下，最后只好到煤山顶上上吊而亡。那棵锯断的歪脖树，见证了朱明王朝的终结。

所以，《明史》对这位昏君，有一句精彩的结论："明亡实亡于神宗，岂不谅欤！"其实，明代的亡国之兆，张居正一死，就出现了。

张居正是中国历史上少有的政治强人，因为事实上只有他孤家寡人一个，以君临天下的态势，没有同志，没有智囊，没有襄助，没有可依赖的班子，没有可使用的人马，甚至没有一个得心应手的秘书，只用了短短十年工夫，把整个中国捣腾一个够，实现了他所厘定的改革宏图。这种孜孜不息，挺然为之，披荆斩棘，杀出一条生路来的精神，是非常值得后人钦敬的。

但是，封建社会已经到了百足之虫死而不僵的没落晚期，不论什么样的改革和改良，都不可能取得成功，腐朽的制度如下坠的物体，只能加速度地滑落，而非人力所能逆转，这也是旧中国徒劳的改良主义者，最后逃脱不了失败的根本原因。

不过，就张居正的改革而言，其杰出的历史地位，是不言而喻的。但肯定的同时，他的骄奢淫欲，恣情声色，刻薄寡恩，跋扈操切，也是后来人对其持保留看法的地方。清《四库总目》收其《张太岳集》，提要评论他曰："神宗之初，居正独掌国柄，后人毁誉不一。迄无定评。要其振作有为之功，与其威福自擅之罪，两俱不能相掩。"

对这样一位复杂的历史人物，这样一位生前享尽荣华，死后惨遭清算的改革者，个人的是和非，还可以千古议论下去。张居正在历史上给我们的启示，便是这种对于改革的认知，便是他的永远的价值。

从张居正的实践中，我们知道，中国需要改革，如大旱之望云霓，中国可以改革，如春风之德草。旧时的中国是这样，新兴的中国更是这样。

改革，中国的希望，这就是结论。

张居正返乡

公元 1578 年（万历六年）4 月首辅张居正离京，回湖北江陵老家。这一次奉旨还乡，是为他一年前逝世的父亲办理丧事；谁都有死老子的可能，但死了老子，竟劳动皇帝操心，是绝无可能的。冲这一条，张大人此行，可谓极其风光体面，极其耀武扬威。据黄仁宇的《万历十五年》，为公车开道的，除了肃静回避的仪仗队，"随从的侍卫中，引人注目的是一队鸟铳手，乃是总兵戚继光所委派，而鸟铳在当日尚属时髦的火器"。动用新式武器保镖，可比时下警车开道，威风得不知多少倍，我估计，张大人此行，不会出现堵车塞车，不会出现车匪路霸，不会出现"官二代""富二代"疯狂飙车，不会出现交警、路政部门变相收费，一路绿灯，是可以肯定的。

最叹为观止者，是他此行的座驾，称得上中国历史上空前绝后的公车。黄仁宇对这台特制的巨无霸，有过一段不失幽默的描写。"张居正这一次的旅行，排场之浩大，气势之烜赫，当然都在锦衣卫人员的耳目之中，但锦衣卫的主管者是冯保，他必然会合乎分寸地呈报于御前。直到后来，人们才知道元辅的座轿要三十二个轿夫扛抬。内分卧室和客室，还有小僮两名在内伺候。"明代沈德符的《万历野获编》，也不得不感叹这台巨无霸之壮观："又造步辇如斋阁，可以贮童奴，设屏榻者。"坐在这台明朝的"劳斯莱斯"或"宾利"级别的高级轿车里，身份有了，气派有了，权威有了，牛气冲天自是更不必说的了。

明、清以来，官员的交通工具为轿，二人抬者曰"肩舆"，四人抬者曰"软轿"，通常所谓的"八抬大轿"，乘坐者的级别，应该相当于当下乘坐3.0以上奥迪A6的官员。尤其明朝，对公车使用有极其明确的限制，在《明史·舆服志一》里，我们看到"弘治七年令，文武官例应乘轿者，以四人舁之。违例乘轿及擅用八人者，奏闻"。依此制度，张居正的车肯定超标。不过，作为内阁首辅兼皇帝老师，他有资格不在乎，加之奉旨回乡料理父丧，他有本钱搞特权。更何况锦衣卫主管，相当于克格勃首脑的冯保，跟他非常之铁，自然隐恶扬善。所以，由京城出发，在真定（今河北正定）换乘这台由知府特为他供奉的既舒适、又宽敞的巨无霸，一路往南，经一千多里的行程，到达湖北江陵。全城人都拥到关厢，欢迎衣锦荣归的首辅，无不希图一睹风采。然而坐在轿中的张居正，影影绰绰，老百姓是看不到真容的。不过这台巨无霸座驾，着实让他的家乡人开了眼。

普通的八抬大轿，总重200至300公斤，每个轿夫承重40公斤左右；依此制度，张居正的座驾，至少要有1吨至1吨半的自重，否则不可能分卧室和客室，不可能载有两位服务生，不可能载有必不可少的厨卫设备。在中国，座驾从来是官员身份的标志。过去，轿越大者官衔越高；如今，车越好者级别越高。从老北京胡同的宽和窄，也可判断其中住户富贵和贫穷，权势和卑贱的程度，凡有王府、官邸，俗谓大宅门者，胡同不得狭于一丈（约两米），就是为了方便前四后四的八抬大轿进出。京城有民谚云："东城富，西城贵，南城贫，北城穷"，因此，东、西城胡同多半宽敞，南、北城胡同大都狭窄，都因轿的出入而形成的。

张首辅的前八后八、左八右八的三十二抬巨无霸，所以由真定起驾，也是有其道理的，第一，在北京城里，怕有的路段未必转悠得开；第二，京城人多嘴杂，张居正不想招摇过市。但是，明朝中后期，政治腐败，举国贪渎成罗；官吏无能，唯知横征暴敛。因此首辅此行所经河北、河南两省驿道，全程是否都能保持四米宽度，是大有疑问的。后来，有一位名叫杨四知的御史，在参劾张居正的奏折里，说他"归丧沿途，五步凿一井，十步盖一庐"。自然是落井下石的夸大之词，但地方官员为了这台巨无霸顺利通行，增派民夫，拓展路面，动用工匠，加宽桥梁，以讨好元辅，自然是少不了的。

据黄仁宇文："他从阳历四月中旬离京，七月中旬返京，时间长达三个月。即使在离京期间，他仍然处理重要政务。因为凡属重要文件，皇帝还要特派飞骑传送到离京一千里的江陵张宅请张先生区处。"我想，张居正乘用这样的座骑，也有其公务在身，随时需要替年轻主子料理国家大事的理由。唯其如此，这台巨无霸座驾，"行经各地，不仅地方官一律郊迎，而且当地的藩王，也打破传统出府迎送，和元辅张先生行宾主之礼"《玉台丛语》甚至说："居正奉旨归丧，所经由藩、县、守、巡，迓而跪者十之五六。"

因为公车是一张行走着的名片，官有多高，权有多大，车也就有多好，这大概也是当代大多数官员对座驾十分在意、十分在乎的原因。张居正是个强人，强人的缺点，在得意时常常想不到不得意时，坦然接受沿途官员跪迎跪送，以为坐在这台巨无霸里，为皇帝办事就等于是皇帝了。《万历野获编》里如此说过："江陵以天下为己任，客有谀其相业者，辄曰我非相，乃摄也。"这个"摄"字，对他来讲，倒也是事实。但从他自己嘴里说出来，就有点狂妄了。沈德符接着说："'摄'字于江陵固非谬，但千古唯姬旦、新莽二人，今可三之乎？庚辰之春，决意求归，然疏语不曰'乞休'，而曰'拜手稽首归政'，则上固俨然成王矣。"清代纪昀在《四库全书题要》中，说他"振作有为之功，与威福自擅之罪，俱不能相掩"，也是这个意思。强人再强，不可能永远如日中天，公车再棒，总会有坐不动的时刻，从江陵料理父丧回京的第五年，公元1582年，张居正病逝，享年57岁。在皇帝的授意下，一场反攻倒算，差一点点就要将他从坟墓里挖出焚尸扬灰。

他肯定没有预料到万历皇帝的秋后算账，来得这么快、这么狠，《万历野获编》为明人撰，应该可信其真实。"今上（即万历）癸未甲申间，籍故相张江陵，其贻害楚中亦如之。江陵长子敬修，为礼部郎中者，不胜拷掠，自经死。其妇女自赵太夫人而下，始出宅门时，监搜者至，揣及亵衣脐腹以下，如金人靖康间搜宫掖事。其婴稚皆扃钥之，悉见啖于饥犬，太惨毒矣。"

那台巨无霸自是张居正许多罪状中的一条。

要知道，皇帝未必不小人，而且说不定系非常之小人。

在《万历野获编》卷九里，有一则《貂帽腰舆》的记载，我们看到因座驾之张狂躐等而倒霉的，不光张居正一人。"嘉靖中叶，西苑撰元诸老，奉旨得内府乘马，已为殊恩。独翟石门、夏桂洲二公，自制腰舆，舁以出入。上大不怿，其后翟至削籍，夏用极刑，则此事亦掇祸之一端也。"

读到这里，我想那些坐公车的官员，会不会为此而慎之戒之呢！

作为首辅，执政近15年，张居正确实做出了政绩，为世公认。《明史》称他："通识时变，勇于任事。神宗初政，起衰振隳，不可谓非干济才。"然而，他的人格、品德、作风、政声，也有很多为人所不齿的地方。与他同科进士的大文人王世贞，就对他很不以为然。在文章里曾嘲笑过，一位当朝宰相，竟然下作到把"晚生"的帖子，递过去以取悦于太监冯保，虽偶一为之，也颇令人作呕。无非是因为这个太监能左右太后和皇帝，他不得不依靠他，不得不拍他马屁，即使如此，也不必卑躬屈膝啊！但从这里看到，张居正不但善吃，同时也善溜舔，舌头的功能，在他这里，也算得到超常发挥了。

明代焦竑的《玉堂丛语》说他奉旨归葬，从北京出发到湖北江陵，一路上作威作福的排场，真是令人叹为观止。仅他乘坐的轿子，就得用三十二个轿夫来抬。轿上不仅有正厅，还有虎屋，还有侍候他的童子两旁站立、茶水侍候。估计那轿子当不小于现在的"考斯特"。最可怕的是一路经过的州县衙门还要为如何应付他那口味尖刻的舌头而伤透脑筋。

"始所过州邑邮，牙盘上食，水陆过百品，居正犹以为无下箸处。而钱普无锡人，独能为吴馔，居正甘之，曰：'吾至此仅得一饱耳。'此语闻，于是吴中之善为庖者，召募殆尽，皆得善价而归。"一百道菜上来，张居正眉头紧皱，举筷踌躇，简直没有他可吃的，其口味之高，其舌头之刁，其嘴巴之难侍候，可想而知。要是从明·沈德符《万历野获编》的一则记载看，这一家人的味觉神经，也够登峰造极的了。

> 江陵归葬公还朝，即奉上命，遣使迎其母入京。比至潞河，舁至通州，距京已近，时日午，秋暑尚炽，州守名张纶具绿豆粥以进，但设瓜蔬笋蕨，而不列他味，其臧获辈（家奴厮役之类）则饫以牲牢（肯定五星级待遇），盖张（这个马屁精）逆知太夫人途中日享甘肥，必已属厌，反以凉糜为供，且解暑渴。太夫人果大喜，至邸中谓相公曰："一路烦热，至通州一憩，始游清凉国。"次日，纶即拜户部员外郎，管仓、管粮储诸美差。

张居正的舌头一动，解决了一批无锡厨师的就业问题；老太太的舌头一动，使得通州运河边上小小七品县官，一步登天，擢升到中央政府工作，这就属于舌头的第二功能了。但最后，想不到这位既位高权重、不可一世，又卑污轻贱、曲节事人；既治国有方、政声蜚扬，又为官腐败、贪克残酷；既轰轰烈烈、位极人臣，又碧落黄泉、惨遭灭门的张居正，他的成功，由舌而起，他的失败，也与舌有关。明代沈德符的《万历野获编·江陵始终宦官》说："江陵之得国也，以大珰冯保力……而最后被弹，以致籍没，亦以属司礼张诚，岂所谓君以此始必以此终乎！"当年，张居正舌头一动，断送了高拱，拉拢了冯保。现在，一个更得宠的太监，在万历帝身边，张诚舌头一动，把罪状一条条呈给皇帝耳边。而那个高拱，别看败在他手，临死之前，趁舌头还能动，又搞了一份《病榻遗言》告上去，历数张、冯的罪恶，火上加油，促使万历帝下了决心，在张居正死了两年以后，将他抄家夺爵，总算留一点面子，没有戮尸。

这一切的是是非非，无一不是舌头在兴风作浪，想到这里，真有一点不寒而栗呢！但王世贞先生也不是什么好样的。在张江陵如日中天的时候，曾经起劲儿地去巴结过他，甚至洋洋洒洒，写过吹捧他双亲的祝寿文章，想讨他的好，希望得他引荐，跻身朝廷，求得朱紫。奈何张居正认为，阁下文章好却未必适宜做官，还是当你的文人算了。也许由于王世贞的欲望未能满足，现在，你死了，你倒台了，我反过来敲打两句以泄愤，也是情理之常。所以说，文人的舌头，通常是靠不大住的，一会儿向这边拐，一会儿向那边拐，那是司空见惯的事情。

汤显祖与莎士比亚

2014 年的 4 月是英国文豪威廉 · 莎士比亚的诞辰 450 周年。

说来巧合的是，这位大戏剧家的生辰和忌日都为 4 月 23 日，竟是前后发生在同一天的事情。这种巧合未免蹊跷。据说，莎学权威对此颇持异议。然而，在这个世界上，有许多稀奇古怪的现象，既是不可解释的，也是不可理喻地存在着。所以，即便如此，又有何妨？但接踵而来更为蹊跷的是：就在莎士比亚逝世的这一年，公元 1616 年，相隔万里，在遥远的东方，时为大明王朝的万历四十四年，中国最伟大的戏剧家汤显祖，也在他的家乡，江西临川，离开了人世。东西方这两位戏剧大师，实际上是毫不搭界的，但他们却难得巧合地同在公元 1616 年逝世。

莎士比亚，生于公元 1564 年，死于 1616 年的 4 月，享年 52 岁；汤显祖，生于公元 1550 年，死于 1616 年的 6 月，享年 66 岁。

公元 1616 年为明朝的万历四十四年，那时候的中国人，小日子过得相当滋润，虽然大环境不怎么样。《明史》称，明亡于神宗。朱氏王朝从此一直走下坡路，到崇祯吊死煤山而灭亡。但普通百姓只管小日子，不管大环境，有一口饭吃，有一张床睡，不兵荒马乱，不妻离子散，就谢天谢地了。因此，17世纪的中国，从上到下自我闭关，自我禁足，自然也就处于一种自我陶醉的状态下。第一，不可能知道世界之大。第二，也不想知道这世界在发生什么变化。因此，当然不知道有个英伦三岛，有个莎士比亚。

汤显祖若是了解他的这位外国同道，如何为英镑奋斗而其乐无穷，也许会选择另外一种生活方式，不活得那么累，也不活得那么苦、那么穷了。

莎士比亚之所以比汤显祖幸运，是因为他不是书香门第出身，不存在光宗耀祖的想法，这一点实在太重要了。这个手套匠的儿子，离开家乡斯特拉特福，来到伦敦谋生的时候，心态比较从容，要求也不太高。第一，没有功名的负担。第二，没有当官的念头。第三，更没有汤显祖那忧国忧民的情怀。第四，尤其没有汤显祖修身齐家治国平天下的远大理想。莎士比亚只是想挣钱，恰巧17世纪初的伦敦，赶上了资本主义的上升期，已经是贸易发达、商业繁荣的大城市，泰晤士河口停泊着来自世界各地的商船，经济的富足，催动了娱乐文化事业的发展。他起初在剧团搭布景、跑龙套，一个偶然的机会，人们发现他的编剧才能胜过了他的演技，遂让他以鹅毛笔为生，源源不断地供给剧团以剧本。他也从此财源滚滚地成为剧团的股东，成为剧场的老板。当他再度回到斯特拉特福，已是衣锦还乡的体面乡绅，很受尊敬的地方显贵，门楣终于镶上他梦寐以求的贵族徽记。他还向当地的圣三一教堂捐了一笔钱，不但活着的时候教堂里有他的专用祈祷座席，死后还可以很有面子地埋葬在这里。

直到今天，莎翁故居和他的埋葬地，仍是去英国旅游者必看的景点。

汤显祖相比之下，就有点惭愧了。我们知道他是江西临川人，但那里已经找不到什么可供凭吊的大师遗迹了，或许曾经有过一些，也早湮没无闻。他这一辈子，按《明史》的说法，只有四个字："蹭蹬穷老。"虽然有点刻薄，但也是这位从未发达起来的文人的真实写照。从他朋友的记载中，说他处于竹篱园蔬、鸡苙豚栅之中，看来也是穷困潦倒的一种诗意写法。总之，他一生之不得意：第一，在于他自视甚高，"张居正欲其子及第，罗海内名士以张之。显祖谢弗往"，开罪了张居正，很晚才得以成进士。第二，在于他相当自负，在太常寺任礼部主事，上书万历，痛斥"陛下御天下二十年，前十年之政，张居正刚而多欲，以群私人，嚣然坏之；后十年之政，时行柔而多欲，靡然坏之，此圣政可惜也"。将皇帝与他的两任首辅，都给否了。万历帝不是唐太宗，哪吃得消臣下如此针砭，当然气得跳起来。第三，还在于他不甘落寞，"帝怒，谪徐闻典史，稍迁遂昌知县"。做了几年小县官，总是想回到京师，以图发展，谁知"二十六年上计京师，投劾归。又明年大计，主者议黜之，竟夺官"，从此"家居二十年"（《明史》）。

外国文人不存在这一说，当官，或者为"仕"，对莎士比亚而言，从来不是天经地义、必须如此的人生追求。他从到伦敦打工那天起，直到退休回乡，活了半百年纪，连个小组长也没当过。唯一的一次接近最高权力的机会，就是詹姆士一世加冕典礼时，他曾经穿上镶金边的侍从服装，戴上熊皮帽子，在他的王宫里站过一夜岗而已。因为他所在的剧团，已为国王所有，他不得不尽责当一回哨兵。可他并不因此对伊丽莎白女王，对詹姆士一世，存有什么赏个官职，赐个爵位，捞个差使，混个级别的额外要求。更不会为乌纱帽、八抬轿，肃静回避，鸣锣开道的官场生涯魂牵梦萦到茶饭不思的程度。而汤显祖，从他逝世前不久所作的一首《贫老叹》"一寿二曰富，常疑斯言否。末路始知难，速贫宁速朽"中也能看出他未达到完全彻底的清醒。

尤其令后人为之惋惜的是，他将他全部才智的精华之处，全部文彩的亮丽之点，几乎百分百地投入到诗的写作中了。

汤显祖的强项是戏曲，可他对此并不热衷，反倒嗜诗成瘾，几近病态。从 12 岁起，写他的第一首诗，一直到 66 岁死前一天，最后一首绝笔写完，才撒手西去。半个世纪间，共作诗 2200 多首，不可谓少，但没有一部文学史认为他是位出色的诗人，都以杰出的戏曲作家称之。后人对他的几部戏曲，无不赞美备至，对他的诗，则贬多于褒。所以，他这种按捺不住冲动地大量写诗，基本为无用功，旧体诗就是这样成为一个消耗中国文人智力的无底洞。可他一颗心吊在诗上，任其消耗着他的才智，浪费着他的才华，流失着他的才气，而且很有可能将本来应该为大块文章的整体创造委弃搁置，将本来应该为长篇巨著的完好构思拆整为零。如果，他把毕生用来写诗的力气，全部投放到戏曲创作上，恐怕就不仅仅只有《牡丹亭》等五部作品。那我们完全可以相信这位戏曲作家，会给中国文学史贡献更多的不朽之作。

这就是中国文人视戏曲杂剧为末技的"清高"了。

据清代张怡的《玉光剑气集》载，钱牧斋曰："万历中年，王（世贞）、李（攀龙）之学盛行，黄茆白苇，弥望皆是。文长（徐渭）、义仍（汤显祖），崭然有异。"在钱谦益这位大家眼里，这两位不随凡俗的功力，不依不傍的风格，在后七子以王、李为首的是古非今的文学运动中，是一股清新的空气。钱谦益是就他们的诗文而言，不包括这两位在戏剧创作上的巨大成就。因为在旧时中国文人眼里，戏曲也好，杂剧也好，不怎么被看重。以至于写出精彩戏剧的文人，也视之为末技，认为戏剧上不了台盘，不登大雅之堂。

徐渭在总结一生写作成就时，自我排序为："吾书第一，诗二，文三，画四。"根本未将他的杂剧创作当一回事。汤显祖曾说到他的《四声猿》"乃词坛飞将，辄为之演唱数通，安得生致文长，自拔其舌！"可见评价之高。同样，汤显祖这一辈子，戏剧只是他着力最少的部分。他1583年科举得中进士，已经34岁，1584年入仕，至1598年弃官，已经49岁。他的大部分精力全消耗在应付科举和官场生活上。而使他生前身后享有盛名的戏曲《牡丹亭》等不朽之作，则是他罢官居家以后业余创作罢了。在他全部写作生涯中，此公始终一往情深地以诗赋古文为主攻方向。

但历史跟他开了一个不大不小的玩笑，当下的中国人坐在北京东城南新仓的皇家粮库里，欣赏昆曲《牡丹亭》，然而，对于他的诗词歌赋，他的文学成就，基本是一问三不知的。

这位大师在他弃官遂昌的那年秋天，可能也是心有所思，情有所寄，可能也是诗兴不畅，百无聊赖，一稿即完成了他的杰作《牡丹亭》。惊人之笔，名震天下。而在夺官受黜的那年秋天，他的《邯郸记》脱稿。几年间，他的戏剧成就，达到了巅峰。《牡丹亭》问世时，那盛况空前的演出，达到了"京华满城说《惊梦》"的风靡程度，当不让喜剧《温莎的风流娘儿们》在少女巷的寰球剧场演出的成功。伦敦的观众记得，那个被捉弄的颠颠情人福斯托夫，出现的灯光下，整个舞台都被掌声震得晃动起来。而汤显祖《牡丹亭》剧中的杜丽娘，魂兮归来，风情万种地唱起"良辰美景奈何天"时，京都的观众也记得，有多少有情人为之垂泪，又有多少钟情女为之肠断。这两位戏剧大师们作品的艺术魅力，可谓不相伯仲。其实，当其时也，汤显祖绝对应该与莎士比亚一样，接着写他的戏剧。可是，他在笔端找到了自己的文学生命的新区，却不知珍惜。因为他志不在此，日思夜想，指望着朝廷有朝一日，能重新起用他，竟为此放弃了这个最能表现自己艺术天才的福地。这就是中国文人的致命伤了，"学而优则仕"的"仕"，是害了他一生的梦。

所以，汤显祖活了 66 岁，只有 5 部戏剧，除《牡丹亭》外，尚有《邯郸记》《南柯记》《紫箫记》和《紫钗记》。莎士比亚活了 52 岁，比他少活 14 年，一生却写出了 37 部戏剧，而且正如他的同时代人本·琼生所预言，莎士比亚"不属于一个时代，而是属于所有的世纪"那样，产生了全球范围的巨大影响。而与他同年而逝的汤显祖，虽然这种联袂西行的偶然，也许并无深意，但引发我们中国人思索的是，为什么在舞台这个特殊空间的创造性上，汤的完美，汤的才分，并不弱于与他同时代的西方同行，却不拥有与之相称的世界性的广泛声誉呢？

这就是东西方社会的文化差异，和中国文人传统价值观所造成的恶果了。

对活在封建社会中的中国文人而言，第一，"学而优则仕"的终身憧憬。第二，科举制度的极度诱惑。第三，官本位架构下的毕生追求，是压在头顶上的三座大山。然而奇怪的是，几乎所有的中国文人，很少有觉悟者能够想得开，能够豁出去，能够主动跳出这种压迫和摧残。差不多所有的"士"，都这样一条道走到黑，要挤进权力的盛宴中分一杯羹。这样你也就能理解，为什么中国只能有汤显祖，而不能有莎士比亚了。

有人统计过，汤显祖一生，从 14 岁补县诸生，到 21 岁中举，34 岁中进士，科举应试几乎花费 20 年，从南京任太常寺博士，到遂昌县任知县，数年后弃官归里，官场生活 15 年。在汤显祖心目中，戏剧，末技也，只是继诗、词、古文之后的消闲活动罢了。莎士比亚就截然不同了，写剧本，是他谋生之饭碗，所以呕心沥血，全力以赴；是他捞钱之正道，所以专心致志，绝无他想。因此，他获得成功，也是很自然的事情了。

文学的粉丝

唐代作家段成式在其《酉阳杂俎》卷八《黥》中，有一则记事，叙文学粉丝之崇拜作家，达到极绝程度，抄录于下：

> 荆州街子葛清，勇不肤挠，自颈已下遍刺白居易舍人诗。成式常与荆客陈至呼观之，令其自解，背上亦能暗记。反手指其劄处，至"不是此花偏爱菊"，则有一人持杯临菊丛。又"黄夹缬林寒有叶"，则指一树，树上挂缬，缬窠锁胜绝细。凡刻三十余处，首体无完肤，陈至呼为"白舍人行诗图"也。

段成式（803—863），字柯古，行十六，山东临淄邹平人，是一位了不起的志异体文学大家。他的这部《酉阳杂俎》，为志异体文学前无古人、后无来者的巅峰之作。只可惜"五四"新文化运动以后，提倡"德先生"和"赛先生"，而这部作品神神道道，妖魔鬼怪，奇异骇绝，天昏地暗，既背科学，又欠文明，遂被排斥，一直冷藏至今，至堪惋惜。段成式与温庭筠、李商隐齐名，因为他们都排行十六之故，世称"三十六"。段成式之父为唐代宪宗朝的宰相段文昌。其父外放荆州时，他曾随父在那个城市生活过两年（830—831），这则记事，当系他亲身经历。

唐代大诗人白居易（772—846），这时已是德高望重、名闻天下的大诗人了。在中国文学史上，一位作家，一位诗人，能在全国范围内产生如此大的影响，还没有谁能超过白居易。我很纳闷，唐代一没有作协，二没有诗刊，三没有朗诵会、演唱会，四没有纸媒的、网络的、电台或电视的媒体鼓吹，五没有排行榜、名家榜、成就榜、畅销榜。然而，白居易的诗，竟弄得连政事缠身的将相王侯，深居九重的嫔妃宫娥，穷乡僻壤的老妪童稚，三瓦两舍的市井小人，都为他的诗声文名而倾倒。一诗既出，国人尽知。这其中，有一位现在叫作粉丝的崇拜者，甚至不惜躯肤，浑身黥满这位白舍人的名篇佳制。"黥"，即文身，又称刺青。《水浒传》里那位九纹龙史进，就在他前胸后背胳膊手腕一共文上九条龙的各式造型。但湖北荆州这位崇拜者，他太崇拜白居易了，说他是铁杆粉丝，似乎还嫌不够劲儿，说他是钻石粉丝，也不为过分。因为他不光文上白居易的多首诗，还文上以诗意绘出的图画，更了不起的地方在于，他是真崇拜，不是做样子，不但胸前目光所及的地方，就连后背两眼看不到的地方，你说哪句哪图，他都能一点即是，不出差讹。即此一端，可知白居易的这位钻石粉丝，其崇拜之铁，其膺服之真，其虔信之深，其尊崇之诚，在这个地球上，恐怕也是绝响。

从 20 世纪 30 年代开始，到 21 世纪的 2015 年，大作家、中作家、小作家，加在一起，活着的，死去的，不死不活的，统统在内，我敢保证，即使那些曾经洛阳纸贵过的，轰动一时过的，海外反响过的，大红大紫过的，其读者的拥趸度，其粉丝的追从度，没有一位能够达到白居易的水平。甚至老先生驾鹤西行，葬在洛阳龙门，他的粉丝们，他的崇拜者，去他墓园祭奠，总忘不了诗人之嗜杯好饮，少不了拎瓶酒去。据说，酹给诗人的酒太多，以致整个墓园泥泞不堪，行走维艰，这遍地酒浆，醪香四溢的场面，怎不叫人心醉？

所以，我很奇怪，这些读者是从什么渠道，是用什么办法，如此普遍地读到白香山的诗，而喜爱有加的？那时，一无书店，二无出版社，三无印刷厂，甚至都没有造纸厂，虽然，小规模制作纸张，小范围的刻板印刷，是出现了的。女诗人薛涛就造过纸，段成式在四川时期，也如法炮制过，但那是很贵族的行为，凡人是玩不起的。直到北宋庆历年间（1041—1048），白居易死后约二百年，才有一个名叫毕昇的技工发明出来活字印刷术。在此以前，雕版印刷书籍，首先数量有限，其次价值昂贵，囊中羞涩者哪敢问津。尽管如此，唐朝的白居易，还是成为当时中国最受欢迎、最有读者、最具影响、最拥有知名度的诗人。因此，没有现代传播手段的唐代社会，他的诗歌传播速度之快，影响范围之大，群众反应之广，舆论呼应之热，简直不可思议。那时的读书人，要是手里不拿着两册白居易的书，要是嘴里念不出白居易的诗，就是缺乏格调，赶不上时代的落伍者了。

白居易，生于唐代宗大历七年（772），终于唐武宗会昌六年（846），活了74岁。经历代宗、德宗、顺宗、宪宗、穆宗、敬宗、文宗、武宗八朝。无论当时，还是后世，谈及这位诗人，离不开以下三点：一、他在诗坛领袖群伦，推动潮流的地位。二、他在朝野引起轰动，遐迩知名的程度。三、作为诗人，他在当时中国人之大多数心目中的无与伦比的尊崇，非同凡响的声望。他的粉丝，可以说是举国上下，遍地皆是，大江南北，无处不在，这也许是最值得大书而特书的中国文学的"白居易现象"。

> 二十年间，禁省、观寺、邮候、墙壁之上无不书，王公、妾妇、牛童、马走之口无不道。缮写模勒，炫卖于市井中，或持之以交酒茗者，处处皆是。自长安抵江西三四千里，凡乡校、佛寺、通旅、行舟之中，往往有题仆诗者；士庶、僧徒、孀妇、处女之口，每每有咏仆诗者。（元稹《白氏长庆集》序）

> 日者又闻亲友间说：礼、吏部举选人，多以仆私试赋判传为准的。其余诗句，亦往往在人口中。仆恧然自愧，不之信也。及再来长安，又闻有军使高霞寓者，欲聘倡妓。妓大夸曰："我诵得白学士《长恨歌》，岂同他妓哉？"由是增价。又足下书云："到通州日，见江馆柱间有题仆诗者，复何人哉？"又昨过汉南日，适遇主人集众乐，娱他宾。诸妓见仆来，指而相顾曰："此是《秦中吟》《长恨歌》主耳。"（白居易《与元九书》）

明代胡震亨的《唐音癸签》一书中引《丰年录》："开成中，物价至贱，村路卖鱼肉者，俗人买以胡绡半尺，士大夫买以乐天诗。"这就更邪乎了，白居易的诗，竟成为通货，进入市场交易，一首五绝或者七律，可以换来一条胖头鱼、一方五花肉。那么用他的《琵琶行》《连昌宫词》，大概可以进五星级饭店撮一顿自助餐了。所以，我一直认为，白居易大众化的文学追求，和白居易诗歌的大众化现象，是特别应该加以研究的。

再引一段文学粉丝的故事，出自明代作家张大复的《梅花草堂笔谈》卷七，题曰"俞娘"。

> 俞娘，丽人也，行三。幼婉慧，体弱，常不胜衣，迎风辄顿。十三，疟苦左胁，弥连数月，小瘥而神愈不支，媚婉之容愈不可逼视。年十七夭。当俞娘之在床褥也，好观文史。父怜而授之，且读且疏，多父所未解。一日授《还魂传》，凝睇良久，情色黯然曰："书以达意，古来作者多不尽意而出。如生不可死，死不可生，皆非情之至，斯真达意之作矣。"饱研丹砂，密圈旁注。往往自写所见，出人意表。如《感梦》一出，注云："吾每喜睡，睡必有梦。梦则耳目未经涉，皆能及之。杜女故先我着鞭耶。"如斯俊语，络绎连篇。顾视其手迹，遒媚可喜。某尝授册其母，请秘为草堂珍玩。母不许，急急令倩录一副本而去。其母曰："吾家所录副本将上汤先生，谢耳伯愿为邮，不果。"上先生尝以书抵某。闻太仓公酷爱《牡丹亭》，未必至此。得数语入梅花草堂，并刻批记，幸甚。

汤显祖（1550—1616），字义仍，号海若，江西临川人。公元 1598 年（万历二十六年），他弃官遂昌，再也不想当那个七品知县了，回到抚州。那年秋天，他完成了杰作《牡丹亭》。汤显祖戏剧大出风头之际，莎士比亚也在伦敦火得不得了。莎士比亚写戏，还写十四行诗，汤显祖同样，所谓"临川四梦"（《牡丹亭》《紫钗记》《邯郸记》《南柯记》）外，也写了很多诗。但无论"汤粉"还是"莎粉"，主要粉他们的戏，而不是诗。

现在，我们只能看到青春版的《牡丹亭》了，这是白先勇和其他有志昆曲复兴的人士，为适应当代观众的欣赏习惯，而大大压缩到两个多小时的一台戏，当然很精彩。但凝练简略，已非原貌。在明代，倘要看完 55 折整本《牡丹亭》，至少需十多个小时。其间肯定还要走出剧场吃一餐饭，垫补垫补。所以，我十分佩服那些明代观众，如此痴迷地看戏，尤其佩服汤显祖的戏剧魅力，能吸引住观众，从头看到尾，不抽签，不开溜。而且感人至深，催人断肠。

明代沈德符说："《牡丹亭梦》一出，几令《西厢》减价。"清代俞用济说："《牡丹亭》唱彻秋闺，惹多少好儿女为他伤心到死？"鲁迅说过，悲剧就是将人生的有价值的东西毁灭给人看。所以，《梅花草堂笔记》记"俞娘"事，《柳亭诗话》也提到："娄江女子俞二娘，秀慧能文词，未有所适。酷嗜《牡丹亭》传奇，蝇头细字，批注其侧。幽思苦韵，有痛于本词者，愤惋以终。"这位年轻女子，为《牡丹亭》悲剧中那些有价值的东西被毁灭而苦痛万分。体弱多病，缠绵病榻的她，为杜丽娘在梦魂中结成的爱情感动，觉得自己的命运甚至还不如杜丽娘，便整日沉浸在汤显祖的《牡丹亭》中，咏诵嗟叹，泪洒书卷，并在书眉纸缝间，写下了许多动情的批注、感人的词语，这部《牡丹亭》成为她在人世间的唯一寄托。终日郁郁寡欢的美丽女子，终于如同这部悲剧，匆匆结束她的短促一生。临终撒手而去时，从纤纤细手中滑落下来的，正是《牡丹亭》这部戏文。这简直是用生命来读你作品的痴情读者，这简直是用其一生投入到你作品中的知音粉丝，假如一个作家能有这份荣光的话，比他得到任何奖项都有价值。奖金再多，总有用完花光的时候，但作品在一代一代读者心中留存下来，那才真正叫作不朽。

后来，汤显祖得知他的粉丝"断肠而死"的传闻，痛心不已。挥笔写下《哭娄江女子二首》："画烛摇金阁，真珠泣绣窗。如何伤此曲，偏只在娄江。""何自为情死，悲伤必有神。一时文字业，天下有心人。"在诗前的序中，写得尤为凄惋："吴士张元长（即张大复）、许子洽前后来言，娄江女子俞二娘秀丽能文词，未有所适。酷嗜《牡丹亭》传奇，蝇头细字，批注其侧，有痛于本词者。十七恨愤而终。元长得其别本寄谢耳伯，来示伤之。因忆周明行中丞言，向娄江王相国（锡爵）家劝驾，出家乐演此，相国曰：'吾老年人，近颇为此曲惆怅！'王宇泰亦云，乃至俞家女子好之至死，情之于人甚哉！"

岂止俞娘呢？《石间房蛾木堂随笔》说："杭州有女伶商小玲者，以色艺称，于《还魂记》尤擅长。尝有所属意，而势不得通，遂郁郁成疾。每作杜丽娘'寻梦''闹场'诸剧，真如置身其事者，缠绵凄婉，泪痕盈目。一日，演'寻梦'，唱至'待打香魂一片阴雨梅天，守得个梅根相见'，盈盈界面，随声倚地。春香上视之，已气绝矣。"《黎潇云语》说："内江一女子，自矜才色，不轻许人，读《还魂记》而悦之，径造西湖访焉，愿奉箕帚，汤若士以年老辞……因投于水。"明代万历间，江南才女冯小青，也是汤显祖的粉丝，她的一首动情小诗，说明这出悲剧对她来讲，真是牵心揪肺："夜雨敲窗不忍听，挑灯夜读《牡丹亭》。世间也有痴如我，岂独伤心是小青？"

抄录到这里，我也忍不住要问自己，这些铁杆粉丝、钻石粉丝，这些用生命、用心灵来读书的粉丝，为何越来越少了呢？

这究竟是读者的问题，还是作者的问题，是不是值得大家想一想呢？

王世贞的感觉

感觉，很重要，对文人而言，尤其重要。

文人的感觉，分两类：一是为文时的感觉；二是做人时的感觉。前者很重要，这是大家都知道的。而后者更重要，却未必是很多人真正知道的。

从文学角度看，前者压倒一切，再正常不过。连文学感觉都没有的人，尽管非常努力，写作品多少部，尽管非常刻苦，出文集若干卷，说了归齐，在文学史的眼光下，充其量也只能算是菜鸟一个。

我从来相信，一个作家，没有迅捷灵敏的文学感觉，没有举一反三的联想能力，没有丰富充沛的反射思维，没有望风捕影的虚构功夫，哪来灵感迸发，哪来创作冲动呢？一句话，文学这个职业，还真有点儿特殊，大概得有一点天赋。这样说，颇有点儿唯心论，但事实摆在那里，每朝每代都有存诸史册的皇帝，但不等于每朝每代都有垂誉千秋的作家。说得吊诡一些，能捧文学这碗饭吃，三分努力，七分天赋。没有天赋，你十分努力，十二分努力也白搭。所以，想搞文学和能搞文学，是两回事，爱好文学和擅长文学，是两回事，从事文学工作（哪怕你当上了文学总司令）和从事文学写作，也绝对是两回事，不能混为一谈。道理其实也很简单，你有没有文学天赋？你有没有文学感觉？这是为作家最起码的刚性需求。既无天赋，又无感觉，封你为文学之父或者文学之母，终久也是要归零的。

因此，拥有好的文学感觉，能够写出好的作品，拥有差的文学感觉，大概也就只能写出滥竽充数的作品了。至于那些文学大师，无不因为拥有超好的文学感觉，才写出存世不朽的超好作品。然而，翻开文学史，拥有好的文学感觉者，未必拥有好的做人感觉。结果，为文甚佳，为人失败，这样的例子实在很多很多。曹丕在短短的《典论》里，曾说到两位东汉文坛大佬，班固和傅毅掐架的故事。"文人相轻，自古而然。傅毅之于班固，伯仲之间耳，而固小之，与弟超书曰：'武仲以能属文为兰台令史，下笔不能自休。'夫人善于自见，而文非一体，鲜能备善，是以各以所长，相轻所短。里语曰：'家有敝帚，享之千金。'斯不自见之患也。"

什么叫"不自见"，就是对自己失去感觉，麻木不仁；就是用放大镜看自己的长处，用显微镜看他人的缺失。"自见"者，知道自己几斤几两，也知道别人几斤几两，知己知彼，百战不殆；"不自见"者，既不知己，更不知彼，光看到别人的不足，看不到其实自己更差，摇头晃脑，神气活现，感觉失灵，贻人笑柄。这种"不自见"的现象，颜子推在其《颜氏家训》中，举了不少例子："自古文人，多陷轻薄：屈原露才扬己，显暴君过；宋玉体貌容冶，见遇俳优；东方曼倩，滑稽不雅；司马长卿，窃赀无操；王褒过章《僮约》；扬雄德败《美新》；李陵降辱夷虏；刘歆反覆莽世；傅毅党附权门；班固盗窃父史；赵元叔抗竦过度；冯敬通浮华摈压；马季长佞媚获诮；蔡伯喈同恶受诛；吴质诋忤乡里；曹植悖慢犯法；杜笃乞假无厌；路粹隘狭已甚；陈琳实号粗疏；繁钦性无检格；刘桢屈强输作；王粲率躁见嫌；孔融、祢衡，诞傲致殒；杨修、丁廙，扇动取毙；阮籍无礼败俗；嵇康凌物凶终；傅玄忿斗免官；孙楚矜夸凌上；陆机犯顺履险；潘岳乾没取危；颜延年负气摧黜；谢灵运空疏乱纪；王元长凶贼自诒；谢玄晖侮慢见及。凡此诸人，皆其翘秀者，不能悉记，大较如此。"

颜子推正统一点，正派一点，因而对以上这些名流大家，责切言厉，刀刀见骨。这是当下那些红包文学批评家，绝对做不到的，并非他们眼拙，也并非他们胆怯，而是有钱使得鬼推磨。批评家心中的那个鬼，看到人民币，立刻没了脾气，立刻敬礼鞠躬，立刻伸出舌头，立刻溜舔金主。颜老先生活着的南北朝时期，没有作品研讨会、推介会、首发式，没有这个奖、那个奖，自然也就没有饭局，没有红包，没有整版唱赞歌的文章和大把大把的奖金。因而颜子推心中坦荡，上溯秦汉，下至魏晋，批了一溜够。还应该看到，从上古到中古，文人并不太多，再加之造纸术很落后，印刷术不发达，作家相当有限，颜老先生才有可能综观上下数千百年，做出"自古文人，多陷轻薄"的结论。要是颜子推从棺材里爬出来，看到如今作协的省市会员成千上万，出版的文学作品成千上万，发出的文学奖金成千上万，养活的批评家也成千上万，恐怕再写《颜氏家训》的话，对于当下那些分明狗屁不是，却颇扬扬自得，嘟瑟没完没了，发飙无休无止，不知东南西北，不知天高地厚，老子天下第一，谁也不在话下的轻薄文人，要进行批评的话，就非上面那305个字而是305万字也未必能概括得了的。

看起来，文人的这两种感觉，非同小可，马虎不得，缺一不可。

如果说文学感觉有高低之分，那么做人感觉则是有优劣之别。前者的高和低，不过程度上的差别，后者的优和劣，则是本质上的不同。文学感觉的高低，体现在作品上，无非好差之分，做人感觉的优劣，表现在处世上，则是是非之别，这也是做人感觉要重要于文学感觉的原因。遗憾的是，很多古往今来的文人，文学感觉好了以后，做人感觉不知为什么就差，甚至很差。颜子推文中提到那位刘宋时期的谢灵运，中国山水诗的开山鼻祖，诗写得那个好，好到无人敢贬一词，人做得那么差，差到无人敢道他一个好。毛泽东读其诗《登池上楼》，批注曰："此人一辈子矛盾着，想做大官而不能，做林下封君，又不愿意。晚节造反，矛盾达于极点。"可见这位诗人，其做人的感觉是多么差劲了。老子曾经说过："金玉满堂，莫之能守，富贵而骄，自遗其咎。"难道人望高了，名声响了，就一定要走向反面吗？一些大佬、前辈、权威、要人，上了年纪以后，不顾令名，不拘小节，不知轻重，不识大体，而为人诟病，而被人非议，这似乎是文坛上断不了的乌烟瘴气。毛泽东说谢灵运"晚节造反"四字，虽系指诗人最后弃市广州的结局，但言简意赅，深意存焉。晚节的"晚"，也是对所有"停车坐爱枫林晚，霜叶红于二月花"的人士，一个善意的提醒。

现在来说说明代万历年间的首席文人王世贞，他生于公元1526年，死于公元1590年，字元美，号凤洲，又号弇州山人，江苏太仓人。按《明史》，有"晚年攻者渐起"的贬笔。说明此公也是一个在文学感觉上，为人感觉上，逐渐离谱的大人物。同时代的归有光"诋王世贞为庸妄巨子"，汤显祖则"至涂乙其四部稿，使世贞见之"地加以攻讦，而稍后的"公安三袁"，则"乘其弊而排抵之"，屡出不敬之词……然而，以其毕生的声望行状，等身著作，不朽价值，深远影响，在中国文学史上，堪称有明以来的第一文人，还是当之无愧的。犹如我们谈论文学史，说到唐朝，首先想到李白，说到宋朝，首先想到苏轼，那么，说到明朝，首先就会想到王世贞。他不但是大家公认的文坛盟主，同时还是人所共允的史学巨匠。特别是在才俊辈出，云蒸霞蔚，文章璀灿，风流尽显的明代文坛上，他成为了一个拥护者甚众，追随者甚众，反对者不少，诋毁者更多的焦点人物。

被一致看好的作家，未必真好；被一致看坏的作家，未必真坏，这大概也称得上是真理了。王世贞的文学成就，如日中天，但王世贞的为人处世，却臧否不一。唯其有人赞，有人弹，有人捧，有人谤，才是值得刮目相看的真作家。纪昀在《四库全书总目》里也持这样的观点。"王世贞与李攀龙齐名而才实过之，当时娄东历下狎主文盟，奉之者为玉律金科，诋之者为尘羹土饭，盛衰递易，毁誉迭兴，艺苑纷呶，终无定说。要之世贞初时议论太高，声名太早，盛气坌涌，不暇深自检点，至重贻海内口实。迨时移论定，向之所力矫其弊，以变为纤仄，破碎之习者已为众所唾弃，而学者论读书种子，究不能不心折弇州，是其才虽足以自累，而其所以不可磨灭者，亦即在此。今其书具在，虽未免瑕瑜杂陈，然举一时之巨擘而言，亦终不能舍世贞而别有所属也。”

而王世贞能够达到《明史》所称的"独操柄二十年，才最高，地望最显，声华意气，笼盖海内，一时士大夫及山人词客衲子羽流，莫不奔走门下，片言褒赏，声价骤起"的名望高度，乃形势造就，乃潮流推动。也是蒙元帝国摧毁中原文明，灭而不绝，凤凰涅槃，浴火重生的深厚渊源将他推涌到这样一个尊崇的位置上。中国文化之起复兴衰，多因入主中原的边鄙民族，自身文化低下，而生出的弱势心理。此种心理之下，他们势必要采取黑暗至极的野蛮手段，对先进文化的地区和人民，实施其恐怖统治。蒙元征服中原后，除了进行掠夺、抢劫、蹂躏、践踏外，还将人分十等，九儒十丐。其屠灭文人士子之斩草除根，抵制文明文化之不余遗力，根除传统思想之干净彻底，否定历史渊源的全面虚无，实施全面的反文化、反文明的精神荒漠化运动，可谓无所不用其极。从公元1206年到公元1368年的162年间，元朝统治者等于一口气进行了16次"大革命"，能不造成华夏崩毁，神州陆沉，文化断绝，一劫不复的下场吗？

民国初年的柯劭忞，著《新元史》，在《文苑传》中写道："然蒙古初入中原，好问之学不甚显于当世。"这是对野蛮民族杀灭文化的委婉说法。其实，这一百多年的统治中，整个中国三分之一的人口死于非命。公元1109年（北宋徽宗大观三年）全国户数为2088万，人口约11275万。到公元1265年（元世祖至元二年）全国户数锐减为1500万，人口只有7500万。

在遍地尸骸，触目血腥，朝不保夕，杀人如麻的日子里，中国人（特别是文化程度较高的汉民族）都快死光了，文学还能有一丝生气吗？所以，明代出现中国历史上继唐、宋以后的又一次文艺复兴运动，乃时与势的必然，既是因中国文化生命力屡兴屡灭的强韧，也是因中国文人薪火相传、生生不息的坚定。结果，时代的造就，形势的必然，王世贞应运而生。

　　如果不是朱元璋这个心理变态的农民，也许轮不到弇州先生享此殊荣。在中国，过去是这样，现在还是这样，所有在意识领域中，在文化状态上，处于劣势的民族、阶层、群体、个人，对于文明，都会有一种心灵的恐惧；对于文化，都会有一种情感的拒绝；对于文人，都会有一种偏执的忌畏；对于所有上过学的、读过书的、有知识的、有学问的士人，都会有一种非我族类的隔膜。朱元璋就是这样一类冥顽不化者，一旦拥有权力，必然要泄愤、要报复、要整肃、要收拾，等到君临天下，坐稳江山，唯辟作威，唯辟作福，必然要焚书坑儒，大开杀戒。这个流氓无产者，不但杀尽了一大批在元朝统治下勉为其难的知识分子，也杀光了一大批与新朝合作并且卖力奔走的知识分子，最后，与他一起打江山比他多识几个字的革命同志，也被他消灭殆尽。有一个最说明问题的例子，在中国非正常死亡的全部文人中，只有两个人受到腰斩极刑，一为秦朝的李斯，一为明朝的高启。李斯只被拦腰铡了一刀，而高启却从头到脚，被铡成八段。文学这东西，胆小，怕惊吓，哪禁得起朱重八这种将文人剁成肉糜的歹毒？于是，本应在明初出现的这场文艺复兴，一直到正、嘉、隆、万，才姗姗而至。

斯其时也，明代文学史可谓兴旺发达、花团锦簇，继杨升庵之博学、文徵明之儒雅后，就是王世贞的出足风头了。加上李攀龙的复古，李卓吾的异端，何心隐的侠游，唐顺之的史著，归有光的制艺，李时珍的本草，汤显祖的惊梦，屠长卿的风流，徐文长的孤绝，吴承恩的《西游记》……一直到万历年间《金瓶梅》问世，明代文艺复兴运动，至此达到登峰造极的地步。文人写作，心境很重要，而心境取决于环境，环境决定于气候。乌云密布，电闪雷鸣，作家很难静下心来执笔为文。在这样一个各展丰姿、各逞异彩的氛围里，王世贞异军突起，独领风骚。由于他出身官宦之家，受到良好熏陶，博览群书，勤奋为文，所以嘉靖年间，他是一个文章脱俗，令人耳目一新，议论出众，左右社会舆情，唱和应制，无不得心应手，才华横溢，目为一时之秀的时代先锋。他这一生，虽说不上顺风顺水，一路鲜花，但也少有波折，无大窒碍。只是"嘉靖三十八年，父忬以滦河失事，（严）嵩构之，论死系狱。世贞解官奔赴，与弟世懋日蒲伏嵩门，涕泣求贷，忬竟死西市"受到打击，到了隆庆朝，他该有的全有，该得的全得。甚至连《金瓶梅》这部天下第一奇书，著作权也算到他的头上。

这则奇谈怪论，是发生于公元 2013 年春天有关王世贞的最新新闻，我也不知道应为王世贞喜，还是悲；同样，我也不知应为中国出版业喜，还是悲。

将《金瓶梅》的作者，认定为王世贞，犹如给断臂的维纳斯装上另外一只胳膊，要多别扭有多别扭。我颇诧异中国的一些好事者，这种自作聪明、弄巧成拙的行径，所为何来？

近些年来，《红楼梦》被糟塌一个够后，现在又来算计《金瓶梅》了。我也记不得哪位研究者，哪家出版社，在新出的《王世贞全集》中收进《金瓶梅》，并晓晓不休地，颠三倒四地，强词夺理地，无中生有地，说兰陵笑笑生即王世贞，将一个五百年来在文学史上给读者留下无数遐想的谜坐实，真是太煞风景了。

本来，中国人就是一个不大具有想象力的民族，现在，连这一点点想象余地，也极其武断地扼杀，真让人感到痛苦。退一万步，如果《金瓶梅》确实出自王世贞手笔，至少也应尊重他不署自己真名，而偏要署兰陵笑笑生的本意吧；如果《金瓶梅》果然不是王世贞的手笔，而兰陵笑笑生另有其人，那王世贞岂不是窃取他人知识财产的贼吗？英国有个莎士比亚，我还曾到埃文河畔斯特拉特福镇上，参观过他的故居。但一直不断有消息传来，英国很有些研究者相当认真地考据，说这个小楼里住过的莎士比亚，不是写出几十部戏剧的莎士比亚。人家那里在将实证虚，制造无限的想象空间的时候，我们这里却将虚坐实，将读者当作阿斗。

五百年来，至少有五十种关于兰陵笑笑生究竟是何方神圣的推断，这不很好吗？至少说明在明代这场文艺复兴的大潮中，有五十位可以写出《金瓶梅》重量级文学作品的巨匠。留下这样的群星闪烁的谜，何其令人神往，一定要解开吗？有必要解开吗？拿得出任何令人信服的证据，兰陵笑笑生和王世贞画上等号吗？我始终认为，一个能被宰辅王锡爵女儿昙阳子的邪教迷得魂不附体的，简直浅薄得可笑的王世贞，这样的作家人格，与兰陵笑笑生笔墨中那分冷静，那分严竣，那分清醒，那分睿智，对于那个时代的深刻洞察，对于那个社会的辛辣批判，是无法相提并论的。

如果，也许是王世贞在天才爆发的情况下，写出这部不朽之作，他自己不愿坐实，五百年来无人坐实，那继续让维纳斯断臂下去，不也是一种残缺的美、遗憾的美吗？这又能碍着谁呢？

要知道，越是难解难分的谜，越有吸引力，越是众说纷纭的谜，越耐人寻味。谜在未解之前，那朦朦胧胧的、模模糊糊的一二体会；那神神秘秘的、隐隐绰绰的印象碎片；那感觉得到，可捉摸不住的浮云流水；那接近破解，然一纵即逝的吉光片羽，不也是一种难得的美之享受吗？我想到了梁启超怎样去读李商隐的《锦瑟》，他说："义山的《锦瑟》《碧城》《圣女祠》等诗，讲的什么事，我理会不着。拆开来一句一句叫我解释，我连文义也解不出来。但我觉得他美，读起来令我精神上得一种新鲜的愉快。须知美是多方面的，美是含有神秘性的。"（《饮冰室文集·中国韵文内所表现的情感》）

后来，我悟到了一些——也许——一部足本的对性描写未加任何删节的原本《金瓶梅》，用这种附带赠品的方式能够打开图书市场。那对其商业行销促售捞金的苦心孤诣，我也只好无语。

回到万历朝的王世贞，他的同年张居正，当上首辅兼帝师后，对他而言，当然是再好不过的消息，在旁人眼里，这可是大树底下好乘凉。虽然《明史》说"张居正枋国，以世贞同年生，有意引之，世贞不甚亲附"，但实际上，从张的文集中所收录的给这位大文人的回信来看，他对王世贞还是关照有加的。而王世贞写给张的信，在其全部著作中只字未留，可以理解的理由，只有一个可能，吹捧太过，肉麻太狠，巴结太急，谄媚太力，而且，张居正最后完蛋了，清算了，怕沾包，怕惹事，就偷偷地销毁了。我们不能就此断定王世贞小人，至少他在做人上，有点不够意思。无论如何，嘉靖二十六年，王时年19，张时年20，相差一岁的两人，如兄如弟似的联袂应进士试。榜发俱中，张居正为二甲第九名，王世贞为二甲第八十名，这份情谊，何等难得。"同年"，在科举社会里，可比如今同学会、校友会的关系更铁。王仰仗这位年兄，张拉扯这位年弟，这是再正常不过的事情。张一任首辅，马上就提拔他为右副都御史，抚治郧阳。张是政治家，王是文学家，张从来不染指文学，王却吃着碗里，看着锅里，不但想在文学上开一片天地，在政治上也要大踏步前进，而且迫不及待。因此两人常常尿不到一个壶里去。"居正积不能堪"，就只好委婉地说，老弟台啊，你可是一把镆铘干将式的宝剑，可不是随手可使的大刀片子，金镶玉嵌的宝剑，应该存放在锦匣里，专供赏鉴，不敢使用，那就只好请阁下恕我不请你入朝为官，做那些俗务了。

两人从此分道扬镳。不久，到了万历十年（1582），张居正积劳成疾，一病不起，起初卧床还要处理政务，后来实在支持不了，熬到六月，呜呼哀哉。随后，神宗朱翊钧这条白眼狼，对自己老师发起满门抄斩式的清算，所有张居正的敌人也趁此跳出来踩上一脚。在这场大清洗中，王世贞对他的同年有没有落井下石，不得而知。但是，他不厚道、不够朋友，是可以肯定的。对于张居正病根在"得之多御内而不给，则日饵房中药，发强阳而燥，则又饮寒剂泄之，其下成痔……"的绯闻透露；对于张居正巴结大太监冯保，竟在帖子上卑称自己为"门生"的嘲讽揭发，口诛之，笔伐之，相当不讲义气。这与他对待张居正前任首辅高拱的轻薄，如出一辙。因为高在隆庆年间，任首辅，权高位重，说话算数，但迟迟不给他父亲王忬一案平反昭雪，让他记恨在心，等到他撰写《嘉靖以来首辅传》时，字里行间，足足将高丑化了一顿，因而颇为时人疵议。"第此公文字，虽俊劲有神，然所可议者，只是不确。不论何事，出弇州手，便令人疑其非真，此岂足当钜家？""凡请弇州作传志者，虽中才亦得附名，未请传志者，虽盖代勋名节义，亦所不载。后之耳食之言，未可以为之定案云云"……但是，时已58岁的王世贞，认为即将一甲子的人，真正的老爷子，允许自己可以不在乎，或者，不必在乎了。

这种感觉错位，同样表现在他的文学生涯上。他未中进士前，即以诗文闻名，出道后，则更与李攀龙、谢榛、宗臣、梁有誉、吴国伦、徐中行相唱和，继承"前七子"复古理论，史称"后七子"。据《历朝诗选》，有一个叫李伯承的举子，在京会试期间，组诗社，邀同好者参加。"伯承未第时，诗名籍其齐鲁间，先于李于鳞（李攀龙）。通籍后，结诗社于长安，元美（王世贞）实扳附之。又为介元美于于鳞。"后来，"王、李名成，而伯承左官薄落，五子七子之目，遂皆不及。伯承晚岁，少年若以片言挑之，往往怒目啮齿，不欢而罢"。本来，王世贞年轻时得以跻身诗坛，其引路人为李伯承，与李攀龙结识，其介绍人亦为李伯承。然而，作为诗坛新秀的王世贞，进得诗社，拉帮结派，联手才气并不高野心却很大的李攀龙，将创社元老李伯承挤对出诗界。接下来，又将当时诗名胜于他俩的谢榛，逐出这个圈子。据《明史》："迨嘉靖朝，李攀龙、王世贞出，复奉以为宗，天下推李、何、王、李为四大家，无不争效其体。李攀龙、王世贞辈结诗社，（谢）榛为长，攀龙次之，后攀龙名大炽，榛与论生平，颇相镌责，攀龙遂贻书绝交，世贞辈右攀龙，力相排挤其名于七子之列。"据称，谢榛眇一目，凡有这等身体缺憾的人，俗称"独眼龙"，都有强烈的自尊意识和挑战心理，后唐的李克用，那个沙陀人非要把黄巢赶尽杀绝的狠劲儿，即是一例。于是，谢李之间，产生龃龉。

文坛，某种意义上说，也是江湖。而按江湖的规矩，第一论胳膊，第二论辈分。胳膊代表力量，辈分代表资格。谢榛有理由不买李攀龙的账，你算哪根葱，你来当一把手，但王世贞愿意这个虚荣心重，而才气有限的李攀龙为首，却不愿意那个"独眼龙"领袖群伦。于是，王世贞联合他人抬李压谢，从此，谢榛只好成为离群的孤雁，云游天下，老死他乡。可王世贞也并不因此高看李攀龙，清代朱彝尊说过："元美才气十倍于鳞"，他也许觉得自己百倍于这位同行，他奚落李的作品，"于鳞拟古乐府，无一字一句不精美，然不堪与古乐府并者，则似临摹帖耳"，极尽挖苦之能事。明代诗坛的这份乱象，明代文人的这份德行，不觉眼熟，似曾相识。看来，文人的感觉，无论古今，无论中外，大概是有一些共同点的。

纪昀在《四库总目提要》里说过："当太仓（王世贞）历下（李攀龙）坛坫争雄之日，士大夫奔走不遑，七子之数，辗转屡增。一时山人墨客，亦莫不望景趋风，乞齿牙之余论，冀一顾以增身价，诗道之盛，未有盛于斯时者；诗道之滥，亦未有滥于斯时者。"现在，攀龙殁世，王世贞独操文柄，此刻，可是真正的老太爷了。据陈继儒的《狂夫之言》记载，万历十三年（1585），乙酉闰九月重阳，王世贞在他的弇园里缥缈楼请客，应邀者甚众，终身不仕的陈继儒，也在座。这个有点体制外意思的文人，对王世贞，崇拜是有的，但不迷信，朋友是做的，但不佞从。陈是松江华亭人，王是太仓人，同乡之谊使他敢于口无遮拦。

> 酒间，座客有以东坡推先生者。先生曰："吾尝叙东坡外记，谓公之文虽不能为我式而时为我用，意尝不肯下之。"余时微醉矣，笑曰："先生有不及东坡者一事。"先生曰何事？余曰："东坡生平不喜作墓志铭，而先生所撰志不下四五百篇。较似输老苏一着。"先生大笑。已而偶论及光武、高帝，先生云还是高帝阔大，余曰："高帝亦有不及光武一事。高帝得天下后，枕宦者卧，光武得天下后却与故人子陵严先生同卧，较似输光武一着。"公更大笑，进三四觥，扶掖下楼。

席间闲话，概属戏言，但看似无心的话，就怕有心人听，文学感觉和做人感觉双输的王世贞，也就只好借着酒喝得高了点的理由，退席。

由此可鉴，文人的感觉，相当重要，而对于上了年纪的文人来说，更为重要。

"升沉不过一秋风"

对文人而言，说豁达，容易，做到豁达，就不容易，而具有超越时空的豁达精神，则更不容易。中国文人，都自命清高，其实在名和位上，并不都那么想得开的。尤其在封建社会科举取士的年代，那个"学而优则仕"的"仕"字，可把中国知识分子中的大多数，弄得神魂颠倒而找不着北。

旧时文人常常不在为主的方面下力气，却把功夫全用在名位上的得失考量上，那一份斤斤计较，那一份奔走营逐，其贪婪、其恋栈、其巴结、其钻营，真是很不怕斯文扫地的。于是，展眼望去，你多我少，抓心挠肝；你上我下，咬牙切齿；你高我低，寝食不安；你红我灰，如丧考妣，便是文坛的风景线。

包括笔者自己在内，要是能够悟到"升沉不过一秋风"的那一份豁达，大概也就觉得没有必要搞得自己不开心了。

于是，我想起明代复古派"后七子"中的谢榛（1495—1575），与其诗友们升沉秋风的故事。虽然那是发生在明代后叶的事情，相距遥远，但昨日之儒林，今天的文坛，其基本状态，应该说大体上是差不多的。

说到"后七子"，查文学史，通常系指明嘉靖、隆庆年间的李攀龙、王世贞、谢榛、宗臣、梁有誉、吴国伦和徐中行的一个团契性质的诗人组合。据陈登原《国史旧闻》："明人诗社，所以较前世更为发达，一、有巨子为之室主；二、富贵家例多好事；三、能文者矜文好奇，于是此踵彼效，辈起更多。"看来，当时这种文学社团很盛行，甚至还搞大奖赛什么的。据《明史》："诗胜者辄有厚赠，临川饶介，为元淮南行省参政，豪于诗，自称醉樵。尝集大名士，赋《醉樵歌》，张简诗第一，赠黄金一饼；高启次之，白金三斤；次杨基，犹赠一镒。"

金饼有多重，不得而知，但三斤白金，价值不菲，手笔也够大。那些得不着的诗人，眼睛真要黑一大块儿了。

上述"后七子"的诗社，最早发起者，却是不在其列的李伯承。"伯承未第时，诗名籍其齐鲁间，先于李于鳞（即李攀龙），通籍后，结诗社于长安，元美（王世贞）实扳附之，又为介元美于于鳞。嘉靖七子之社，伯承实为若敖蚡冒。其后王、李名成，而伯承左官薄落，五子七子之目，遂皆不及。伯承晚岁，少年若以片言挑之，往往怒目啮齿，不欢而罢。"（《列朝诗选》）

这位诗社首创元老，也是最初被踢出局的，升和沉，也来得太快了点。由此可知，古人多君子之风，但古文人，倒也未必，小人成性者谅不比今人要少。第一，李和王也太不够意思，你二位得以人五人六地进入文坛，靠谁？一调屁股，将这位引荐者一脚蹬了，未免过于薄情。

第二，这位被人家无情抛弃的李诗人，也太想不开。老到一把年纪，还耿耿于怀，也太小肚鸡肠、心胸狭隘了。至于吗，不带你玩，你就不玩，也不影响吃饭拉屎；再说，他们玩他们的，你也可以玩你的，未必不能自得其乐。至于一提往事，金刚怒目，血压上升吗？所以，无论李攀龙、王世贞，还是李伯承，都有不够豁达之嫌，世界有多大，文坛就有多大，不一定非扎堆，非聚义，非歃血为盟，拉这个打那个的。

"升沉不过一秋风"，这是至理名言。

好了，李伯承出局，这诗社又一次面临改组。接着，就该谢榛被那哥儿俩从诗社里"开"了。谁红谁紫，谁灰谁黑，谁上谁下，谁来谁去，正是这种无聊而又无趣的文人自戕，构成文坛的热闹话题。

说到谢榛，我认为，他是一个既快活又不甚快活，既豁达又不甚豁达的诗人。一般讲，豁达，就能快活，不豁达，也就不能快活。因为，他有两个常常使他不能快活和不能豁达的遗憾，一是他生理上的弱点，"眇一目"（《明史》）；二是他心理上的弱点，"以布衣结牛耳"（《列朝诗选》）。这样，形象上的差一点和学历上的差一点，他也就无法彻底地豁达和完全地快活起来。

我对明诗所知甚少，但在"后七子"中，除王世贞外，就比较欣赏他了。因为他的文学观点比李攀龙等其他人，来得宽泛些。凡在文学观点上，持"套中人"的紧闭自锁政策，非要在一棵树上吊死，还不许别人照自己的方式活，是最遭人恨的。谢榛的诗，稍有生气，就因为他能够容忍异己，不那么一条道走到黑。固然，他也复古，这是前、后七子一以贯之的主张，但他不像李攀龙那样绝对，"文必西汉，诗必盛唐"，也不像王世贞那样设限，"大历以后书勿读"，谢榛要放得开些。他明白，文学是不能太过拘束的，一定要这样，而不要那样，必这样不可，而那样则不可，对于文学的发展，肯定不是好事。

但是，此公的两大弱点，使他尴尬，"眇一目"，尚可配一副墨镜遮掩。不过，嘉靖朝，北京城里有验光配镜之店肆吗？我怀疑。因此，他只能倚仗自己的诗名，做出"独眼龙"常有的自负神气，徜徉于京都长安。但这表面的自信，也难掩其内心的虚怯，在科举年代里，一个读书人，还是个声名大振的诗人，竟然没进过学，没应过试，是一个无缘于黉门的白衣秀士，这日子不好过。假如他一天到晚厮混在短裤党里、蓝领阶层，彼此彼此，也许无所谓了。但他却生活在一个文化精英圈内，确实有点抬不起头来，你可以以"布衣"自傲，人家却要把你当"白丁"看待，你也只好没脾气。

明代文坛，派系林立，经常洗牌，重新组合，所以，升沉变化，频繁匆促，甚至来不及一秋风，就"无边落木萧萧下，不尽长江滚滚来"了。昨日还兴冲冲的文人，一朝离开那把交椅，就没精打采，像霜打似的蔫了；前一阵不见经传的文人，因缘时会，这一阵红得发紫，竟也能指点文坛，领袖群伦。王世贞就是最好的例子。他虽是世家子弟，可他年轻时，因为反对权奸严嵩，而弄得老父系狱，冤屈难伸那刻，在诗社早期活动中，其实是个小角色。

谢榛比那个气回山东的李伯承要神气些，一、年纪居长。二、成名较早。三、创社元老。四、估计他颇有公关能力，能够拉来一些赞助，能够在前门外某家酒楼，开个新诗朗诵会，找几个歌星到场助兴，能够在厂甸某家书铺，来个签名售书，找八大胡同的名妓站场，这点银两，他口袋里是拿得出来的。

所以，李伯承走后，他顺理成章当了社长和法人代表，那时不用选举，几个人一合计也就行了，估计王世贞一开始会依附于他。但好景不长，他马上受到李攀龙的排擠，这个同是贫寒出身的诗人，由于系正途熬到这份功名，是个有级别的厅局干部，很看不上一没文凭、二没职称、三没职务的谢榛，和他的江湖气。加之，谢榛时不时地对他的作品指指点点，倚老卖老，口无遮拦，他很恼火，一气之下，愤而与之绝交。王世贞站在李攀龙一边，也对谢榛加以摈斥，于是，兴味索然的他，西走秦晋，再游燕赵，遂不知所终地客死于出游途中的河北大名。

"奈何君子交，中途相弃置"，此公的这个感喟，既是自绝，更是自弃。我在想，他最后的抉择，更多是对于文坛的厌倦，倒具有一点豁达的意思了。

因此，我对"后七子"的第一首领李攀龙，几乎没有好感，此人的文坛领袖欲太强，是个志大才疏，不安于位，老想搞地震的人物。在文学上，复古成癖，"高自矜许，诗自天宝以下，文自西汉以降，誓不汙其毫素"，所以，他的诗一乏灵韵，二乏精神，同时代的人也对他多有"抉摘"的。连王世贞也认为："于鳞拟古乐府，无一字一句不精美，然不堪与古乐府并者，则似临摹帖耳。"《明史》也称他："其为诗，务以声调胜，所拟乐府，或更数字为己作，文则聱牙戟口，读者至不能终篇。"

一个令人不能卒读的诗人，非要把谢榛压下去，也真是令人气结。

看来，为名作家，却无名作品，有高位置，却无广为人知的文学声望，古已有之。读者只记住了他的官位，却记不住他写了哪些诗篇。凡这类作家和诗人，都自我感觉良好，而且从来不会脸红，真了不起。不过，他有一首写谢榛的诗，题为《初春元美席上赠谢茂秦得关字》，倒还可读，而且可以看到他与谢榛没有全"掰"之前，一些还算融洽的情景。

凤城杨柳又堪攀，谢眺西园未拟还。客久高吟生白发，春来归梦满青山。明时抱病风尘下，短褐论交天地间。闻道鹿门妻子在，只今词赋且燕关。

题中提到的谢茂秦，即谢榛；元美，即王世贞。李攀龙写此诗时，谢榛正是红得发紫的文学明星，李和王都得仰着脸看他。是正经八百的藩王。藩王者谁？是说不定什么时候请到紫禁城里坐龙椅的候补天子。

他的诗，可唱，他的歌，即诗，所以，这些王爷，都把他当作上宾礼遇。

谢榛，眇一目，年十六，作乐府商调，少年争歌之。已，折节读书，刻意为诗歌，西游彰德，为赵康王所宾礼。(《明史》)

谢榛为赵穆王所礼，王命贾姬独奏琵琶，歌其所作竹枝词。歌罢，即饰姬送于榛。大河南北，无不称谢榛先生者。(《朝野异闻录》)

根据以上这些史料，可知此公当是一位快活人。

赵穆王、赵康王，有可能是两个人，但也不排除为同一人。按谢榛的能量、诗情、机敏、活动能力，兼两份差，拿两份薪水，同时担任两位王爷府上的贵宾，应该是没有什么难度的。大文豪莎士比亚，不也一方面写出长诗《鲁克丽丝受辱记》，讨好他的恩主扫桑普顿伯爵；一方面将其十四行诗集，献媚地题献潘布罗克伯爵吗？用词赋留在燕关的诗人，有这点需要，耍这点聪明，是无伤大雅的。

明代中央高度集权，分封世袭的王爷们闲得没事干，声色犬马之余，附庸风雅，弄几个文人清客在身边凑趣，还得算是品位够高尚的休闲活动。加之明代后期淫逸成风，色情事业发达，歌女乐伎，弦索唱吹，有一个需要流行歌曲的大市场，适逢其时的谢榛，得其所哉，也不足为奇。

因此，这位独眼诗人，畅销歌词作者，能够受到多个特权阶层关照，名片上印着这个王府的文学顾问、那个王府的文学侍卫等头衔，也蛮唬人的。书斋里有秀色可餐的美女，为其弹奏琵琶，活得相当滋润，是毫无问题的。难怪同是诗人的李攀龙，心里怪不是滋味，要写出这首酸溜溜的诗了。清代沈德潜评点李的这首诗，"诵五六语，如见茂秦意气之高，应求之广"，连隔代的沈老夫子也对谢榛之火、之红、之快活得令人眼馋，有微言焉，李攀龙能受得了？

所以说，文学之争，有多少究竟纯属于文学性质的论争，是大有疑问的。归根结底，人事的升沉而已，升者怕沉，沉者要升。升者要长升，就得使别人老沉；沉者要上升，就得使升者往下沉，大概这是一个永恒的角力态势。

所以，日子过得很快活的谢榛，心灵深处却豁达不起来。因为，李攀龙要升，他就得沉。后来，他客死大名，李攀龙成为明伪古文潮流的李梦阳第二，如愿以偿。但上帝不怎么支持这位升者，很快使其离开这个世界。于是，"攀龙殁，（王世贞）独操柄二十年，才最高，地望最显，声华意气笼盖海内。一时，士大夫及山人、词客、衲子、羽流，莫不奔走门下"。如果李攀龙不死，王世贞也断不了要跟他掐的。

李攀龙在写这首诗的时候，他与谢榛还能谈得来，尚可以坐在一起喝酒吟诗。世家子弟王世贞，自然也是相当会凑趣的人物。如果仔细品味诗中的语气，李的口气中有一点酸味，或许就埋伏了将来绝交的征兆。

因为李攀龙要当这个沙龙的龙头老大，"李攀龙、王世贞辈结诗社，榛为长，攀龙次之。及攀龙名大炽，榛与论生平，颇相镌责"。（《明史》）无论这三位诗人，友好的时候怎么亲密无间，好到恨不能同穿一条裤子，分手的时候怎么互为仇雠，恨到不咬一口就死不瞑目的程度。也无论这三位诗人，怎么扛过文坛的大鼎，怎么"片言褒赏，声价骤起"地对文坛起到影响，但随着时间的推移，他们在文学史上，也只能是属于一笔带过的人物，这种"无可奈何花落去"的局面，是很令今日兴致冲冲者气冷的。那些自认为主导潮流，气横宇内者，那些自以为文学领先，已经不朽者，其实只是过眼烟云罢了。

随行就市的时值，文学史是不会认账的，因为文学史不可能无限制地装进去只具有相对时值的作家和作品。时愈远，值愈低。现在，除了研究明代诗的专家学者，还有谁去关注"前七子"或"后七子"呢？甚至在当时很有名，超过王世贞和李攀龙的谢榛，一直到明末清初，这位独眼诗人，仍不断受到评家称誉。陈子龙评曰："茂秦沉炼雄伟，法度森严，真节制之师也"；钱谦益评曰："茂秦今体工力深厚，句响而字稳，七子五子皆不及也"；沈德潜评曰："四溟五言近体，句烹字炼，气逸调高，七子中故推独步"。但文学的淘汰，说来也真是无情，如今，其文、其名几乎不大为普通读者所知悉。

"升沉不过一秋风"，其实是很短促的，如李攀龙，如王世贞，甚至还在他们活着的时候，就被人疵议了。

最有趣的，莫过于王世贞的儿子起来造他的反："凮伯之论诗文，多与弇州异同，尝曰：'先人构弇山园，叠石架峰，但以堆积为工，我为泌园，土山竹树，池水映带，取其空旷而已。'予笑曰：'兄殆以园而喻家学欤？'凮伯笑而不答。"（《列朝诗集》）

更令人忍俊不禁的是，王世贞晚年病重卧榻，有人去探望他，看见这位誓不看唐大历以后书的文坛领袖，枕头旁边放着一本《苏子瞻集》，他自己也一百八十度地变化了。

所以，袁弘道对王世贞、李攀龙的清算，最为彻底："唐自有诗，而不必选体也，初盛中晚，亦皆有诗，而不必盛唐也。欧苏陈黄，亦乃有诗，而不必唐人也。唐人之诗，无论工与不工，取而读之，其色鲜妍，今人之诗虽工，拾人豆饤，才离笔砚，已成陈腐，岂非流自性灵，与出自摹拟，所由来者异乎？""中郎之论一出，王李之云雾一扫，天下文人才士，始知疏瀹性灵，以涤除摹拟涂泽之病，其功伟矣！"（《历朝诗

选》)

这位袁弘道还有一句名言："粪里嚼渣，顺口接屁，倚势欺良。"便是当时那些腰板硬、脸色酷的伪大师的最好描写，也是那些春风得意，功夫全在文学外的准不朽者的最佳形容。

"升沉不过一秋风"，为画家李苦禅句。还有一上联，为"君自横行侬自淡"。是其画蟹的题词，两句连在一起，又使我们联想更多。在这个舞文弄墨的圈子里的男女老少，横行也罢，不横行也罢，乐开颜也罢，几声抽泣，几声叹息也罢，对淡淡的旁观者来说，即使不从文学史的角度衡量，充其量，"一秋风"而已，又能闹腾多久呢?

文学，终究是文学；文学以外的东西，终究是文学以外的东西。想到这里，也就顿觉豁达多了。

山人陈眉公

陈眉公，即陈继儒（1558—1639），字仲醇，号眉公。籍贯江苏华亭，今上海市松江县。

松江，古称云间，明清之际，人杰地灵，出了许多大人物，在这些大人物中间，陈眉公是出类拔萃的一位。因为他是明代少见，中国不多的一个称得上是多面手的文人。诗词文章、随笔小品、书法绘画、音韵戏曲、艺术鉴赏、图书收藏、出版印刷、园林艺术、美食茶艺、养生休闲，几乎无所不会，无所不能，而且他的会，他的能，都是一流和超一流的。然而，在晚明文学史和绘画史上，应该占有重要位置的他，在当时，在以后，始终未能得到足够评价。为什么没有将他摆在导引文坛、指点画苑的领袖位置上呢？关键就在于他的这个"山人"头衔。

他是中国文化中出现"山人"这个集群以来，最具代表性的"山人"典型。

可"山人"，从古至今，在中国是吃不开的。因为绝大部分国人，第一，相当传统。第二，相当正统。这两统，有被灌输的一面，也有 DNA 的一面，对于飘忽于云里雾里，驰行于风里雨里，优游于山里水里，潇洒于南北西东的"山人"，有一种出自本能的排斥。人是一个复杂的载体，感情冲动起来会压倒理智，而人的本能或者本性又一定会压倒感情。传统和正统，并非大家热爱，而是成百年、上千年潜移默化形成的本能，超越理智和感情，压倒一切。因此，像"山人"这样异端的东西，非体制的东西，允许存在，可以接受，但成为主流，就会让人大摇其头了。陈眉公，这位晚明"山人"的标志性人物，尽管他一点也不叛逆于当局，尽管他锋芒不露到了无懈可击的地步，但主流派也不认可他作为晚明文学和绘画的代表人物，或领袖人物。当朝派如此看，老百姓也如此看，甚至到了百年后的清朝乾隆年间，还是如此看，中国人的"两统"，是多么根深蒂固。纪昀作为四库馆臣，还念念不忘秋后算账。看看，这就是"两统"精神的惯性作用，厉害、持久、阴魂不散。这位大清王朝的御用文人，在其《四库全书总目》的《续说郛》的提要里，如此结论："隆万以后，运趋末造"，将晚明社会的颓败风气，归罪于"道学侈称卓老，务讲禅宗；山人竞述眉公，矫言幽尚"，将陈眉公与李卓吾并列为其批判对象。但是，明代，甚至中国，这座璀璨的文化丰碑上，要没有李卓吾，要没有陈眉公，那真是减色不少。

这两位晚明文化伟人，同又不同。也许在追求心灵的自由上，追求艺术的自我上，追求人性的率真上，追求精神的完美上，有许多许多的相似之处，但在行为方式上、待人处世上、言谈举止上、生活态度上，却是背道而驰，逆向而行。李卓吾，是一点也不掩饰其异端，并且是极其张扬，甚至悖狂到了令人生憎的程度。而陈眉公，极其收敛，极其风雅，极其温良恭俭让，极其精致完善。然而，他是"山人"，就因为这顶看似超脱，看似清高的帽子，明清两代的正人君子，从来不曾用正眼打量他。

这你就明白了，所谓"山人"，即山林之人也。而与山林之人相对应的，则为庙堂之士。一个在野，一个在朝，在野的瞧不起在朝的趋炎附势，在朝的看不上在野的没落无闻。这种中国封建社会中知识分子的相当严重的分野，几乎无法弥合。山林之人，和庙堂之士，有可能坐在一起，品茶饮酒，吟诗赋词，这是万历年间北京城里的风流雅事。但实际上他们之间的心灵距离，相隔甚远。山林之士有阔的，如本文主角陈眉公，但很少很少。大多数"山人"，都活得不如庙堂之士滋润，这也是实情。庙堂之士按月领饷，定期打赏，出国开眼，四处观光，快活得不行。山林之人就比较凄惨了，拳打脚踢，入不敷出，连滚带爬，进账有限。住在亭子间，吃在大饼摊，秋风不好打，求人脸难看，真是很熬煎。

话说回来，这是一个变化无常的世界，并非每位进入体制内的文人，都能吃香喝辣，都能眉飞色舞，也有不如意、不顺心者，说不定有可能马屁拍到马脚上，溜须溜错了门户和对象，哪壶不开偏提哪壶，未能管好自己的舌头，而被剥掉庙堂之士的黄马褂，穿上山林之人的蓝布衫。反言之，某位"山人"突然接获一通电话，签收一份请柬，邀他某年某月某时，从东华门进宫，受陛下宠召，赐坐，并请教学问，也不是没有可能的。公元 1922 年 5 月 17 日，胡适就接到紫禁城中逊帝溥仪的电话，约他进宫。当时，胡适为北大教授，算不上山林之人，但相比赐四品衔的御前行走王国维，那种真正的庙堂之士来说，教授就等于野狐禅了。要知道，在当时不是随便拉一个人就能当御前行走的。王国维的书，现在能找到，胡适的书，更是铺天盖地，大家稍微认真读一读，便知道经过科举得来的学问，和没有经过科举得来的学问，差别何在了。然而，学问归学问，世道归世道。在野的削尖脑袋想钻进体制内，在朝的害怕一脚被踢掉铁饭碗，便是我们从书本上、从生活中时常看到的文人众生相了。

晚明，尤其万历年间，是一个相当诡异神奇，光影杂呈的年代。我看过一次现代版的《牡丹亭》，票价巨贵，然而，我对能够出现《牡丹亭》的万历年代，十分神往。虽然清代张廷玉的《明史》说，"明亡，亡于神宗"，其实，他应该懂得，国亡要比家灭慢得多。家灭，一把火就能烧个精光，国亡，一把火，两把火，是不会死的。所以，说"明亡，亡于世宗"，也并不错。嘉靖在前，坐江山 45 年，严嵩为相 19 年，万历在后，坐江山 48 年，张居正为相 12 年，严嵩与张居正一对比，嘉靖与万历高下立见。所以，近半个世纪的万历年间，你很难说它多么好，但你也很难说它多么坏。一个出现狂人李卓吾，出现"山人"陈眉公，出现《牡丹亭》，出现震惊中外古今的《金瓶梅》这部文学巨著，如此了得的万历年间，岂是张廷玉、纪昀能一笔抹杀的吗？

一方面，政治腐败，社会紊乱，国家空虚，官员贪渎；一方面，文化发达，文人快活，作品繁荣，精神自由。一方面，边境不宁，内乱频仍，阉宦骚动，宫廷捣鬼；一方面，海晏河清，文修武治，莺歌燕舞，一派升平。如果说，"泼皮"这个社会渣滓层的出现，是随着宋代资本萌芽早期状态而来，那么，"山人"这种体制外的文人集群的出现，毫无疑问，则是明代晚期资本主义接近成熟的副产品。纪昀将"隆万以后，运趋末造"的罪名，扣在陈眉公头上，太高看读书人的能量了。纪晓岚没读过政治经济学，资本经济推动社会发展的力量，胜过农业经济，特别胜过小农经济对于社会的催动不知多少万倍。万历后期，中国人口总量为1.9亿，近2亿，假设其中一半人，不忧衣食，这一半人中又有一半，达到富庶程度，物质世界的大丰足以后，带来精神空间的大拓展，是一种谁也无法遏制的原动力。

纪昀说"道学侈称卓老，务讲禅宗；山人竞述眉公，矫言幽尚"的时候，说不定老泪纵横，他很痛恨，他很痛心。但历史不以人的意志为转移，陈眉公应运而生，成为游离于体制外，渔利于体制内，上下通吃，左右逢源的"山人"杰出代表。正是由于这些鱼龙混杂，良莠不齐，圣贤王八，皆在其中的"山人"，进入精神领域，才形成中国文化史上具有文艺复兴运动性质的繁荣。中国文人的活跃，达到放肆、放任、放浪、狂放的程度，可谓空前，甚至绝后。从15世纪下半叶，到16世纪上半叶的中国大地上，文化思想之发达，文学艺术之繁荣，人文精神之张扬，人性觉悟之高涨，堪称前所未见；提倡个性解放，摒弃禁欲主张，破除儒学樊篱，冲决礼教束缚，更是闻所未闻。这种具有中国特色的文艺复兴运动，也许可能与二十多年不上朝的"宅男"万历帝，不管、少管、懒得管，疏于对文人的"关爱"，有些关联。人类，在其进展的历史长河中，道路不尽相同，步伐未必一致，但必得迈过的门槛，必得经历的洗礼，必得升华的精神，必得付出的代价，是无可回避的。该来的，总是要来的，也许早一点，也许迟一点，但不会留下时代空白。所以万历年间的这一场文艺复兴运动，是与西方世界同步的，也是资本化、市场化逐步发展的必然趋势。

如果说，中国的汤显祖和英国的莎士比亚，同逝于万历四十四年（1616），算是一种历史的巧合，体现东西方文艺复兴心灵上的呼应。那么，次年，万历四十五年（1617）东吴弄珠客及欣欣子序的一百回兰陵笑笑生的《金瓶梅词话》轰然问世，则是明代文人对于中国文化发展的贡献，画上完美句号。如果让你指出"五四"民国的文学代表作，你会回答是鲁迅的《阿Q正传》；如果让你指出清朝文学的代表作，你会回答是曹雪芹的《红楼梦》；如果让你指出明朝文学的代表作，除了这部《金瓶梅词话》，还有其他吗？同样，我们将这部精彩绝伦的惊世之作，并列于欧洲文艺复兴三杰的但丁、彼特拉克、薄伽丘的著作中，毫无愧色。你能在以上这些西方古典作家的经典作品中，读到如此深刻、如此细腻、如此全面、如此逼真的对于人类欲望的全方面表述吗？而能写出这样一部人类欲望百科全书的兰陵笑笑生，并非多年来大家所臆测的将近四十位候选者，包括许多名流、大师的庙堂之士。甚至有的出版社干脆将《金瓶梅》编进《王世贞全集》之中，这种荒唐之举，真令人欲哭无泪，文化人怎么能行得出这等没文化之事呢？我不是认为王世贞写不出来《金瓶梅》，只是作为刑部尚书的王世贞，作为"两统"的铁杆传人，传统和正统，是他为官一生的压舱石。但传统和正统，也是他为文一生中，必然飞不起来的沉重翅膀。

因此，兰陵笑笑生，这位隐姓埋名的文学巨人，作为比陈眉公更为"山人"的"山人"，才是这部杰作的真正作者。

　　唯有"山人"，才能做这等开天辟地之事，写这等惊天动地之文。因为他拥有的思想空间，拥有的写作自由，拥有的叛逆精神，拥有的市场观点，都比王世贞更为开放，更为广阔，才敢如此肆无忌惮，才敢如此挑衅纲纪，才敢如此诲盗诲淫，才敢如此赤裸裸地将人类欲望最丑最脏的一面，剥开来写，揉碎了写。世代为官，全家在朝，簪缨世族，书香门第的王世贞，他的才华、他的才情、他的才气，也许不输兰陵笑笑生，然而，他的胆量、他的胆识、他的胆略，与兰陵笑笑生相差的可不是一星半点。一句话，王世贞敢为一部反传统、反正统的"下流"小说，搭上他的举业功名，付出他的身家性命吗？

　　无论"山人"这名称如何顶风臭四十里，也无论绝大多数"山人"是多么令人不齿。但是，明代文学正是有了像兰陵笑笑生，像陈眉公这样的"山人"，才能与唐宋文学得以平行并列，而不气虚。

　　然而，说到万历年间，"山人"的不良记录，可谓多如牛毛，夸张一点说，几成社会公害。王世贞就说过："山人不山，而时时尘间，何以称山人？"模范山人陈眉公自己，也有类似尴尬。有一次他在宰辅王锡爵家碰到一位贵客，初次见面，寒暄以后，请教名氏，眉公自谦"山人"，客人当即摆脸："既是山人，何不到山里去？""山人"泛滥成灾，评价相当负面。诸如："近世一种山人，目不识丁而剽窃时誉，傲岸于王公贵人之门，使酒骂座，贪财好色，武断健讼，反噬负恩，使人望而畏之。"诸如："此辈率多儇巧，善迎意旨。其曲体善承，有倚门断袖所不逮者。"诸如："世之为山人者，岁月老于车马名刺之间，案无帙书，时时落笔，吟啸自得，而好弹射他人，有本之语，口舌眉睫，若天生是属啮喋人者。"……

"山人"之多，最后惊动了万历皇帝。明代沈德符在其《万历野获编》中说："恩诏内又一款，尽逐在京山人，尤为快事。年来此辈作奸，妖讹百出，如《逐客鸣冤录》仅其小者耳。昔年吴中有《山人歌》，描写最巧，今阅之未能得其十一。"上蹿下跳，招摇撞骗，乃"山人"的谋生手段；四出活动，到处忽悠，成"山人"的日常工作。连当朝宰相，也都成为他们的公关对象："按相门山人，分宜（严嵩）有吴扩，华亭（徐阶）有沈明臣，袁文荣（炜）有王稚登，申吴门（申时行）有陆应阳，诸人俱降礼为布衣交。惟江陵（张居正）、太仓（王锡爵）无之。今则执厮隶役，作倡优态，又非诸君比矣。"其实，陈眉公作为"山人"，也不能不依照"山人"的规律行事。虽然沈德符说"太仓无之"，其实陈眉公也是宰辅王锡爵府上的常客，否则，他也不会遭遇"既是山人，何不到山里去"的面斥了。不过从他所说"士人当使王公（锡爵）闻名多而识面少，宁使王公讶其不来，毋使王公厌其不去"。"一切游大人者，落落如飞鸟投兔，心窃羞之"的言论来看，陈眉公做这个"山人"，始终保持谨慎，十分难得，尤其晚年的他，"朗月和风，穆然无竞"，怡悦风雅，温婉淡适，真是很令人肃然起敬的。

陈眉公大约30岁前，突然顿悟，谢绝科举，大约40岁前，益发坚定，婉拒征辟。如果说，不参加会试，也是怕名落孙山的难堪，有高调一下，求其虚荣的宣传意义。但天上掉馅儿饼，皇帝发聘书请你为官，居然敬谢不敏就十分难得了。《明史》称:"黄道周疏称'志尚高雅,博学多通,不如继儒',其推重如此。侍郎沈演及御史、给事中诸朝贵,先后论荐,谓继儒道高齿茂,宜如聘吴与弼故事。屡招征用,皆以疾辞。"天哪,陈眉公这一份矫情的成本,也实在太高了。胡适不过接到逊帝的一通电话,就如此屁颠屁颠的,你我凡俗之辈,若生在那时,赶上这事,这一点姿态,怕还真做不出来。所以,陈眉公从此一门心思做他的"山人",一直做到老,做到死,不到处卖他那张老脸,不时常唱他那些老调,不出风头,不出洋相,足不出户,尽量收缩。一个人,老了老了,能达到这种境界,你能因为他是"山人",而对他少一分尊敬吗?

然而也不一定,清代乾隆年间,江南三才子之一的蒋士铨写了一出《临川梦》,其中有诗曰:"装点山林大架子,附庸风雅小名家。终南捷径无心走,处士声名尽力夸。獭祭诗书充著作,蝇营钟鼎润烟霞。翩然一只云中鹤,飞来飞去宰相衙。"据清代倪鸿的《桐荫清话》披露:"蒋苕生临川梦院本,刻意诋毁眉公。番禺叶兰台太史衍兰,谓此诗非诋眉公,实诋袁子才也。所说未必足据,然诗中神气颇相肖。"袁子才,即袁枚,三才子之首,其次为赵翼,再其次为蒋士铨。袁因为居长名盛的缘故,倚老卖老,人老了,十个有九个糊涂,他也许是那剩下的一个,不糊涂,可他装糊涂,竟然视赵、蒋为小弟,为跟班。因此,蒋对袁的拿大、自炫,颇有微言。文人相轻,自古已然,言人短者,自己也不会长,这是真理,这位蒋士铨也不比袁随园高明多少,他一面借古人敲打袁枚,拿陈眉公开涮,一面又追着袁枚屁股,敦求不已,为其诗集写序，以彰名声。其小人嘴脸，在袁枚的《随园诗话》中，点睛一笔，显露无遗。

这说明什么呢？一言以蔽之，文人也是人，人是欲望动物，这是《金瓶梅》告诉我们切切牢记的一点。为了欲望，有的人（不是全部，也不会是全部），是什么都干得出来的。加上"两统"的道义支撑，蒋士铨把百年前的陈眉公拉出来陪绑，也就不必诧异了。

其实，对文学而言，多几个陈眉公，不是什么坏事，所谓的那个文坛，热闹比冷清好，嘈杂比寂寞好，"山人"唱大戏，庙堂响锣鼓，瓦釜黄钟，共鸣齐响，这样的文学世界，才叫精彩。

两面董其昌

两面性的人格弱点，对任何人来讲，都不能避免，所不同者，程度上的差别而已。

文人，要比普通人多一个心眼，属于较会掩饰的一群。所以，给人以斯文的一面多些，而不那么斯文，乃至丑陋的一面，往往不大容易被人发觉。这其中，擅长表演，演技达到炉火纯青者，精于隐藏，能够做到纹丝不露者，就更不容易被识破看穿了。你以为他正人君子，其实内心相当小人；你以为他冷酷无情，六亲不认，但在你落难之时，危殆之日，却有一副热心肠，甚而向你伸出援手。不过，幸好的是，在这个物质诱惑如此强烈，名利欲望如此涌动的社会中，一个人要想完完全全、彻彻底底、严严实实，藏掖住自己的另一面，很难很难。

于是，就会发生以下这样的情况，一个完美的典型，佩服了半天，结果破产，成了败类；一个高大的形象，崇拜了很久，忽然颠覆，顿为恶棍。在历史上，这种反差强烈的角色互换，倒也并不鲜见，明代的大艺术家董其昌，大概算得上一个。中国文人之两面性最甚者，有史以来，莫过于他。

当下，知道董其昌字画者很多，知道此人不怎么样者很少，用网络语言来说，"晒一晒"这位野史《民抄董宦》的主角，对了解人之两面性，也许不无意义。

董其昌（1556—1636），字玄宰，号思白，华亭（上海松江）人。早年出身寒门，而且是相当相当的寒，据《云间杂识》："董思白为诸生时，瘠田仅二十亩"，土地不多，还很瘠薄，糊口之难，可想而知。成名后富甲一方，富到流油，富到连同为本乡本土的另一高官徐阶，比他要大三品的前首辅，即宰相，也对他"膏腴万顷，游船百艘"的家产，自叹弗如。一个致仕回乡的辅座，充其量拿干薪而已。董其昌的书法、绘画，每一字、每一笔，换来的都是真金白银。所以，徐府门可罗雀，董府门庭若市。自古至今，艺术而"家"以后，马上精神变物质，名气越大，来钱越多。钱来得快，来得多，很容易成为暴发户，很容易产生市侩气，艺术家一旦商贾化了，为富不仁，则是必然的结果。而且这个董其昌，除了是书法绘画超群的艺术大师，更是级别相当可观的明朝高官，又是拥有万贯家财的地主豪门。名气、权威、钱财，这三合一的优势，让他得意忘形。如果说，他在京城为官时，还有少许的谨慎，回到松江华亭，便肆无忌惮、为所欲为、心遂意愿，想干什么就干什么了。

明万历四十四年（1616）春天，数万江南民众围抄董其昌家，并一把火焚之，就因为他既是地主又是恶霸，横行乡里，豪门加劣绅，作恶多端。加之子弟不法，胡作非为，家人仗势，狐假虎威，诸多劣迹丑行，贻祸家乡邻里。老百姓积怨之深，众乡亲民愤之大，早就恨之切骨。奈何他身居高位，官官相护；

奈何他财大气粗，爪牙众多，只好受其凌辱，任其横行。但这年春天，由于他强纳民女，采阴补阳，拘押民妇，剥裤捣阴，出了人命案，遂遭遇这场抄家。在中国文人中间，为独一份，在世界文人中间，大概也是独一份。围攻民众，成千上万，四乡八里，啸聚而来，焚其屋舍，毁其赀产，砸其牌匾，殴其家人。民抄董宦，野史流传，江南一带，家喻户晓。董其昌的文名虽甚，但不敌其秽名更大，这是他一生中最大尴尬。

到了清朝，撰《明史》的张廷玉，下笔这位极富争议的前朝人物，是如实道来，还是隐恶扬善，大概颇费周章。作为识时度世，老道精明的官僚；作为极其聪明，极会来事的史官，既不能不说这件事，又不能直说这件事，只好和稀泥了。第一，众意难违，董其昌的书法、绘画、题签，在其健在时，便奇货可居，人皆宝之，入清以来，更是朝廷科考，斋宫供奉，干禄求仕，苞苴贿赂的极品。第二，圣眷甚隆，不但为乾隆欣赏宗奉，赞誉备至，朝夕临摹，得其精神，甚至连康熙也是十分首肯的。两位帝王的赏识高看，撰史的他不能不下笔郑重，干吗哪壶不开提哪壶，据实直书其臭其丑，惹得年轻气盛而且特别自负的主子不开心呢！

所以，在《明史·文苑四》的《董其昌》传里，对抄家之事，便大搅糨糊，为董开脱："督湖广学政，不徇请嘱。为势家所怨，嗾生儒数百人鼓噪，毁其公署。"这就经不起推敲了，公署之毁和董宅之抄，风马牛不相及。毁署，发生在万历三十一年（1603）至万历三十三年（1605）间；抄董，则发生在相距十年以后的万历四十二年（1614）至万历四十四年（1616）间，即使这位"势家"报复心极强，也不可能有耐心等十年才下手，更不可能千里迢迢从湖广地界跑到上海松江大打出手。这纯粹是在打马虎眼了。

但论述他的艺术成就时，主子说好，那就顺竿儿爬吧，主编《明史》的张廷玉，便没有什么顾忌了，尽力拔高，不惜溢美。"其昌天才俊逸，少负盛名。初，华亭自沈度、沈粲以后，张弼、陆深、莫如忠及子是龙，皆以善书称。其昌后出，超越诸家，始以宋米芾为宗，后自成一家，名闻外国。其画集宋、元诸家之长，行以己意，潇洒生动，非人力所及也。四方金石之刻，得其制作手书，以为二绝。造请无虚日，尺素短札，流布人间，争购宝之。精于品题，收藏家得片语只字以为重。性和易，通禅理，萧闲吐纳，终日无俗语。人拟之米芾、赵孟頫云。同时以善书名者，邢侗、米万钟、张瑞图，时人谓邢、张、米、董，又曰南董、北宋，然三人者，不逮其昌远甚。"《明史》为官方正史，认可"人拟之米芾、赵孟頫"的说法，说明对其书法自成一家，绘画行以己意，其创新精神突出，成就超越前人，是相当肯定的。明代袁弘道也誉他为堪与苏轼、王维比肩的大师，是在艺术和文学上同样精彩绝伦的"兼才"。

董其昌的官宦生涯中，也有值得称道之处。譬如其尊师恤老，仗义行事："举万历十七年进士，改庶吉士。礼部侍郎田一俊以教习卒官，其昌请假，走数千里，护其丧归葬。"譬如其教授东宫，敢于直言："皇长子出阁，充讲官，因事启沃（为帝王讲解开导的意思），皇长子每目属之（大概董其昌对朱常洛讲了书本以外不该他讲的话），坐失执政意，出为湖广副使，移疾归。"譬如其天启年间，"时修《神宗实录》，命往南方采辑先朝章疏及遗事，其昌广搜博征，录成三百本。又采留中之疏切于国本、藩封、人才、风俗、河渠、食货、吏治、边防者，列为四十卷，仿史赞之例，每篇系于笔断"。这些论述都收在董其昌的《容台集》中，可以看到董其昌在政治上的见解，在军事上的谋划，在经济上的韬略。尤其在涉辽事务上，对努尔哈赤之崛起，对边外女真之扰边，多倡防范抵制之策，颇有未雨绸缪之计。稍后一点的晚明志士黄道周，为此书作序时，也承认对董认识之不足："昔者睹先生之未有尽也。"所以，清廷修《四库全书》，因此书多有触犯清政权的忌讳，而被列为禁书。

这便是董其昌光鲜的一面了，"性和易，通禅理，萧闲吐纳，终日无俗语"，我们看到的是一位儒雅潇洒、洒脱斯文的成功艺术家。在《笔断》的宏论说议中，我们看到的是一位深谋远虑，远见卓识，抱负不凡，真才实学的成熟政治家。

从万历十七年（1589）举进士，时年33岁，一直到崇祯九年（1636）逝世，享寿81岁。非常巧合的是，董其昌政治生涯开始之日，也是他艺术生命肇起之时。据说，那年科考，他名列第一，但是他试卷上的那笔字太蹩脚了，主考将其改列第二，这使他大受刺激，从此埋头练笔。华亭本是书家云集之地，具有天赋的他，很快就出类拔萃，扶摇直上，并触类旁通，兼及绘画，直追前人。于是，声名卓起，被视为一时之俊。在美国耶鲁大学出版社与中国外文出版社合作出版的《中国绘画三千年》一书中，对董其昌的艺术成就也做了很高的评价："以进士出身累官至礼部尚书掌詹事府事，这在文职中是最高级别的官员。为了避免被卷入政治旋涡，董其昌经常借故回家闲居，与朋友往来，观摩、鉴赏和收集古代书画作品，从事诗文、书画创作，成为一个集书家、画家、鉴赏收藏家和文学家于一身的少有人物。"

这样一位看来完美的人物，在其五十年的官场活动中，虽然他玩政治的段级很高，虽然他搞权术的智商很高，尤其他公关的实力相当雄厚，他的字画就是无坚不摧的利器。然而，在权力中心这个高危领域里，而且是风险指数最高的朝廷中间，聪明以至于狡猾如董先生者，也有难保藏掖得不够严实之处，于是，人们便看到他不完美的负面形象。

董其昌在官场上的得意，政治上的跃进，是不大令人信服的。他所担任过的湖广提学副使、督湖广学政，以及谢绝不就的山东副使、登莱兵备、河南参政等职，都是相当显赫的差使。接着继任的太常少卿，掌国子司业，随即擢本寺卿，兼侍读学士，更是人皆艳羡的宠遇。最后，竟升迁至南京（明朝自永乐起，北京为首都，南京也还是首都，设有同样政府架构）的影子内阁中拜礼部尚书。南都虽无实权，不是肥缺，但个人名位却因此水涨船高。由于受到身价倍增的鼓舞，好一阵子，此公颇想活动到北京的中央政府，入阁为辅。在中国，他朝他代，可有别的写字的、画画的，混到比正部级还牛的地步？如果不是他极善经营，又何来这等甚佳官运？

明代后期，万历、泰昌、天启、崇祯诸朝，始终贯穿着阉宦及其附庸官僚控制朝政，与东林党人反控制的激烈斗争，有时甚至是相当血腥的厮杀。而且，自视为清流的东林党人不仅与阉宦势不两立，甚至与非清流的文人，也是形同水火。这对董其昌来说，一方面，他得维持道德文章的面孔，他得保证艺术巅峰的地位，他得拥有学问人品的清誉，他得受到知识阶层的认可；另一方面，他又不得不察言观色，窥测方向，投其所好，随风转舵，不得不为变色龙、为应声虫、为马屁精、为三孙子。在这样政治败坏，朝廷黑暗，官场险恶，吏风沦丧的大环境下，董其昌游转于钩心斗角的局面中，如鱼得水般自由自在；混迹于尔虞我诈的环境里，回旋从容，腾挪自如，与那些红脸的、黑脸的，甚至花脸的各式各样的人物，交往、交际、交流、交好。俗话说，常在河边站，怎能不湿鞋。可他，一团和气，一路春风，总能站在干岸上，立于不败之地，能不教人既羡且妒吗？

当他风头最劲时，谈禅解文，读碑作画，花前题字，月下吟诗，可以称其为京师第一忙人。那时，要是有报纸，有电视，他绝对是头版头条的新闻人物。就看他既是铁杆东林党人王元翰、创党前辈赵南星的座上客，经常请益，差点把门槛踩破，又是东林人士所看不上眼的李贽、"公安三袁"、陶望龄、焦竑、陈继儒的老朋友，来往密切，吃喝玩乐，高谈阔论；他既是首席阁臣周延儒的知音，得其庇护，又是大学士叶向高的知己，受到垂青。能够不分兰艾，走动两府，正邪通吃，皆表忠心。他不但出力支持为人所鄙视的阮大铖，为其奔赴说项，甚至对内廷有实力、有头脸的宦官，也断不了联络巴结，趋迎邀好。尤其对魏忠贤，更是卖力逢迎。"当其盛时，尝延玄书画……魏珰每日设宴，玄宰书楹联三、额二，画三帧……魏珰喜甚。"总而言之，其骑墙左右之得心应手，其人前人后之两面三刀，其八面玲珑之奔走讨好，及其书画墨宝之凌厉攻势，可谓无坚不摧、无攻不克、无求不应、无往而不利。尤其他身段灵活,进止得当,有可为时京师活动,无可为时作画卖钱,有险情时回乡避风,有压力时逃遁江湖,官越做越大,钱越捞越多。人称"巧宦",这当然不是恭维他了,可见同时代人对他也是颇有诟病的。

董其昌写过一首小诗,诗不长,诗题较长,即《画家霜景与烟景渚乱,余未有以易也。丁酉冬,燕山道上乃始司文,题诗驿楼》:"晓角寒声散柳堤,行林雪色亚枝低。行人不到邯郸道,一种烟霜也目迷。"这大概是他又一次从京城官场的政治旋涡中逃脱出来,回松江华亭途中所作。对于明天,对于前景,对于将来重返天子脚下捞取政治红利的可能性,他这个热衷声名,贪婪功利的两面人物,不可能不感到迷茫和失落。正如眼前混混沌沌,朦朦胧胧的一切,看得见,摸不着,究竟是烟乎?还是霜乎?只能存疑。唯有在忐忑中期之于来日了。细细品味,这首七绝倒是他的心理独白。

斗争到了刺刀见红的时刻,就没有真正意义上的傻子了。倘不想被人在胸口上捅个窟窿,而是想要割下对手的脑袋,作为政治动物的他,必得膺服这种官场的丛林法则,也是可以理解的。所以,董其昌为官半个世纪,怕是连一份自我检查,也未写过;怕是连一次批斗会,也未经过,你不能不佩服他进退得当的身手,你不能不赞叹他游刃有余的功夫。

然而,到了万历四十四年,年届花甲的董其昌终于藏掖不住他正人君子的另一面,遂闹出来"民抄董宦"这样惊动东南半壁江山的特大丑闻。

董其昌骄奢淫逸,老而渔色,时届花甲之年,犹拥多房妻妾,而其欲念膨胀,色心强烈,遂导致强劫民女,迫其为妾的事件发生。他之耽迷房中术，豢养方士，淫靡成风，自是明代颓废的士人习气。不过他更为变态，淫污童女，行事嚣张，倚财仗势，略无顾忌，惹翻了乡亲邻里。接下来，不思收敛，反而猖狂，更不择手段，进行打压，私刑逼供，欺人太甚，惹得天怒人怨。即使出了命案，还毫不在乎，倒打一耙，告状在先。横行乡社的董其昌，被人呼为"枭孽"，称之"兽宦"，可见其为非作歹到何等地步。于是，民怨沸腾，终于爆发到不可收拾的地步。

据清代毛祥麟《对山余墨》中《黑白传》一文，事件情节大致如下："吾郡董文敏公，文章书画，冠绝一时，海内望之亦如山斗。徒以名士流风。每疏绳检，且以身修为庭。训致其子弟，亦鲜克由礼。仲子祖常，性尤暴戾，干仆陈明，素所信任，因更倚势作威。郡诸生陆绍芬，面黑身顾，颇负气，口微吃，而好议论。家有仆生女绿英，年尚未忓，而有殊色。仲慕之，饵以金，弗许，遂强劫之。陆愤甚，遍告通国，欲与为难。得郡绅出解，陆始勉从。时有好事者戏演《黑白传》小说，其第一回标题白：'白公子夜打陆家庄，黑秀才大闹龙门里。'盖绍芬，人呼陆黑；文敏既号思白，仲又有霸力，人尝以小白名，所居近龙门寺，故云。其诙谐点缀处，颇堪捧腹，哄传一时。文敏闻，怒甚，奈欲治之而无可指名。有范生者，父名廷言，曾任万州刺史，物故已久，唯夫人尚在。当《黑白传》事起，文敏疑范所为，日督其过。范无如何，因诣城隍庙，矢神自白。乃不数日，而生竟以暴疾卒。范母谓为董氏逼死，率女奴登门诟骂。仲即闭门擒诸妇，褫其袍衣，备极楚毒，由是人情多不平。范生子启宋，广召同类，诉之公庭，词有'剥裤捣阴'语。郡守以众怒难犯，姑受其词，而又压于文敏依违瞻徇，案悬不断。众见事无济，遂相率焚公宅。公于白龙潭东北隅建阁曰'护珠时挟侍姬登眺者'，至此亦付一炬。凡衙宇寺院，文敏所题匾额，毁击殆尽。"

惹到了个别老百姓，事小；惹翻了大批老百姓，事大，连官府都不敢出面弹压，唯恐激起民变，那可吃不了兜着走。董其昌见事不妙，抱头鼠窜，逃往他乡，藏匿起来。否则，他也难逃湖南长沙文人叶德辉的命运。

叶德辉，近代文人，其案发生在民国初年的第一次民主革命时期。斯时，湖南农民运动正如火如荼，声势炽烈，读过《毛泽东选集》一卷首篇者，对此专门调查报告，都有深刻印象。毛文中所提到的"痞子运动"一词，就是出自这个满不在乎，非要跟泥腿子农会过不去的叶德辉口中。因他与张骞、蔡元培等，为清末同榜进士，自负自大，不可一世。与董其昌一样，既是大地主，又是大文人，而且仗家资之豪富，行径也就十分霸凌。曾因屯粮惜售，掀起长沙抢米风潮，被清廷革去功名，可知其品格刁枭。农民革命兴起，叶持抵制态度，与农会对立，大唱反调，嬉笑怒骂，百般诋毁。当时农会权力极大，一气之下，逮捕了他，公审之并枪决之。这也因为叶德辉学问虽大，行事却迂，非要硬碰硬撞，得一个嘴巴痛快。他若有董其昌的百分之一的精滑，逃往汉口、上海，也不至于死于非命。

据明代无名氏《十五十六民抄董宦事实》中对其暴乱现场的描写，称得上早年版的湖南农民革命运动。"董宦父子，既经剥裤虐辱范氏，由此人人切齿痛骂，无不欲得而甘心焉。又平日祖和、祖常、祖源、父子兄弟，更替说事，家人陈明、刘汉卿、陆春、董文等，封钉民房，捉锁男妇，无日无之，敛怨军民，已非一日，欲食肉寝皮，亦非一人。至剥裤毒淫一事，上干天怒，恶极于无可加矣。斯时董宦少知悔祸，出罪己之言，犹可及止，反去告状学院，告状抚台，要摆布范氏一门，自此无不怒发上指，激动合郡不平之心，初十、十一、十二等日，各处飞章投揭，布满街衢，儿童妇女竞传'若要柴米强，先杀董其昌'之谣。以致徽州湖广川陕山西等处客商，亦共有冤揭粘贴，娼妓、龟子游船等项，亦各有报纸相传，真正怨声载道，穷天罄地矣。""柴米强"的"强"，在吴语体系里，就是"降"，便宜的意思。看来，董其昌作为地主，垄断稻米，囤积居奇，与后来湖南长沙的叶德辉生财之道，都是采取的同样的盘剥手段。

在中国，文人被抄家，可谓家常便饭，小菜一碟。但此次民抄董宦，规模之大，范围之广，人数之多，破坏之重，是破天荒的。董其昌遭遇的大场面，人山人海，号称百万。这数字有夸张成分，事属必然，但那些天里，外地群众齐聚松江，本地百姓围观起哄，闹事风潮裹挟十来万人，当是可能的。到了十五、十六两天，事件达到高潮。

> 自此民怨益甚，日多一日。又次早十五行香之期，百姓拥挤街道两旁，不下百万，骂声如沸。自府学至董宦门首，拥挤不得行，骂者不绝口。董仆知事不济，雇集打行在家看守，而百姓争先报怨者，至其门先撤去旗竿，防护者将粪溺从屋上泼出，百姓亦上屋将瓦砾掷进，

观者群持砖助之，而董宦门道俱打破矣。一人挥手，群而和之，数十间精华厅堂俱拆破矣。至次日（十六日）百姓仍前拥挤，加之上海、青浦、金山等处，闻知来报怨者，俱夜早齐到，于本日酉时，两童子登屋，便捷如猿，以两卷油芦席点火，着其门面房。是夜西北风微微，火尚漫缓，约烧至茶厅，火稍烈而风比前加大，延及大厅，火趁风威，回环缭绕，无不炽焰。时百姓有赤身入火中，抢其台桌厨椅，投之烈焰中以助火势者。画栋雕梁，朱栏曲槛，园亭台榭，密室幽房，尽付之一焰中矣。

从《松江府辩冤生员翁元升等申诉状》中所说的"吾松豪宦董其昌，海内但闻其虚名之赫弈，而不知其心术之奸邪；交结奄竖已屡摈于朝绅；广纳苞苴，复见逐于楚土；殷鉴不远，不思改辙前人，欲壑滋深，惟图积金后嗣，丹青薄技，辄思垄断利津，点画微长，谓足雄视常路；故折柬日用数十张，无非关说公事，迎宾馆月进八九次，要皆渔猎民膏，恃座主之尊，而干渎不休，罔顾旁观之清议，因门生之厚，而属托无已，坐侵当局之大权……"群众的眼睛，是雪亮雪亮的。董的丑恶嘴脸，暴露无遗。看来他在京师能够藏掖得住的两面，到了抬头不见低头见的家乡，就不好遮掩。接下来便是这位大师极其不堪的秽迹恶行了。"谋胡宪副之孙女为妾，因其姊而奸其妹，扩长生桥之第宅以居，朝逼契而暮逼迁，淫童女而采阴，干宇宙之大忌，造唱院以觅利，坏青浦之风声，膏腴万顷，输税不过三分，游船百艘，投靠居其大半，收纳叛主之奴，而世业遭其籍没，克减三仓之额，而军士几至脱巾……"

由于其最见不得人的肮脏一面，劣迹斑斑，暴露无遗。这段顶风臭四十里的秽史，使古往今来的拥董的粉丝，对此公两面性之强烈反差，无法解释。一个大有不杀不足以平民愤的地主恶霸，一个为世所公认、书画双绝的艺术大师，两者之间，可有一丝一毫相同之处吗？

也许上帝比较吝啬，不让人十全十美，精明机敏的董其昌，终于藏掖不住其不光彩的另一面，斯文扫地，而成人生败笔。

看来，夹着尾巴做人这句话，虽不中听，但细细琢磨起来，其实不无道理，值得三思。

品味张大复

晚明文人张大复，字元长，江苏昆山人。生于嘉靖三十三年（1554），死于崇祯三年（1630），享年77岁。

他的前半生，为戏曲作家。当时，在江南一带的梨园行里，此人举足轻重。因为戏剧界都熟知"剧本剧本，一剧之本"的说法，剧本的好坏，往往决定一出戏的成败。所以，好剧本难求，好剧作家更难得。演艺界人，虽谙熟声律，但不精通文史，下笔不了；一般文人，学问可以，对剧场艺术，却未必能通其门径而登堂入室，同样，也难下笔。因此，要求剧本既具戏剧性，又具文学性，这是磨合难度很高的创作。于是，作为文章高手，又是戏剧行家，堪称两全其美的张大复，便成为最佳人选。

《世海总目提要》称他："粗知书，好填词，不治生产。性淳朴，亦颇知释曲。"由于他擅长编写传奇杂剧，颇有票房卖点，很受业者青睐。故而四十岁前，一共写了三十多部戏曲，平均一年两出，总量超过英国的莎士比亚。但遗憾的是，他的这些红过、火过的剧目，现在多不被提及，除专门研究中国戏曲史的冷门学者关注外，他是一个几乎无人问津的剧作家。

这就是大自然的生态平衡了，文学也好，艺术也好，谁也不能自外于这个历史规律。严格讲，小说诗歌，戏剧影视，都是时令货，新鲜上市，光顾者多，时过境迁，落秧的黄瓜，就不值三文两文了。你自己觉得好，敝帚自珍，也许果然是好，字字珠玑，可时光不饶人，新陈代谢，物竞天择，后浪奔逐，前浪隐没，读者不买账，观众要退票的这一天，迟早会到来。你还活着，你的作品先你寿终正寝，不是没有可能的。这种因岁月无情的淘汰，而渐渐式微，而终于完蛋，而被人遗忘，而画上句号，是中外古今作家的常规命运，谁也逃脱不了，谁也无可奈何。

西方有一个莎士比亚，东方有一个汤显祖，也就足够足够了，太多的不朽，其实倒是不朽的大减价，大甩卖。于是，作为戏曲作家的张大复，被人忘得干干净净，也属正常，没有什么可惋惜的。不过，幸而他的散文著作《嘘云轩文字》之中，一部十四卷，收文八百五十三篇的《梅花草堂笔谈》，还真的被历史记住了。这部书时下不难找到，尚有人阅读，有人评介，有人褒贬，还有人争论。这样，他在晚明文学史上，认可也好，否定也好，得以有一席之地。

四百年前的张大复，对当下那些崇尚浅阅读，喜好快餐化读物的人来说，恐怕是相当陌生的名字了。

应该说，这位作家，值得一顾，这部作品，值得一读。顾了，读了，能有多大的得，不敢保证，多多少少会有一点得，是肯定的。何况此书不长，用一天工夫，可以通读三遍。第一遍，也许感觉一般；第二遍，你就会对他这些随兴而来，尽兴而止，自由开阖，率意放松，由数十字到百多字写成的小品，产生兴趣，感到亲切；第三遍，那"大珠小珠落玉盘"的漂亮文字，那"语不惊人死不休"的语言张力，那"东关酸风射眸子"的动情篇章，那"风雨飘将去不回"的肆张意境，会让你欣然共鸣，击节赞赏的。

总之，他说不上是当时最好的作家，但也绝不是一个不值得一顾的等外品。

论文学水平，他无法与写《牡丹亭》的汤显祖比肩，论名声地位，也不能与八面玲珑、上下通吃的陈继儒相比。但在这部《梅花草堂笔谈》中，我们读出他文章之潇洒飘逸，笔墨之本色自然，绝无晚明文人中间那股招人讨厌的腐儒味，拘泥迂拙的方巾气；其品格之高狷自好，其心地之质朴孤直，既非同时代那些标榜清高，灵魂猥琐的野狐禅，也无佯装超脱，行止卑鄙的山人气。他是个不结帮不结派，只有三两文友的作家。因之，他活着时就不怎么景气，死后当然益发萧条。再说他这个人，既无名震文坛的野心，也无追赶主流的壮志，能够无欲无求，远离热闹，躲避名士，枯守茅庐，写自己的小文章，圆自己的写作梦，也就足矣足矣了。

这等人，有谁会在意？有谁会在乎？小报记者挖不出他的桃色新闻，评论家估计也拿不到他的红包，各级领导很害怕他伸手讨要救济，当红作家生怕沾上了他惹来霉运，都拼命远离他。好在他知道自己是老几，心态也颇安然，这是我最钦服他的一点。其实，这也未必不好，人分三六九等，货分高中低档，作家也是存在等级差异的，是什么就是什么，本色才是最自然的。任何朝代，出类拔萃的精英文人，终究是少之又少的。若是像菜市场的萝卜白菜，论堆处理，那这个"类"，这个"萃"多了、滥了，也就没有什么含金量了。

要知道，明末文坛之码头林立，之互相倾轧，之狗咬狗一嘴毛，之撕破脸相寇仇，之勾肩搭背抱团取暖，之淫靡成风色情泛滥……是中国文学史上最不像话的一代。你想象有多紊乱，就多紊乱，你想象有多糟糕，就多糟糕，末日王朝所有一切败象，无不在这些文人身上充分表现。《金瓶梅》在万历年间应运而生，绝不是偶然的，正是那具形将朽坏的热尸上，才能滋生出来这种空前绝后的"恶之华"。

这样一来，在昆山兴贤里片玉坊的旧宅里，镇日枯坐着的张大复，你就不能不对之生一分敬意。处于如此喧嚣的社会里，一个文人能做到不为所动，心无旁骛，进自己的门，走自己的路，该是多么的不容易。

有时候，上帝偏不让你做一件事，其实倒是在成全你，正是这种难得的冷遇，使他能够潜心于字句，凝思于文章，造就出与李梦阳、王世贞前后七子的主流意识不同；与耿定向、焦竑的儒学正宗不同；与"公安三袁"的性灵放肆，与竟陵派钟惺、谭元春的复古冷涩不同；与李贽疯疯癫癫的反儒率性不同，与屠隆的声色犬马浪荡成性不同；甚至与他心仪的好友汤显祖宏大抱负不同；当然与他时有来往的陈继儒"飞来飞去宰相衙"更不同的，属于他张大复的独特道路。

他的独特之一，就在于他不同于别人。他的独特之二，还在于别人休想同于他，他就是他，他是唯一的他，所以他了不起。

文学史的任务，就是把相同相似的作家诗人，合并在一个科目下概而论之。握笔一辈子的文人，最害怕什么呢？就是怕成为一个毫无特色，只能概而论之的同类项。长期以来，视张大复为明代万历年间一个再平常不过的普通作家，多少有点低估，也太委屈他了。这位活着时默默无闻，弃世后接近湮灭的张大复，应该是明代晚期一位有分量、有创造、有个性、有才气的散文作家。因为他不追风趋时、不随波逐流、不邀名骛远、不经营造势，四十岁以后，恍若顿悟，放下戏剧，拾起散文，写出自由自在，写出心灵韵动，写出物我两忘，写出天人感应，写出大自然的色彩，写出小社会的斑驳，点点滴滴，流水往事，断断续续，浮云记忆……一句话，写别人不写之写，为别人不为之为，或许就是这位晚明文人最耐品味之处了。

然而，"五四"以后的周作人，对张大复评价很低，认为他在晚明文人中间，算不得一碗能够充饥的大米饭，而是一把用来闲嗑消磨时间的瓜子。

这等不伦不类的村妇式比喻，出自这位名流之口，实在好笑。但这瓜子不敌米饭的评价中，不看好张大复的情绪，昭然若揭。20世纪30年代，明清小品，行市见涨，一是论语派林语堂推崇英国绅士式的幽默，鼓吹袁中郎三兄弟之性灵，形成潮流；一是苦雨斋主周作人，其平实风格的文字，言简意赅的笔法，在文坛的影响，日益扩大，以及对明清散文的推介引导，不遗余力，遂蔚为风气，大行于时。在他看来，似满天星斗的明清文人中间，张大复的实力，实属平平，一般一般的作家而已。若以历史的大角度来考量，出类拔萃者从来是屈指可数的，因此，他的论断也不无道理。

在小品文写作和评论方面，周为重磅人物，毫无疑义。

所以他的话，能起到语惊四座、一言九鼎的重磅作用，也是毫无疑义的。他不大喜欢这个张大复，视他与写《幽帘梦》的清人张潮，号仲子，字心来者，同属一路货色。1932年，周作人在辅仁大学开讲《中国新文学的源流》，当时还在清华读书的钱锺书，在天津《益世报》上拜读这篇讲演以后，写了一篇书评，对周作人不是无心而是有意的忽略，将晚明这位重要文人张大复，排斥在视线之外，对其创造性的文学成就置若罔闻，表明他的歧义："周先生提出了许多文学上的流星，但有一座小星似乎没有能'swim into his ken'（映入眼帘），这个人便是张大复。记得钱牧斋《初学集》里有为他作的状或碑铭。他的《梅花草堂笔谈》（我所见者为文明书局《笔记小说大观》本）我认为可与张宗子的《梦忆》平分'集公安、竟陵二派大成'之荣誉，虽然他们的风味是完全不相同。此人外间称道的很少，所以胆敢为他标榜一下。"

那时的钱锺书还未成为扛鼎人物，不至于把他吓住。周作人没有作声，不等于他认输，没有马上回应，也是名流的一种矜持。隔了三年，1936年，他作了一篇《梅花草堂笔谈》文章，算是反应也好，算是答复也好，不指名地将此公案了结。当时，周作人为北大教授，钱锺书为清华学生，辈分之隔，名望之差，对于这位年青人的质疑，既不能在意，又不能不在意。在意，那就等于视其为对手，太抬高了他；不在意，似乎默认自己确实理亏，才偃旗息鼓的。

这就是中国大人物的弊端了，常常以为自己是皇帝，好武断，好大言，好一锤定音，好说了就算。当然，这也没有什么关系，你是陛下，你是金口玉言，你怎么说怎么是。可问题在于错了以后，这些大人物最容易犯的毛病，就是不认错。不认错倒也罢了，可怕的是知道错了还坚持继续错下去，更可怕的是知道错了还坚持认为即使错也错得正确，一直错到死，哪怕错到棺材里，在盖上棺材板的那一刻，还要伸出一只手，跷起一根手指头，表示他的错，说到底，是一个手指头与九个手指头的关系。你说，这要命不要命？所以，设想一下，政治领袖、经济首脑、军事统帅、地方诸侯，坚持错误、倒行逆施、害国误民、遗患无穷的话，老百姓该要用多少生命为代价，来为之救赎啊！

相比之下，周作人这桩文学公案，是小而焉之的花絮了。

周作人在这篇收进《风雨谈》一书的文章中反驳说："我赞成《笔谈》的翻印，但是这与公安竟陵的不同，只因为是难得罢了，他（指张大复）的文学思想还是李北地一派，其小品之漂亮者亦是山人气味耳。明末清初的文人有好些都是我所不喜欢的，如王穉登、吴从先、张心来、王丹麓辈，盖因其山人之流也，李笠翁亦是山人而有他的见地，文亦有特色，故我尚喜欢，与傅青主、金圣叹等视。若张大复殆只可奉屈坐于王稚登之次。我在数年前偶谈《中国新文学的源流》，有批评家赐教谓应列入张君，不佞亦前见《笔谈》残本，凭二十年前的记忆不敢以为是，今复阅全书亦仍如此想。世间读者不甚知此种区别，出版者又或夸多争胜，不加别择，势必将《檀几丛书》之类亦重复抄印而后止，出现一新鸳鸯蝴蝶派的局面，此固无关乎世道人心，总之也是很无聊的事吧。如张心来的《幽梦影》，本亦无妨一读，但总不可以当饭吃，大抵只是瓜子耳。今乃欲以瓜子为饭，而且许多又不知是何瓜之子，其吃坏肚皮宜矣。"

在这个世界上，有时候很难与一个揣着明白却装糊涂的人讲理。明白人极好讲理，因为他明白；而明白人揣着糊涂，那就是一头不可理喻的犟驴。只是因为"他（指张大复）的文学思想还是李北地一派"，只是因为"明末清初的文人有好些都是我所不喜欢的"，于是，张大复被否定掉了。这使人不禁纳闷，我们评价一个作者，评论一部作品，究竟依据什么标准？个人喜恶，能成为一种接受或排斥的理由吗？

我同样也不喜欢这位以汉奸罪在南京国民政府老虎桥监狱坐过牢的周作人，但我从不因此不承认他在近代文学史上的地位，他的散文成就。明代王世贞对有杀父之仇的严嵩，那应该是不喜欢到极点的，但这位权奸的《钤山堂诗集》，在王弇州眼里，还能得到一个"孔雀虽然毒，不能掩文章"的客观评价。

看来，周作人对于这位晚明文人张大复的挑剔，近乎苛刻。

从他将其划入李北地一流，从他将其与张心来相提并论，说明周作人对张大复这部佳作的阅读，浅尝辄止的粗疏，是有的，皮毛之见的草率，是有的。这三个人，李梦阳（1472—1530）死，张大复生，张潮（1650—？）生，张大复死，可谓互不搭界。前者为政治色彩特强的官员，壁垒意识特强的诗人，非常之原教旨；后者为门第出身特棒的名士，兴趣爱好特广的玩家，相当的嬉皮士。而张大复，一个勉强考得的穷酸秀才，一个贫病交加的孤寒弱者，硬把他们三个捏在一块，真是老子与韩非同传，风马牛不相及。所以钱锺书说的未入尊目（"swim into his ken"），让周作人很不受用，可想而知。

钱锺书认为张大复在晚明文人之中，是个堪与张岱比肩媲美的人物。而"集公安、竟陵二派大成"这句话，本是周作人对张宗子，即张岱所著《梦忆》的评价。钱锺书将张大复的《梅花草堂笔谈》，抬爱到可与之平分这荣誉的高度，自然不合周作人之意，他说："凭二十年前的记忆不敢以为是，今复阅全书亦仍如此想"，一口回绝了钱锺书。

写《陶庵梦忆》的张岱，比之写《梅花草堂笔谈》的张大复，确实拥有更大的社会影响，得到更多的读者认可。但是，生于 1597 年，死于 1679 年的张岱，与生于 1554 年，死于 1630 年的张大复，相差半个世纪。时代不同，家国不同，命运不同，活法不同，对作家文章的优劣，对作家思想之高低，存在着无法计量的影响。我们可以将鲁迅与周作人放在一起讨论，因为他们曾经生活在同一天空下；但张大复和张岱却无法放在一起比较，因为一死于崇祯三年，明尚存在，一死于康熙十八年，明已灭亡。国之亡，国之未亡，对有心有肝、有血有肉的中国作家来讲，大有干系。这大环境的变化，非同小可，对于作家来讲，做顺民还是殉国，性命攸关；对于作家的写作来讲，谄媚新朝还是效忠故国，生死攸关。正是明清鼎革的危亡意识，使得张岱的形象思维得以高度升华，单论文学水准，论文字功力，张大复未必不能与张岱旗鼓相当。要求张大复生出张岱那种家破国亡的黍离之感，改朝换代的亡国之恨，晚景凄苦的失家之苦，穷愁暮路的悲怆之情，那是荒谬的，这就是自视甚高的周作人，自信太过的偏见了。

作为随笔，求其精，作为小品，求其短，当然是第一位的考虑。但是，为了精萃，而忽略华腴，难免削足适履；为了短小，而不敢铺陈，那就是方凿圆枘了。所以，螺蛳壳里做道场，应该有举重若轻，齐墨似金的用心，应该有浓而不酽，淡而不白的本领。张大复在这个方面，一直受到当时人的认可和尊重。汤显祖评价他的《嘘云轩文字》，为"近吴之文得为龙者"；钱谦益称赞张大复："其为文空明骀荡，汪洋漫衍，极其意之所之，而卒不诡于矩度，吴中才笔之士，莫敢以雁行进者。"

试举其写雨的两文为例，一曰《南庭》："云情暧㬉，石楚流滋。麦鸟骇飞，蝼蝈正咽。亦有怒蛙拱息草下，张口噤舌，若候雷鸣。狂飙忽卷万马奔沸，疏雨堕瓦，忽复鸣琅。百道金蛇，迅霆如裂。气散源收，浮腻亦敛。灯火青煌，南庭寐寂。撑颐解眠，故自悠然。"

不足百字，将一场大雷雨的始末，写得有声有色，有情有景。其壮观的来势，其强烈的动静，其陡然的结束，其晚净的淡定，使人产生出如临其境，如见其人的现场感。

一曰《雨势》："大雨狂骤，如黄河屈注，沸喊不可止。雷鸣水底，砰砰然往而不收。如小龙漫吟，如伐湿鼓。电光闪闪，如列炬郊行，来著门户，明灭不定。仰视暗云，垂垂欲坠，道上无弗揭而行者，藉肩曳踵，入坎大叫，如长啼深林，鬼啸云个而裂垣败屋之声，隐隐远近间。雨势益恣，每倾注食许时，天辄明，旋即昏暗，如盛怒狂走，气尽忿舒，稍稍喘息，而后益纵其所如者。此时胸中亦绝无天青日朗境界，吾其风波之民欤？"

同样一场雷雨，前者是雨在人外，得以从容观察，心态安然，后者是人在雨中，仓促应对，狼狈不堪。前者是轰然而至，欣然而去的一场轻喜剧，后者是恶神天降，灾难临头，不知伊于胡底的悲剧。张大复的笔下，数十字，百把字，写得如此活灵活现，引人入胜，而且，用字措词，平白如话，无一字可易，无一字多余，堪称绝活。

假如，你要知道他是一位盲人的话，我想你更会为之动容。

在中国所有故去的和还健在的文人中间，他这一辈子，如果不是活得最为艰难者，大概也是生存状态极不佳之人了。一个要拿笔写字的文人，眼睛突然瞎了，没有阳光，没有色彩，当然也就没有白昼，只剩下无穷的黑夜，你说他怎么办？谁都想不到，我估计连他自己也想不到，这个张元长，既不自杀，也不搁笔，而是一天一天地坚持着活下去，活得有滋有味；而是一字一字地坚持着写下去，写得精彩纷呈。虽然，你可以想象他该有多难，该有多苦，但是，这个看起来极弱的人，实际却是个极强的人。我觉得他的生命力，够结实，够坚韧，哪怕人被拧成麻花，心被碾成面饼，也不认输，更不断气，不但挺住了生理和心理的压力，更经住了精神和物质的煎熬，而且另辟蹊径，别开生面，在晚明文学史上留下自己深刻的脚印。

据汤显祖《张氏纪略》：张大复"为诸生且五十年，竟以病废。至云母子之间，徒以声相闻者十四年。母病时，以手按母肌肉消减，含泪大恐。而母夫人犹喘喘好语曰，恨儿不见吾面，犹未有死理也。斯语也，闻之而不亦悲乎？天下有目者皆欲与无长目，不可得矣。有子铁儿而殇，有女孝仲，秀慧端婉，晓书传大义。所谓闺阁中钟子期也。为孟家妇，几年而复殇。天之困元长也，不愈悲乎？凡此数端者，客以为何如也？"

张大复，老天实在够虐待他的。40岁前，他就以多病著称，认识他的人，他认识的人，都视他为病秧子或药篓子。据他《病居士自述》中所陈述的病情，至少罹患着以下数种慢性病：一、心脏系统有点问题，房颤或是心律不齐的"病悸"。二、血液循环系统代谢失调的"病肿"。三、胃肠消化系统炎症的"病下血"。四、"病肾水竭"的肾炎或者肝炎。五、最为可怕的视网膜退化，多年以来"目昏昏不能视"，最终导致失明。于是，40岁后，张大复，就是一个完完全全的盲人了。

然而，他挺得住。自号病居士，以乐观精神对待自己的疾患。"客谓居士曰：'子病奈何？'居士曰：'固也！吾闻之师：造化劳我以生，佚我以老，息我以死；我未老而化物者，且息我，我则幸矣，又何病焉？居士块处一室，梦游千古，以此终其身。'"然后，自号"病居士"的他，更进一步阐述："木之有瘿，石之有鹦鸰眼，皆病也。然是二物者卒以此见贵于世。非世人之贵病也，病则奇，奇则至，至则传天。随生有言，木病而后怪，不怪不能传其形。文病而后奇，不奇不能骇于俗。吾每与圆熟之人处，则胶舌不能言，与骛时者处则唾，与迂癖者则忘。至于歌谣巧捷之长，无所不处，亦无所不忘。盖小病则小佳，大病则大佳。而世乃以不如己为予病，果予病乎？亦非吾病怜彼病也。天下之病者少，而不病者多。多者，吾不能与为友，将从其少者观之。"

这说明什么问题呢？眼虽失明，只要魂还在、心不死，文学就不会亡。冲这一点，对这位盲人作家，值得我们脱帽致敬。

他是弱者，然而他比强者更强地打点着他的文学，诚如西谚所说，上帝给你关上一道门的同时，也会给你打开一扇窗。这个张大复，眼虽失明，心却明亮。以他写的有关蔷薇两题，就可以看到这位盲人作家，是怎么样用心来感知这个世界的：

一曰《读酒经》："数朵蔷薇，嫋嫋欲笑，遇雨便止。几上移蕙一本，香气浓远，举酒五酌，颓然竟醉。命儿子快读《酒经》一过。"

一曰《蔷薇》："三日前将入郡，架上有蔷薇数枝，嫣然欲笑，心其怜之。比归，则萎红寂寞，向雨随风尽矣。胜地名园，满幕如锦。故不如空庭袅娜，若儿女骄痴婉恋，未免有自我之情也。"

他失明的眼睛，看不到蔷薇叠彩，但"香气浓远"，飘然袭来的芬芳，却能使他感到蔷薇的"嫣然欲笑""嫋嫋欲笑"，感到蔷薇的"骄痴婉恋""自我之情"。"感到"和"看到"，是两回事，看到的，是平面，感到的，是立体，这种应目会心，神与物游的通灵境界，这种着墨不多，言意不尽的缠绵文字，会让你觉得，他的双目失去了视力，他的心灵却无微不至地伸展到方方面面，延长着他的味觉、嗅觉、听觉、触觉，扩大到足以覆盖他体外所有的枝枝节节。现在你所捧着的这部《梅花草堂笔记》，分不清其中篇目，哪些是失明前写的，哪些是半失明状态下写的，哪些是他失明以后口授而他人笔录的。浑然一体，难分轩轾。

我一直在想，张大复所坚持的纯美自然，所追求的质朴本色，所在意的洁身自好，以及汤显祖赞他的"天下有真文章矣"的"真"，成为他的人生信仰，成为他的行动指南，虽百病缠身不低头，虽一片漆黑不自馁，也许是他自觉地或不自觉地，对明末那个极失败的社会，那个极不可救药的文坛，在精神上的唾弃和行动上的决绝吧！他有两篇写月的文字，可以进一步地读到他的内心，他的向往，他所要构筑的文学天地，他所要达到的文学目标。

　　一曰《独坐》："月是何色？水是何味？无触之风，何声既烬之？香何气？独坐息庵下，默然念之，觉胸中活活欲舞，而不能言者，是何解？"

　　一曰《月能移世界》："邵茂齐有言，天上月色能移世界。果然，故夫山石泉涧，梵刹园亭，屋庐竹树，种种常见之物，月照之则深，蒙之则净；金碧之彩，披之则醇；惨悴之容，承之则奇。浅深浓淡之色，按之望之，则屡易而不可了。以至河山大地，邈若皇古。犬吠松涛，远于岩谷。草生木长，闲如坐卧。人在月下，亦尝忘我之为我也。今夜严叔向置酒，破山僧舍，起步庭中，幽华可爱。旦视之，酱盎纷然，瓦石布地而已。戏书此，以信茂齐之语。时十月十六日，万历丙午三十四年也。"

　　也许因为这生活太沉重，这日子太琐碎，这现实太困惑，这人间太复杂，所以，月明之夜，给人们带来朦胧的美、隐约的美、含蓄的美、恬静的美，对所有人都一视同仁的美，不仅遮住丑恶，隐去肮脏，不仅化腐朽为神奇，使平凡成瑰丽，还能使我们"忘我之为我"，生出虚无缥缈的幻觉，得到美的享受，美的满足。张大复在明末文人当中，别树一帜，走的这条唯美主义的文学道路，岂是那些当时的、后来的，蝇营狗苟的凡庸之流，追名逐利的干谒之辈，淫逸无耻的声色之徒，阿附权贵的文蠹之类，所能理解，所能企及的？

汤显祖也是一位唯美主义者，他的《牡丹亭》，就是一部唯美主义的杰作。所以，其实来往很少的这两位文人，却是真正的心灵上的知音。

虽然，他的努力，他的追求，他所创造出来的文学世界，你也许并不羡慕，因为收入和支出简直不成比例。但是，他的这部在黑暗中摸索出来的《梅花草堂笔谈》，所达到的美学高度，却是我等视觉很好的文学人，使出吃奶的劲，也休想望其项背的。

第一，相当草包的我等，腹中实在很空。

第二，相当脓包的我等，骨头实在很软。

第三，设若我等落到张大复这种举步维艰的无尽黑夜之中，能自强而且体面，能安之若素而且从容不迫，写出来一部洋洋洒洒的《梅花草堂笔谈》吗？恐怕先就被那永远的无穷的黑暗，压倒压垮了。

现在终于弄懂，周作人之所以不认可这位明末的文学大师，观察此公一生行止，也就了解其坚不认可的由来了。

"三言二拍"冯梦龙

在中国小说史上，冯梦龙（1574—1646）是个很重要的人物。

虽然，长期以来，他被定性为通俗文学家，但这并不是十分准确的评价。实际上，他是一位扭转了宋元明以来中国人阅读习惯的小说改革家，算得上是中国小说史上的拓荒者。在中国，写小说者很多，但对大家读惯了的小说，无论内容无论形式，能实行一次根本变革者很少。

凡能行非常事者，必非常人，他绝不是文学史上可以马马虎虎对待的人物。

中国的白话小说，始于宋代的话本。但从话本出现那天起，内容无非两端，主要是说史，其次为神魔、灵怪、胭粉、传奇之类。应该说，是这位冯梦龙，将旧的小说格局，引出神天鬼地，回到大千世界，疏离帝王将相，关注芸芸众生。

这是极具勇气的创举。

当然，我们也要看到，14、15世纪的中国，由于作坊手工业的发达，由于商贸交易活动的活跃，粗具规模的资本经济开始萌芽，拥有财富的新兴阶层便在城市中出现。与小农经济不同的是，这些城市中的有产者和平民，是一个涌动着消费欲望的群体。他们的文化需求，和躺在地头上由着太阳晒屁股讲两个荤笑话就心满意足的农民不同，他们渴望着美学价值高一些，文化品位强一些，以市井人物为主体，以城市生活为背景的文学出现。于是，冯梦龙的"三言"应运而生，扬弃话本小说中旧的讲史模式，遂走在了时代的前列，是再正常不过的事情。

冯梦龙，江苏长洲人。在明代，江浙是经济最发达地区。因此，他能得风气之先，创新行事，也是一种历史的必然。不过，对这位具有前瞻性的小说改革家，文学史缺乏足够的估价。一个"俗"字，给他盖棺论定，是不甚公正的。

有文学，就有圈子，好者好之，恶者恶之，但只要圈在一起，必然是一个宗旨排外的团契。犹如海明威所言，像养在一个玻璃瓶里的蚯蚓，钻来拱去，互相以彼此的排泄物，抚慰着自己，做瓶子里的文学大师之梦。好在冯梦龙识趣，不想干扰人家这种自得其乐，何况他的事情多得很，日程排得很紧。一方面，他要下乡去采风，为已经出版的吴下民歌集《挂枝儿》再编一本《山歌》续集。一方面，他要马不停蹄地，访遍江浙一带的书市，觅寻散佚的宋人话本。

因为，他要据其中"市人小说"的断篇残章，来撰写他的《警世通言》《醒世恒言》《喻世明言》。所以，鲁迅在《中国小说史略》中，对他的这些创新作品，定名为"拟宋市人小说"，算是有别于传统的新品种。"市人小说"，也就是"市井小说"，"市井小说"，也就是市民当主角的小说。对今天的作家来说，愿意写谁就写谁，愿意咋写就咋写，当然没有什么了不起的。可五百年前，自宋元明三代沿袭下来的规矩，凡小说，必讲史，成为金科玉律，要破它，需要一分胆量。

我钦佩冯梦龙这种敢于否定的勇气。否定一个两个前人，也许并不难，但否定几朝几代的定论，否定几百年来的规矩，在习惯听命，比较软骨的中国文人行列里，像他这样的抗命者，是罕见的。所以，明亡以后，一说于忧愤中死；一说为清兵所杀，便足证他的风骨。站在嘉年华盛会门外的冯梦龙，探头朝里一看，瓶子里的哥儿们姐儿们正玩得开心，便不想打扰，伸手拦住一辆"马的"，上了高速，打道回府，奔长洲去也。

每个人都有他的快乐，只有最没出息的作家，最没起子的评论家，才能以别人的快乐为快乐。我认为，冯梦龙的快乐，是他将大家已经习惯了的，文即史、史即文的神圣法则推翻，以现实世界中发生的人和事，也就是活生生的，你熟悉，我熟悉，大家都熟悉的人和事，为描摹对象。这种另辟蹊径的快乐，这种颠覆传统的快乐，是作家的至高境界。他在这三部书中，改编、移译、移植，更主要是自创了大量的"拟宋市人小说"，诚如一首赞他的诗中所说，"千古风流引后生"。《红楼梦》也好，《儒林外史》也好，五四白话文运动也好，甚至我们大家写的当代小说也好，溯本追源，最早是从他这条涓滴小溪开始，然后才成为滚滚巨流的。

对作家来说，创造的快乐，才是真正的快乐。现在回过头去看收录在"三言"中的，每部40卷，三部共120卷的小说，无一不是呕心沥血，倾肠吐肝之作，这里面既有宋元旧制，也有明人新篇，更有冯梦龙他自己操刀的拟作。由于经过他程度不同的润饰增删，最后，神仙也分不清每一篇之由来，之所本。这就是大师化腐朽为神奇的创造力。

孙楷第《小说旁证》一书的序文中，分析了通俗小说的出现，正是由于有文人的介入，才得以登堂入室，大行其道的。

> 宋人说话有小说一门，敷衍古今杂事，如烟粉灵怪公案等色目不同，当时谓之舌辨。盖散乐杂伎粗有可观，虽一时习尚难以禁除，亦不为世重。及文人代兴，效其体而为书，浸开以俚言著述小说之风。如冯梦龙"三言"、凌濛初《拍案惊奇》二集、清李渔《无声戏》《十二楼》等不下数百卷，为世人传诵。于是通俗小说骎骎乎为文艺之别枝，与丙部小说抗衡。

孙楷第说到这类新的文学体裁之来势凶猛，之不可遏制："盖其纪事不涉政理，头绪清斯无讲史书之繁；用事而以意裁制，词由己出，故无讲史之拘；以俚言道恒情易览而可亲，则无文言小说隔断世语之弊。至于藻绘风华，极文章之能事，则又二者所同，不可扬彼而抑此。斯虽通俗欤而无伤于雅。然则征其故实，考其原委，以见文章变化斟酌损益之所在，虽雕虫篆刻几于无用，顾非文人之末事也。"

台湾作家苏雪林说过："真正有价值的文艺作品，要老幼咸宜，雅俗共赏。像《今古奇观》那部短篇小说，除二三篇艺术水准略差外，其余各篇，俗人读固觉有味，雅士读也觉有味，少时读是一种境界，中年读境界便进一层，老时读，境界更深一层。这便是耐读，耐读的作品，当然是好。《今古奇观》之所以好，是由于文人作家冯梦龙曾将其大加改作的缘故。"

其实，仅仅从阅读角度来肯定冯梦龙的作品，是不够的。应该看到，"三言"的出现，是中国白话小说由口头传述到文字表现，从集体创作到个人创作的分水岭。而小说，作为一门艺术，也是从"三言"起，在审美追求上才有了实质的进步。人物描写从粗略化到细腻化，故事情节从传奇化到现实化，语言表达从粗鄙化到文采化；章回结构从随意化到严整化，因此，将冯梦龙看成一位通俗文学家，而忽略其在文学发展史上的意义，显然是不公正的。

由于冯梦龙，小说从粗俗回到雅致，从历史回到现实，从子虚乌有的神话世界回到身边和周遭的生活中来，市民阶层中的极其普通的人物形象，卖油郎、杜十娘、蒋兴哥、灌园叟，才能在小说中登台亮相。因此，他的作品，不但奠定了中国白话小说的写实主义传统，更奠定了文学创作中最宝贵的平民精神。因此，他为中国白话文学、平民文学所作出的贡献，实在是非常了不起的。

鲁迅《中国小说史略》中说："宋人说话之影响于后来者，最大莫如讲史，著作迭出，明之说话人亦大率以讲史事得名，间亦说经诨经，而讲小说者殊希有。"这种讲史传统，是和我们这个民族容易沉湎于往事的国民性相关联的。

我们大家都读过的，南宋陆游的那首小诗："斜阳古柳赵家庄，负鼓盲翁正作场。死后是非谁管得，满村听说蔡中郎。"我们看到了露天晚会那熙熙攘攘的盛况，也看到了说书人将抛弃发妻的蔡中郎串演得如何有声有色。这个蔡中郎，据说为后汉末年的蔡邕，其实倒是冤枉了这位大学问家，他与那个第三者插足的家伙毫无关系。但赵家庄村民，曲终人散，月牙高挂，还在谈论一千年前的这个故事，意犹未尽。可见这种偏爱往回看的意向，是中国读者的痼疾。

英雄气短，美人迟暮，可从前代的衰颓中找到慰藉；春风得意，衣锦还乡，马上生出名垂青史的自负；老百姓看帝王之大卸八块，贵族之扫地出门，淋漓痛快而不亦乐乎；权贵们视江山之朝秦暮楚，朝廷之瞬息万变，殷鉴不远而赶紧捞取。黄钟大吕般的盛世华章，向隅而泣的末代哀音，振奋也罢，伤感也罢，对这个读《三国》替古人掉泪的民族来讲，是永远的热门。

因此，在这样一个总体氛围下，15 世纪的这场小说改革，那难度是可想而知的。但是，冯梦龙在他深入地头田间，桑林茶园，从农夫牧竖，老妪乡姑那里搜集"民间性情之响"的歌谣曲调时，自然也在了解这些最基本的读者或听众，对于讲史类话本小说的倾情所在，说到底就是"故事"二字。陆游诗中那个赵家庄的村民，之所以沉醉于盲人的鼓书中，是被蔡中郎的故事深深吸引。而历史小说，无一不是由密集的、浓缩的、色彩强烈的、跌宕起伏的故事组合而成的。

小说之本，为故事，小说的要害，也在故事。有了好的故事，也就有了好的小说。在英语中，小说又称 Story，而Story，也就是故事。因此，冯梦龙以故事连着故事，大故事中套小故事，故事之外又有故事，旧故事引出新故事等手法，来结构他的三部小说集中共 120 篇作品。他就凭他所讲的这些故事，赢得了一代又一代的读者。

持西方小说观点的胡适，对这种故事加故事的中国传统小说写法，是不以为然的。在《宋人话本八种》的序言中，引用了鲁迅的一段话："什九先以闲话或他事，后乃缀合，以入正文。……大抵诗词以外，亦用故实，或取相类，或取不同，而多为时事。取不同者由反入正，取相类者较有浅深，忽而相牵，转入本事。故叙述方始，而主意已明。……"胡适认为："这个方法——用一个相同或相反的故事来引入一个要说的故事——后来差不多成了小说的公式。"

胡适是以西方小说观点，做出这个"公式"的结论，其实，真正掌握了中国读者阅读心理的，是冯梦龙而不是他。做过多种文本试验的胡适，也曾写过小说，我能记得起来的，也就一篇针砭国民性的非常概念化的《差不多先生传》，因为没有什么内容，没有什么故事，终于湮没。与他同在"五四"以后不久写出来的鲁迅的《阿 Q 正传》，由于有内容，有故事，而且是一个个有意思的故事，从此家喻户晓，成为每个中国人耳熟能详的不朽之作。

应该看到，中国现当代小说，虽然是西方小说写法与中国传统白话小说写法相嫁接的产物，但在植物学中，母本的基因，常常是起决定性作用的。在这个世界上，文学也好，具体到小说也好，有其相通之处，也有其民族的、本土的、传统的、习俗的种种不尽相同之处。因此，在中国这块土地上，凡是能够把握住冯梦龙的故事魅力的作家，便能拥有中国读者。

拿什么拥有读者？故事。而故事是什么？说到底，故事就是想象力。

对一个缺乏想象力的作家来讲，你能指望他写出讲述精彩故事的小说来吗？

　　就这么一碗米，你偏要让这位作家做出一锅饭来，他该怎么办呢？除了拼命往锅里添水外，还有别的什么高招吗？

　　于是，小说的粥化，便是当代长篇小说的一道风景。

名士张岱

　　中国之强弱，以宋为分界线，赵宋王朝的理学禁锢，礼教桎梏，人性压抑，思想束缚，种种意识形态的整肃，将中国人的生气，活力，创造性，想象力，开放心态，宽容胸怀，统统钳制得往木乃伊的方向发展；将汉、唐以来那种万物皆备于我的主人公姿态，敢于拥抱整个世界的大志气、大雄心，敢于追求精神和物质上的大丰富、大满足，敢于昂首于天下，嚣张于宇内的大气魄、大手笔，统统压榨进死气沉沉的棺材板中。木乃伊与潇洒是不共戴天的死敌，而无论什么人，在棺材板中也绝对潇洒不起来。所以，宋以后，中国文人真正称得上潇洒者，便很稀见了。因此，词典解释"潇洒"一词，通常举唐代李白《王右军》诗"右军本清真，潇洒在风尘"为例，这一个唐人，一个晋人，才是令人向往的潇洒风范。而随后经历了宋之阉割，元之去势，明之幽辟，清之自宫，中国文人连"雄起"的可能性都不存在了，还有什么潇洒可言？

　　于是乎，像张岱这样一位名士，文学史上最后一位真正的潇洒人物，便值得刮目相看了。

公元 1644 年，对中国人来说，是不知该朝谁磕头才好，而惶惶不安的动乱年月。在北京城，首善之区，这一年，三月十九日，天下着小雪，朱由检吊死煤山，四月三十日，玉兰花开得正欢，李自成撤出北京；十月初一，初冬阴霾的天气里，福临登基。大约在半年的时间内，死了一个皇帝，跑了一个皇帝，来了一个皇帝。生活在胡同里的老百姓，对这走马灯似的政局，眼睛都嫌不够用了。

磕头，并非中国人的嗜好，而是数千年封建统治的结果。国人这种必须要用磕头的方式，向登上龙床的陛下，表示子民的效忠，才感到活得踏实的毛病，也是多少年无数经验总结出来的结晶。因为，老百姓有他的算盘，国不可一日无主，如果无主，势必人人皆主，而人人皆主，对老百姓所带来的灾难，要比没有主更祸害，更痛苦。因此，有一个哪怕不是东西的主，戳在紫禁城，也比人人皆主强。所以，京城百姓，在这半年多时间里，不管三位皇帝，谁先来，谁后到，谁是东西，谁不是东西，都乖乖地山呼万岁，磕头连连。

文人，有点麻烦，麻烦在于他们是这个社会里有文化的一群。因为有文化，就有思想，因为有思想，就有看法，因为有看法，就有选择。那么，他必然自问：第一，磕不磕？第二，向谁磕？所以，在这改朝换代的日子里，文人们比无知百姓多了一层烦恼，头是要磕的，可怎么磕，成了问题。

即使一家杂货铺，半年之中，接连换了三位东家，店里的伙计能无动于衷吗？虽然说，谁来都是老板；虽然说，不管谁来你也是伙计。但是，老东家朱由检，新东家福临，半路上插一腿的过渡东家李自成，对当伙计的来说，就产生了疑难，一是感情上的取舍，一是认知上的异同。可想而知，对于匆匆而去，匆匆而来的三位皇帝，胡同里的老百姓，只消磕头就行了。而文人，有的磕得下这个头，有的磕不下这个头；还有的，也不说磕，也不说不磕，给你一个背脊，介乎磕和不磕之间。所以说，这一年的北京，做老板难，做伙计又何尝不难呢？到了该拢火生炉子的季节，中国文人面对着磕不磕头的这张试卷，再不做出答案，恐怕日子就不好过了。

政权就是老板，文人就是伙计，任何社会都是这样的一种契约关系。虽然，大家羞于承认这一点，但大家也不否认"皮之不存，毛将焉附"这个道理。事实就是如此，说白了，中国文人，不过是各人用各人的方法和手段，直接或间接地从统治阶级那里讨生活罢了。包括那些口头革命派，包括那些清流名士派，也包括那些不拿人民币而拿美元和欧元的西化鼓吹派，说到底，都是给人打工的伙计。老板开腔了，现在我是掌柜的，你要服我的管，听我的话，如此，你就可以留下来；否则，对不起，我就炒你的鱿鱼，让你卷铺盖走人。如果真是一家杂货铺的老板，这样的狠话，也许不必放在心上，此处不留爷，自有留爷处。可大清江山，独此一家，别无分号，你到哪里去？明末清初，有多少中国文人，想彻底逃脱必须交卷的命运，也就仅有一个朱舜水，浮海去了日本，免除磕头的烦恼，绝大多数文人无一例外地皆要面对这道难题。

俗语"学成文武艺，货于帝王家"，不知典出何处？但却是中国旧时知识分子奉为圭臬的箴言。加上北宋时期的《神童诗》"万般皆下品，唯有读书高"，再加上宋真宗的《劝学诗》，这就像孙悟空脑袋上的紧箍儿一样，使得封建社会里的中国人，从启蒙识字那天开始，就将自己将来给谁打工，为谁效力，看谁脸色，朝谁磕头，都基本定向。而且，也像"孙悟空"一样，永远跳不出如来佛的手掌心，一辈子在怪圈儿中打转。

中国文人，在宋以前，还能保持一点自己，在宋以后，基本上就没有了自己。当然，也有的人不那么甘心，想有一点自己，那么被戴帽子、被打屁股、被砍脑袋，便是注定的命运了。

可怜啊，当时的中国文人，就只好一分为三：第一种人，磕头的顺服者；第二种人，不磕头的抵抗者；第三种人，让他磕，不得不磕，能不磕，绝对不磕的既不顺服，也不抵抗者。

我们知道，大明王朝第一个剃发磕头的武人，为吴三桂，准确日期为这年的四月二十二日下午时分，准确的地点为山海关老龙头军前。而大明王朝第一个剃发磕头的文人是谁呢？好像应该是钱谦益，然而不是。这位领袖文坛的扛鼎人物，这位有头有脸的大明官员，是在吴三桂剃头后一年，顺治二年五月十五日清军过江，进入南京城时，将自己头上的白发剪掉，以示顺服。这位前朝的东林党人，首辅候选，晚明第一号种子作家，其实是一个不大耐得住寂寞的文人；不过话说回来，又有几多文人能耐得住寂寞呢？牧斋先生认为自己，既然胡服左衽地降清了，还不如索性豁出去为新朝大干一场，也算有失有得吧！随后，顺治三年，来到北京，给福临磕头来了。立授礼部侍郎管秘书院事，充明史馆副总裁，着实的滋润。他这一带头、一示范，不打紧，如吴梅村、如龚鼎孳，前有车，后有辙，也——剃了发，排在后面向新朝磕头。这样，凡有奶便是娘的中国文人，凡光棍不吃眼前亏的中国文人，凡在前朝不得烟儿抽的中国文人，都走钱谦益这条路。这第一种人，占了文人的大多数。

中国文人在非要你买账，不买账就要你好看的老板手下，通常都将磕头，列为首选的生存方式，这绝对是中国文人的聪明了。这聪明来得不易，是以千百年来纷纷落地的人头为代价而得来的。尽管这是一份苟且的聪明，难堪的聪明，你可以鄙视，你可以看不起，但大多数文人站在老板面前，这其中包括你、我，想到脑袋没了，其他一切也跟着完蛋时，会选择这一份聪明的。

不过，大多数文人聪明了，不等于所有中国文人都采取这种聪明的活法；还是有不聪明的文人，偏要做不买账的第二种人。一般情况下，不买账，说起来容易，实行起来却难。因为，得罪老板，至多将你开革，得罪皇帝，那是要砍你脑袋的。但即便如此，如张煌言、如陈子龙、如夏完淳……这班不怕死的硬骨头，刀横在脖子上，也决不下跪。膝盖不弯，当然也就磕不了头。他们不但不剃发留辫，不但不磕头效忠，还要纠集人马，举刀执矛，进行反清复明的抵抗运动，坚决抗争，决不投降。这第二种人，在中国文人总数中，只占极小比例，但却是应该得到格外的敬重，要没有这些脊梁骨支撑着，中国文人岂不全是软壳鸡蛋了吗？

接下来，就是介乎磕和不磕之间的第三种人了，如黄宗羲、如顾炎武、如王夫之……索性隐姓埋名，匿迹销声，干脆远去他乡，遁逃山林，在那天高皇帝远的地方。一方面，自食其力，种田糊口；一方面，苦心研读，潜心著述。统治者的网罗再密，也有鞭长莫及的死角，于是，也就不用朝谁磕头了。在这个队列中间，排在第一名者，非张岱莫属。首先，他年事高于黄、顾、王等人；其次，他文名不亚于钱、吴、龚等人；第三，也是最重的，他风流倜傥、奇情壮采，确是大江南北无人不知的大名士。

在《陶庵梦忆》一书的序言中，他这样写道："今已矣，三十年来，杜门谢客，客亦渐辞老人去。间策杖入市，人有不识其姓氏者，老人辄自喜。"由此可知张岱盛时，不但山阴装不下这位名士，甚至杭城，甚至江南，也都仰其声名，羡其华腴，慕其文采，效其潇洒而从者如云的。那时，资讯极不发达，消息相当闭塞，这位大名士却有如此众多粉丝捧场，可见其声名遐迩。他在《闰中秋》一文中说到他的一次聚会："崇祯七年闰中秋，仿虎丘故事，会各友于蕺山亭。每友携斗酒、五簋、十蔬果、红毡一床，席地鳞次坐。缘山七十余床，衰童塌妓，无席无之。在席七百余人，能歌者百余人，同声唱《澄湖万顷》，声如潮涌，山为雷动。"从他举办的这次嘉年华会看，这位大名士之大手笔，之号召力，之能折腾，之出风头，可想而知。

做名士，是风光的，可到了老板更迭，皇帝轮换之际，名士脑袋大，更是明显的目标。黄宗羲屡战屡败，入四明山结寨自固去了；顾炎武举事不成，到乡野间觅室苦读去了；王夫之知事不可为，隐遁湘西潜心著述去了。而这位江左名士，走又走不了，躲又躲不成，他只有采取这种与新朝既不合作，也不反抗，与当局既不妥协，也不顶牛的龟缩政策。

实在无法背过脸去，必须面对这个自己不心悦诚服的皇帝，怎么办？或假作磕头状，尽量敷衍；或磕下头去，却不认账。这样，第一种人觉得他不省时务，不知大势所趋；第二种人觉得他同流合污，缺乏革命气节，他自己也很痛苦。所以，他比第一种人，要活得艰难，因为不能不顾及自己的脸面，不能太无耻；他比第二种人，要活得艰险，因为不能不顾及自己的头颅，别撞到枪口上。于是，闪躲、避让、免遭没顶之灾；游离、回旋，终成漏网之鱼。三十多年下来，活得是多么不易。然而，他居然活下来了，那就更不易。而他是一位众所周知的名士，则是尤其的不易。

话说回来，也不是随便一个阿猫阿狗、张龙赵虎之流，就可以称得起名士的。《世说新语·任诞》载王恭的一句名言："名士不必须奇才，但使常得无事，痛饮酒，熟读《离骚》，便可称名士。"看来，名士在中国，有着长远的历史。也许魏晋时的名士，只需有点酒量，背得出几句《离骚》即可。经过南北朝，经过唐宋元明，名士，就不是随便拎一个脑袋，可以充数的了。

真正的潇洒，是文化、精神、学问、道德之长期积累的结果，是智慧、意趣、品位、见识之诸多素质的综合，是学养、教养、素养、修养之潜移默化的积淀。所以，你有钱也好，你有权也好，可以附庸风雅，无妨逢场作戏，但一定要善于藏拙，勿露马脚。即使你的吹鼓手，你的啦啦队，哄然叫绝，说你酷毙了，秀透了，你也千万别当真。以为自己就是真潇洒、大潇洒，而忘乎所以，那可是要让人笑掉大牙的。

第一，你得有真学问。第二，你得有真才情。第三，你得有真名望。有真学问，世人打心眼里佩服；有真才情，同行不得不心服；有真名望，官府轻易不愿拿你是问。

张岱《又与毅儒八弟》信中说："前见吾弟选《明诗存》，有一字不似钟谭者，必弃置不取；今几社诸君子盛称王李，痛骂钟谭，而吾弟选法又与前一变，有一字似钟谭者必弃置不取。钟谭之诗集，仍此诗集，吾弟手眼，仍此手眼，而乃转若飞蓬，捷如影响，何胸无定识，目无定见，口无定评，乃至斯极耶？盖吾弟喜钟谭时，有钟谭之好处，尽有钟谭之不好处，彼盖玉常带璞，原不该尽视为连城；吾弟恨钟谭时，有钟谭之不好处，仍有钟谭之好处，彼盖瑕不掩瑜，更不可尽弃为瓦砾。吾弟勿以几社君子之言，横据心中，虚心平气，细细论之，则其妍丑自见，奈何以他人好尚为好尚哉！"

这封信说明一个道理，一个活在他人影子下面，一个失去自我的文人，也是无从潇洒得起来的。

这就是在精神上不羁于凡俗的名士风度，这就是在文学上不追随风气的独立人格，这就是"胸中自有百万兵"的笃定和自信，这就是在乌天黑地，伸手不见五指的混沌蒙昧中，不至于找不着北的清醒和镇定。只是可惜，时不我予，具有如此大家风范的张岱，也唯有于淹塞中埋没终身。

公元 1644 年，按天干地支排，为甲申年，中华大地惨遭一劫，先是李闯王进城称帝，后是顺治帝正式登基，遂彻底改变了社会秩序，打乱了生活节奏。这年，张岱 47 岁，行将半百，是他一生的转折点。"甲申以后，悠悠忽忽，既不能觅死，又不能聊生，白发婆娑，犹视息人世。"一个从鲜花着锦、烈火烹油的鼎盛巅峰，跌入冰天雪地、四视皆空的万丈深坑的人，居然没自杀，没上吊，凭一丝弱息而能坚持过来，生存下去，我们不能不为这位从未吃过苦头，却吃了大苦头的张岱庆幸。

知识分子最怕的，也是最难规避的事情，莫过于降生到这个世界上，睁眼一看，时间不对，空间也不对，再退回娘胎也不可能，只有淹塞一生的命运等待着他，那才是既恨又憾的悲哀啊！而他在30岁至40岁的最佳年龄段，受到过明中叶以后反理学、叛礼教运动的洗礼，正是在思想上有所升华，在文学上大有作为的年纪。但城头频换大王旗，三个皇帝走马灯式的转场，这位算得上明末清初最有才智的文人，掉进兵荒马乱的动荡之中，顾命都来不及，焉谈文章？老天爷不开眼，你又徒可奈何？

本来，晚明的这次"思想解放"，是一次连启蒙都说不上的"运动"，它与差不多同时的欧洲文艺复兴，简直不可同日而语。然而，这种意识形态，恰恰是在明代嘉、隆、万朝，经济渐次发达，商业日益繁荣的基础上形成的，也曾煞有生气过的。《金瓶梅》的问世，市井文学的兴起，商品消费的繁荣，市场经济的扩大，绝非偶然事件，而是时代在进步之中的必然。张居正的改革，虽然失败，但他的政策措施，确实使王朝增加了积累。这正是一次应该推进处于萌芽状态下的资本主义走向发展的难得机遇。可是，第一，王朝太过腐败，什么事情也做不了；第二，文人太过堕落，只想到自己怎么快活，而坐失与世界同步发展的良机。随后，更为不幸的是，一个来自关外的，在文化上更加落后的民族，实行了完全倒退的野蛮统治，中国也就只有沉沦一途了。

不过，我们还是看到，即使这样一个早产而且夭折的"思想解放运动"，在反对传统的礼教束缚上；在反对程朱"存天理，灭人欲"的理学桎梏上；在被称为"无耻之尤"的李贽所嘲"阳为道学，阴为富贵，被服儒雅，行若狗彘"的非孔反儒上；在标榜欲望，提倡人性，主张本真，反对矫情，追求个性上，一系列文化批判，思想裂变，对当时文人而言，震动还是很大的。积极的一面，莫过于在张岱身上，所表现出来的离经叛道的革命精神，不随俯仰的独立人格，拒绝臣服的自我主义，和傲世嫉俗的内心世界。而消极的一面，也就是放浪形骸，纵情于感官之快，淫靡放荡，沉湎于声色之好。这也是张岱在新的老板当政之后，不得不手忙脚乱，不得不狼狈应对的缘故。于是，性格决定命运，由于精神上的清高，做不了第一种人；由于物质上的诱惑，也做不成第二种人；遂只有成为第三种人，众人眼中的另类。

张岱，生于1597年（明万历二十五年），逝于1689年（清康熙二十八年），字宗子，号陶庵，山阴（今浙江绍兴）人。在明末清初的文坛上，他不但是一个无所不能、无所不擅的全才型文人，而且还是一个身体力行，将明中叶那种"人情以放荡为快，世风以侈靡相尚"（张瀚《松窗梦语》语）的风气，推向极致的人物。名士之名，一是能作（zuó），一是能闹，不作不闹，如何能名？张岱就是这样一位敢大浮华，敢大快活，敢大撒把，敢大癫狂的"败家子"。

从他《自为墓志铭》所写，"少为纨绔子弟，极爱繁华，好精舍，好美婢，好娈童，好鲜衣，好骏马，好华灯，好烟火，好梨园，好鼓吹，好古董，好花鸟，兼以茶淫橘虐，书蠹诗魔"；

从他《陶庵梦忆》序文所写,"大江南北,凡黄冠、剑客、缁衣、伶工,毕聚其庐。且遭时太平,海内晏安,老人家龙阜,有园亭池沼之胜,木奴、秫粳,岁入缗以千计,以故斗鸡、臂鹰、六博、蹴鞠、弹琴、劈阮诸技,老人亦靡不为"。

其实,张岱还忘记自己一大好,好美食。第一,他出身于美食世家。"余大父与武林涵所包先生,贞父黄先生为饮食社,讲求正味。"第二,他认为,食物的本味才是感官享受的最高境界。第三,"割归于正,味取其鲜,一切矫揉泡炙之制不存焉。"(张岱《老饕集序》)

每个人都长一张嘴,但并非每个人都懂得吃。填饱肚子,叫吃本能;品出美味,叫吃文化。这就是张岱与进得北京天天下饺子吃,便过年一般的大顺军农民兄弟的本质上的差异所在。

这位大名士,放浪至此,也许只能用"不可救药"一词,可以恭维他了。他应该永远生活在明朝,那里才是他的精神家园。然而,他又不能死殉,因为他说他怕杀头时疼,只好活下来做清朝的人。可想而知,他始终留恋昔日的浪漫,始终怀念旧朝的风流,始终不肯臣服,始终不向新朝磕头的原因。

张岱之不磕头,固然是他的反潮流精神,但也是他自由的天性,使之然耳。一个人精神世界的种种一切,是由这个人上溯三代的 DNA 所决定的,不会因时、因事、因人、因意识而改变,这也真是没有办法的宿命论。那个李自成手下的大将刘宗敏,大顺军的第二把手,也是甲申年进的北京。来自草根阶层的他,进了德胜门后,第一件事,满北京城找了个遍,要睡吴三桂的爱妾陈圆圆;第二件事,将搜括来的黄金，铸成大饼子用骡马运回家。因为对这位流氓无产阶级而言，这就是他朝思暮想的最高境界。而他祖先的祖先，三十亩地一头牛，老婆孩子热炕头，也许是其尽一生之力都奋斗不到的目标。现在，这位出息了的后代，跟着李自成闹革命，居然左手搂着名妓，右手抱着金砖，那可真是光宗耀祖了。一般来说，家庭决定教养，出身体现素质，这是铁的法则，小农发财的天性，动物发春的本能，刘宗敏非这样行事不可。同样，从世代簪缨的豪门望族中走出来的张岱，就未必像这位农家子弟那样做为了。"旧时王谢堂前燕，飞入寻常百姓家"，燕子飞来，不等于寻常百姓，就会成为王谢人家。刘宗敏企羡的那些，张岱半拉眼睛都瞧不上，而张岱在意的一切，那位起义农民也根本无法理解。因此，像张岱这样的名士，空前未必，绝后是可以肯定的了。

更何况，从张岱更早的先辈开始，无不为通儒饱学，著作等身，家学之渊源，根基之扎实，自非等闲。就看他们这书香门第高台阶上，出出进进的人物，如徐渭、黄汝亨、陈继儒、陶望龄、王思任、陈章侯、祁彪佳兄弟等人，哪一个不是文章作手？哪一个不是思想先锋？这些时贤先进，对张岱产生的影响，是不可低估的。文化这东西，不是馒头，多吃即胖；学问这东西，也不是老酒，多喝即醉。那是一种缓慢的积累过程，一个渐进的成熟阶段。在这样一个耳濡目染、潜移默化的环境中成长，才分极高的张岱，自然要鱼龙变化，而冠绝一时的。

尤其是这富贵世家，自其祖父那一代开始，即拥有私家戏班，自蓄声伎小蹊，家境之豪富，门阀之通显，不同一般。

因此，张岱就在文学、在艺术、在历史，乃至琴棋书画，笙箫管笛，吹拉弹唱，吃喝玩乐等各个领域，全面覆盖，达到无不精通熟谙，也无不得心应手的地步。当他早年过着精舍骏马，鲜衣美食，斗鸡臂鹰，弹琴咏诗的贵公子生活时，凡人间所有的快活，他都由衷地去追求，去享受；凡世下所有的美丽，他都急切地去把握，去拥有。这样一位得过大自在的文人，即使跌倒，即使趴下，也不会屈下膝来，像奴才似的朝新朝磕头的。

明中后期，是中国文人最为放肆，最为自我，也是最为追求本真，最为离经叛道的年代。李梦阳(1475—1581)有言："天地间唯声色，人安能不溺之？"袁弘道则弘扬此说："目极世间之色，耳极世间之声，身极世间之鲜，口极世间之谈，一快活也。堂前列鼎，堂后度曲，宾客满座，男女交舄，烛气熏天，珠翠委地，金钱不足，继以田土，二快活也。箧中藏万卷书，书皆珍异；宅畔置一馆，馆中真正同心友十余人，人中立一识见极高，如司马迁、罗贯中、关汉卿者为主，分曹部署，各成一书，远文唐宋酸儒之陋，近完一代未竟之篇，三快活也。千金买一舟，舟中置鼓吹一部，妓妾数人，游闲数人，浮家泛宅，不知老之将至，四快活也。然人生受用至此，不及中年，家资田地荡尽矣；然后一身野狼狈，朝不谋夕，托钵歌妓之院，分餐孤老之盘，往来乡亲，恬不知耻，五快活也。"

张岱的一生，就是这种"五快活"的最地道的践行，他性之所至的那些散文作品，也可读得出来那溢出纸外的名士风流，和跃出笔墨的文人潇洒。

浪漫的春天，属于歌唱的诗人，严寒的冬日，适合做学问的学者。而明末清初的张岱，恰巧经历了冰火两重天的考验，也造就了他在为文和治史的两大领域中，获得斐然的成功。

张岱之文，似粗疏而意境精致，似肤浅而思想深刻，似不经意间而见其心胸擘画，似率性挥洒而惜墨如金。晚明文人小品文极多，多着重个人感受，张岱作文只是在摹写客观的人、事、物、景，偶涉自己，也是闲中落笔，超然物我。呈现给读者的，是一个丰富多彩的世界。以他《湖心亭看雪》一文为例："雾凇沆砀，天与云、与山、与水，上下一白，湖上影子，惟长堤一痕，湖心亭一点，与余舟一芥，舟上人两三粒而已。"就其中一连串的"一"，活生生跳入眼帘，烘托出美不胜收的西湖。这些本来极无味，也极无趣的数字，却起到点石成金的效果。读他的书，其随便的笔墨，其任意的文字，其隽短简约的词语，其明丽精俏的行文，其兴之所至的感想，其情致盎然的兴趣，比比皆是，处处可见，极耐玩味，百读不厌。可以这样评价，张岱的末世奇文，在他之前不曾有，在他之后不会有。

他的这两部小品文集，一曰《陶庵梦忆》，一曰《西湖梦寻》，书名中的这两个"梦"字，看得出来是他失去所有一切以后的反思。斯其时也，先生老矣，一瓢米，一把豆，必亲自劳作，方得果腹；一畦菜，一圃苗，必跋涉田间，方得收获；沦落困顿，无以为生，布衣蔬食，常至不继。也就只有这残存在记忆里的梦，是他仅有的慰藉了。

从他《三世藏书》一文，约略知道他在这动乱年月里，是怎样走上人生末路的。"余自垂髫聚书四十年，不下三万卷。乙酉避兵入剡，略携数簏随行，而所存者为方兵所据，日裂以炊烟，并舁至江干，籍甲内挡箭弹，四十年所积，亦一日尽失。此吾家书运，亦复谁尤？"然后就是他在《自为墓志铭》中所写的景况："年过五十，国破家亡，避迹山居。所存者，破床碎几，折鼎病琴，与残书数帙，缺砚一方而已。"

不过，他没有颓丧，也没有噤缩。清代温睿临撰《南疆逸史》，曾赞美其著史立说，晚年刻苦的成就。

> 山阴张岱，字宗子，左谕德元忭曾孙也。长于史学。丙戌后，屏居卧龙山之仙室，短檐颓壁，终日兀坐，辑有明一代纪传，既成，名曰《石匮藏书》。丰润谷应泰督学浙江，闻其名，礼聘之，不往。以五百金购其书，慨然曰："是固当公之，谷君知文献者，得其人矣！"岱衣冠揖让，犹见前辈风范。年八十八卒。

这部 220 卷纪传体明史，五易其稿，九正其讹。清代毛奇龄曰："先生慷慨亮节，必不欲入仕，而宁穷年厄厄，以究竟此一编者，发皇畅茂，致有今日。此固有明之祖宗臣庶，灵爽在天，所几经保而护之，式而凭之者也。"至于谷应泰的《明史纪事本末》，是不是就是张岱的《石匮藏书》，说法不一。纪昀的《四库总目提要》、陆以湉的《冷庐杂识》，均持此说。姑置知识产权的争议不论，张岱以垂暮之年，以衰迈之力，以饥馁之逼，以孤难之境，给他梦中的故国立传，说明这位大名士的真爱所在，衷情所系，这才是让我们肃然起敬之处。

也许这就是中国文人最难得的一种精神了。精神在，志弥坚，享米寿，节不坠，名士末路，余馨长存，足矣！

文人的龃龉

《幸存录》与《汰存录》，这是两部明末清初的出版物，因为时过境迁的缘故，已不再为人提及。

作品，说白了，也是商品之一种。商品运作的规律，对于文学作品，同样有效。红过、紫过、热闹过、辉煌过，随后过景、下架、撤市、入库，文学史从来都是这样不给作者面子的。有买家才有卖家，没买家，卖家喝西北风，再正常不过，不必太当回事。过去出过大名的文人，现在未必再出大名；同样，现在正在出大名的人物，将来也许不再出名。想通这一点，你会活得更滋润，你把自己超脱出文坛的行市之外，你会活得更自由。不信，试一试看。

但后一部书，却有着一个故事，遂从旧书市场淘了回来，当笑话看。

那是一次偶然的机会，落到手里的这本小册子，想不到竟是黄宗羲的著作。这位明末清初的经学家、史学家、思想家，虽为大儒，但我并不感到兴趣。对于面孔严肃的人，立意高深的文，本人从来是敬而远之的。所以，在庙堂里，对菩萨心存尊重，决不磕头；在历史上，对圣贤保持礼敬，决不膜拜。

你了不起是你的事，我不买账是我的事。所以，起初我还真没拿这位大儒的小册子太在意，翻了两页，发现此公竟然不掉书袋，而且火气很大，脾气挺冲，遂好奇地多看两眼。因为黄宗羲是做大学问的人，绝非市井骂街之徒，妇姑勃豀之流，怎么如此撒野？就将这部《汰存录》，硬着头皮读完。啊，真可怕，满纸派性，通篇质疑，意气用事，态度横拗，令人难以卒读。老爷子怎么啦？犯了哪根筋啦？于是，又找到他所以反对而形诸于文，加以讨伐的明末夏允彝所著《幸存录》，再读一遍。

也许因为黄宗羲的甚不自重在先，重新品味这部被批得一无是处的《幸存录》，平心而论，真觉得是一部好书。所谓好，我以为好在真诚，好在平实，好在公正。一部书，有此三好，夫复何求？试想，一个亲身经历国亡家破之文人，一个鲁阳挥戈无力回天的斗士，一个不忍这段历史的是非得失，被湮没于失真、偏颇、伪善、浮夸的口水之中的史家，于明亡的次年，也是他殉国的上年，在战斗中，在逃亡中，为存其真，抓紧一切时机，写出来这部书，其良苦用心，难道不值得作为后人的我们，脱帽致敬吗？

读历史，最需要的是什么，是真相。夏在"自序"中说到他的写作目的："今待死耳，又复何云？然于国家之兴衰，贤奸之进退，虏寇之始末，兵食之源流，惧后世传者之失实也，就余所忆，质言之，平言之，或幸而存，后世得以考焉。"也许夏允彝在写作时，已经估计到，只要道及历史真相，必然要开罪当事双方，因为明末党争是一笔烂账。说出真情，嗣后被中伤，受诋毁，势属难免。所以他下笔谨慎，力求准确，

"失之略者有之，失之诬者予其免夫。跳身出潜，卷帙无所携，偶所遗忘，无可询质。笔墨时缺，蝇头书之，后之览者，或亦重悲予之志也。"

而《幸存录》，以及他儿子夏完淳承其余绪的《续幸存录》，旨在反思朱明王朝之何以衰，何以亡，不能不涉及晚明万历、泰昌、天启、崇祯，直到南明诸朝的政治、军事、经济，乃至宫廷的一系列人和事；这当中，又不能不涉及这一时期朝野文人的门户之见，地域之分，派系之争，是非善恶之别，也不能不对此加以评价、判断、论定和褒贬。

可是，要知道东林之人，已经被党争磨炼得像斗鸡那样，脖子上的毛，总是支棱着，千万碰不得。尽管他们处于劣势时，被反对派集团整得死去活来，但他们得意时、嚣张时，收拾对手也是毫不手软的。所以，东林之人对于这部简直等于窝里反的《幸存录》，无不气愤填膺，恨得牙痒。也许顾忌到夏允彝业已殉国死难，也许考虑到大家同隶反清阵营，于是，作为东林象征，作为精神教父的黄宗羲跳了出来。夏允彝活着时绝想象不到，死后会碰上如此一位重磅的反对者。

其实那时的黄宗羲，不足五十岁，正是血气方刚、精神充沛的年纪，既经不起激将，更经不起起哄。估计当时，一圈东林之人围着他，大师啊！您不说话，谁敢呛声？前辈啊！您不张嘴，谁敢道不？黄宗羲有学问，成正果，是后来的事。明亡之初，他忙着组织民军抗清，盘踞深山，伺机游击，屡败屡起，很有一点革命干劲。可力单势薄，难成气候，正憋着一肚子火，对于如此大不敬于东林的夏允彝，当然更不会宽恕。话说回来，后来的黄宗羲，年纪有了，辈分高了，老太爷当上了，一面当明末遗民，一面与清廷磨合，已臻圆熟默契境界，吃香喝辣，一呼百诺，恐怕也就不会冲动，不会生气，端别人给他的枪，扑杀夏允彝这只出头鸟了。

可当年，他相当一根筋，桌子一拍，那还了得！中国知识分子要是偏激起来，那是很讨嫌的。

这就是人物大了的毛病了，在历史中，多少学界、文界、政界，以及其他各界大人物所犯的毛病，其流毒之深之广之可怕之难以救赎，一言难尽。而且，鲜有能够知道自己毛病，改掉自己毛病者，随着年龄的增加，说不定毛病甚至更严重，以致不可救药，牵连大家一块儿为之沉沦。在大人物所有的毛病当中，最遗患无穷的，最祸国殃民的，莫过于这种一根筋。

所谓一根筋，表现有三：其一，是当然领袖的义不容辞感——其实谁也不曾将他当块饼；其二，是极其自信的舍我其谁感——其实谁都知道他的斤两不过如此；其三，是坚定地认为自己不会错，也不可能错的大众救星感——这是最坏菜也是最坑人的自我感觉。有此三感，好事情会办坏，坏事情会办得更坏，黄宗羲的《汰存录》，正应了后面的这一结果。不过，还应该看到，毛病固然是大人物的胎里带，但也是其周围的小人物，捧、抬、拍、吹、哄、骗、唬、煽的成果。凡大人物，必被密不透风的人墙，团团围住。其中百分之八十，是崇拜他的粉丝之类，可以姑置勿论，剩下的，基本上就没有什么好东西了。别小看围在大人物身边的小人物，人物虽小，能量不小——因而大可将小人物最后的"物"字省略掉。别看小人物的毛病、小格局、小玩闹、小儿科、小鼻子小眼，不过蜗角虚名，蝇头微利，但小人物心理之肮脏，灵魂之卑琐，思想之阴毒，行径之刁钻，最后，绝对会将大人物抬得高高的，再重重地摔下来，不死也得落个残疾。

举一个稍稍走题的例子，以作验证。已经仙逝数年的季羡林先生，谢天谢地，终于淡出人们的话语空间，给世界留下一块清静。记得总有十几年光景，老人在医院里一边治疗，一边著作，一边时不时地要在荧屏现脸，端坐着作人瑞状，作出不少指点众生、启迪民智的高论，也真够他老人家累的。有一次，时值奥运会即将开幕之际，老人忽发奇想，说是中国代表团进场，一定要把孔夫子抬出来。此论一出，舆论大哗倒未必会，笑掉大牙却是有的。第一，季先生不是当年清华体育教授马约翰，运动会的入场式，如何安排，肯定非其所长；隔行如隔山，梵文与奥林匹克说实在相隔太远；第二，孔夫子与现代竞技体育毫不搭界，而他既非铁人三项，也非球类健将，更不是提倡健康锻练的人士，要抬，还不如抬"劳其筋骨，饿其体肤"的"亚圣"呢；第三，如果要想在世界面前体现中国文化软实力的话，并不在一座偶像的是否出场上。后来，有好事者依循季老的思路，在国家博物馆的北门外，立了一尊"至圣"先师的雕像，终于觉得有些不伦不类吧，好像也没有站多久，就让圣人下岗了。

我认为，大智慧如季羡林先生者，才不会迂腐到如此鸡婆，不明事理。十有八九，这位大人物被其身边的小人物哄骗利用罢了。说到底，2008年抬孔夫子，顶多出洋相而已，而1645年批夏允彝，则绝对是亲痛仇快的事情。斯时，南明未灭，江浙沿海，反清抗争，方兴未艾，在此清兵"围剿"，大敌当前之际，对一位殉国就义的反清同志，大张挞伐，恨不能食肉寝皮，实属过分。那时的黄宗羲，如果不是吃错药，肯定是被人硬架到这种"口含天宪"的神龛中下不来，才以派性之私，大佬之威，写出这部极蛮横极武断的《汰存录》。

《汰存录》劈头就说："近见野史多有是非倒置者，推原其故，大略本于夏彝仲允彝《幸存录》。彝仲死难，人亦遂从而信之。岂知其师齐人张延登，延登者攻东林者也，以延登之是非为是非，其倒置宜矣。独怪彝仲人品将存千秋，并存此录，则其为玷也大矣，谓之《不幸存录》可也。"因为夏的老师张延登是"攻东林者"，就定性夏允彝的书为"是非倒置"，那么，以东林的是非为是非，就不倒置了吗？这是什么强盗逻辑呢？

黄宗羲，当然应该尊敬，至于老人家最后派儿子和弟子进清廷的"明史局"，至于老人家说遗民做一代就足够，二代归顺大清也属顺理成章，那是大形势下的通达，自是不必苛责。但他反阉是真反，抗清是真抗，做学问是真做，不事清是真不事，以骨鲠志正，著称于世，足堪敬重。特别其父黄尊素，天启朝因劾大珰魏忠贤，入诏狱，受酷刑死，为东林死难七君子之一。崇祯朝魏败，此案平反，黄上书请诛阉党余孽许显纯、崔应元，以雪耻洗冤，刑部会审时，黄宗羲出庭作证。在公堂之上，这个黄宗羲，居然全武行，出袖中锥，刺许出血，当众击崔，力拔其须，然后归祭父灵，告慰先人，世称黄孝子。据说，当其上书后，因官员拖沓，迟不处理，他每天晚上，都要到紫禁城的御河边，跪哭喊冤，深更半夜，声传大内，连崇祯都不禁赞叹："世上竟有这等忠臣孤子！"

由此可知，他必然要成为一根筋的铁杆东林；

由此可知，他必然要成为东林和复社的精神领袖；

由此可知，他必然要成为东林这个以官员为骨干，以名流为基石，以士子为成员的团契中的大护法。

在所有关于明末清初这段历史的书籍、文章中，无不以"东林党"来称呼东林之人，甚至声势昌炽时，东林之人自己也皇皇然以"东林党"自诩，那是很滑稽可笑的。其实，东林之成为党，乃是东林之人的反对派，对他们污名化的结果。这个"党"，并非现代政治生活中的"党"，而是中国封建王朝中文官结群的"朋党"之"党"，也是孔夫子所言"君子不党"之"党"。在《幸存录》的"门户大略"一章中，夏允彝对朋党有精辟的论述："自三代而下，代有朋党。汉之党人，皆君子也。唐之党人，小人为多，然亦多能者。宋之党人，君子为多。然朋党之论一起，必与国运相终始，迄于败亡者。以聪明伟杰之士为世所推，必以党目之。于是，精神智术俱用之相顾相防，而国事坐误，不暇顾也。且指为党者，亦必有此。此党衰，彼党兴，后出者愈不如前。祸延宗社，固其所也。"

然而，在美国学者贺凯的《明末的东林运动》，和费正清与赖肖尔的《中国：传统与变革》两书中，前者认为东林集团"不是一个改革政治的士大夫团体"，而"是一支重整道德的十字军"。后者认为东林书院是以"重新确立儒家行为的传统准则"为目的，进行"道德改革运动"的场所。这自然是天大的笑话了，汉学家们以西方思维方式来理解中国，难免要犯这类刻舟求剑式的谬误。（见樊树志《国史十六讲》）

在这个世界上，唯中国文人最政治，十人有九人政治，剩下的那一个，口口声声讲自己不政治，其实也许他最政治。过去如此，现在如此，将来也如此，这就是中国知识分子的基本生存状态。洋人汉学家根本无法吃透这种说是"情结"也好，说是"宿命"也好的中国文人之天性。在漫长的封建社会中。文人一旦结群，在朝者为自保，不政治无以为生；在野者求翻身，不政治难以立足。所以，必须益发地政治，必须百分百地政治，才能得以出人头地，才能成为人上之人。一句话，为了前程，为了高升，即使丢脸、丢人，即使卖身、卖灵魂，也在所不计。

就拿《明史纪事本末》所称"今日之争，始于门户，门户始于东林，东林始于顾宪成"的这位创院元老来说，别看他是吏部的一位郎中，司局级干部，但他主管人事，有任免、推选、铨叙、考察之权。在朝时，政治威力大到震撼京畿，在野时，政治实力强到地陷东南；他为东林书院撰写的名联："风声雨声读书声，声声入耳家事国事天下事，事事关心"，能为之撇清成一个不政治的人士吗？正是这个顾宪成，"聚徒讲学，以道学之名号召天下。凡生长其地，宦游其地者，或实意仰高，或葛藤相绊而靡然从之，门户之名立矣。遥制朝绅，迫挟台辅，夷、跖惟其所造。复有一二奸雄彼此借资，门户之威炽矣"。（见许重熙《宪章外史续编》）

唯其如此，东林之人得势过，失利过，胜出时相当嚣张过，被收拾时也曾付出沉重代价过。多次反复，吃尽苦头，铁血炼狱，生死熬煎，终于磨炼出以邻为壑、壁垒分明、挟势逞强、党同伐异的斗争精神。终于形成以派性压倒一切的指导方针，非我族类者，统统打入十八层地狱，团结一切可以团结之人，对他们来讲，绝对是一句屁话。而踏上千万只脚，让他人永世不得翻身，才是他们的金科玉律。

明末这段狗咬狗一嘴毛的朋党之争，标榜清流的东林之人，你不想人家称之为"党"，也非"党"不可了。

黄宗羲非要跟夏允彝过不去，那时的普通人肯定不解，大家同处一个阵营，大家同恨一个敌人，大家同为一个目标，大家同是一个品类，谁也没有抱着谁的孩子跳井，竟到了如此水火不容的地步吗？其实有所不知，我研究了二十多年中国文人，能够涤除排他意识，能够跳出宗派陷阱者，少之又少。说到底，知识分子应该是理智的，但政治的利益，权力的诱惑，名利的蛊溺，声势的虚荣，必定会让这些爷们理性眩迷，感觉失灵，意识错乱，好歹美丑不分，明知眼前是沟，也会一头跳进去，亲爹亲娘也拿他没办法。尤其大人物的屁股后面，众多不理智者以及也许理智却随风而上的投机取巧者，趋炎附势者，抓尖卖快者，起哄架秧子者，簇拥着，推搡着，以至于控制时局，左右社会，掌握舆论，操纵动向。那可不得了，必然要产生害人害己、误国误民的严重后果，这也是历史多次证明过的事实，毋庸赘言。

这种知识分子群体性的偏执，偏执到罔顾黑白，偏执到敌我不分，偏执到失知失智，到了失心疯的程度。以致咬住屎橛当麻花，在历史上总是重复出现，而且不惮其烦，明末的东林，算是最突出的一个。于是大明王朝跟着倒霉，跟着完蛋，大多数中国人跟着遭殃，跟着受无穷无尽的灾难。有一个统计，明朝万历六年，人口为6069万，实际当超一亿，到了清朝顺治八年，全国人口只剩下1063万，死了这么多人，流了这么多血，也不能使这些王八蛋有些许的觉醒啊！

特别这个群体中那些自以为重量级，或大家捧起来的重量级，觉得说话有分量，觉得已经到了立德立功立言水准的领袖，便会有一种鬼神附体似的自信。这种自信，首先表现出来的，就是较真儿。较真儿不是坏事，较真儿到偏执，到一根筋，到强迫症，到自大狂，那就病入膏肓，没得救了。这个顾宪成，天启年间，作为东林主帅，为了能使时任漕督的李三才同志，进入中央，成为相当于国务院总理的首辅，竟然拜码头，送请帖，拉关系，赠厚礼，到不择手段程度，而被对手捉住把柄，以致功败垂成。一位以天下为己任，被人视为楷模，几乎相当于教父的人物，怎能出此下策？无独有偶，数十年后，崇祯晚期，复社首领张溥，东林衣钵传人，为了能使自己的宗师周延儒，坐上首辅的位置，与前辈顾宪成同出一辙，干谒当道，苞苴开路，走托权势，收买腹心，以达其不可告人之目的。张溥有一篇收入语文教科书的《五人墓碑记》，何其激昂慷慨？何其声情并茂？简直不可思议，作如此文章之人，竟如此下作。接下来，则完全是三流编剧的桥段，周延儒上了台以后，不但不知恩回报，答谢张溥，反而过河拆桥，着人下鸩，将其毒死。

所以，同是明末清初的文人张岱，大愤怒、大开骂，在《与李砚翁书》中，发出了最为激烈的批判语言。"夫东林自顾泾阳讲学以来，以此名目，祸我国家者八九十年，以其党升沉，用占世数兴败，其党盛则为终南之捷径，其党败则为元祐之党碑。风波水火，龙战于野，其血玄黄，朋党之祸与国家相为终始。盖东林首事者实多君子，窜入者不无小人，拥戴者皆为小人，招徕者亦有君子，此其间线索甚清，门户甚迥。……

东林之中，其庸庸碌碌者不必置论，如贪婪强横之王图，奸险凶暴之李三才，闯贼首辅之项煜，上笺劝进之周钟，以致窜入东林，乃欲俱奉之以君子，则吾臂可断，决不敢徇情也。东林之尤可丑者，时敏之降闯贼曰：吾东林时敏也，以冀大用。鲁王监国，蕞尔小朝廷，科道任孔当辈犹曰：非东林不可进用。则是东林二字，直与蕞尔鲁国及汝偕亡者。手刃此辈，置之汤镬，出薪真不可不猛也。"

著《陶庵梦忆》《西湖梦寻》的这个张岱，与夏允彝一样，也是目睹这一幕幕活剧的见证人，他太文人了，虽然恨不能将东林中的败类手刃之、汤沃之，不过也就说说而已。为什么黄宗羲网开一面，不跟他算账呢？问题在于东林之人，并不将这位晚明小品文第一家的激动多么放在眼里。而夏允彝就不是一个等闲人物了，著书立说，存之后世，白纸黑字，板上钉钉，那可是要上历史耻辱柱的，东林之人能不群起而攻之吗？

据侯玄涵《夏允彝传》："东林诸贤，或拙或申，而公等伏处都邑，与天下同忧乐，抵激污流，指诃失政，视穷达蓂如也。历朝二十余年，游历遍中国，二都十三洲之士，争希其风，修节振拔，士气一变，而公所援引导率之功犹多。"他著《幸存录》，与张岱之文，不尽相同，张是感情用事，意在宣泄，脱口而出，说完拉倒；而"游历遍中国"的夏允彝，则是脚踏实地，调查研究，字字求准，宁失之略，而不失之诬的存真之史，斯书一出，遂成公论。

同为明人的李清，在其《三垣笔记》一书序中坦承："独夏彝仲《幸存录》出，乃得是非正，则以存公又存平，斯贵乎存耳。"清代纪昀在《四库全书总目提要》中指出："虽宪成等主持清议，本无贻祸天下之心，而既已聚徒，则党类众而流品混，既已讲学，则议论多而是非生。其始不过一念之好名，其究也流弊所及祸延宗社。《春秋》责备贤者，宪成等不能辞其咎也。"近人谢国桢在《增订晚明史籍考》中，也认为《幸存录》对明末党争，能持较客观的态度。明季南北都之沦没，皆由东林党与非东林党专事内讧，不顾敌国外患，无高瞻远瞩之识，无和衷共济之量，遂至鹬蚌相争，渔人得利。故明社之亡，列于党争者皆有罪焉。

这一切，都在印证着夏允彝《幸存录》中的结论，"二党之于国事，皆不可谓无罪"，在他眼中，这班党争之徒，"谓皆高皇帝之罪人可也"。

如果将黄宗羲的《汰存录》翻到最后，读到末页的附识，你就禁不住要哑然失笑了。话不多，只有五十来字："慈溪郑平之曰：'梨洲（即黄宗羲）门户之见太重，其人一堕门户，必不肯原之。乃其生平习气，亦未信也。'予颇是之。鄞全祖望。"

全祖望是清代一位历史学家，看到黄宗羲这部堪称咬卵的书，气不过，写上这几句附识。这倒也提醒人们，不管这个大人物，有多大的嘴巴，有多大的嗓门，有多大的威力，终究只是霸占一时一地的强势而已。

公正和公义，也许会来得迟些，但从历史的角度考量，是绝对不会缺席的。

钱谦益的歧路

　　　　阑风伏雨暗江城，扶病将愁起送行。烟月扬州如梦
寐，江山建业又清明。夜乌啼断门前柳，春鸟衔残花外
莺。尊酒前期君莫忘，药囊吾欲傍余生。(钱谦益《吴
门春仲送李生还长干》)

　　细雨，冷风，垂柳，骊亭，对晚境孤凄，扶病送行的老
人而言，忘年之交的这一别，更不知何日得见？所以，几天
来，对特地从南京来看望他的年轻朋友，重叙契阔，不分宵旰，
有多少的话要说，有多少的事要办啊！灯火如豆，纵论倾情，
不觉天之破晓；炉中炭尽，茶凉茗淡，依然谈兴不减。昔时
的宦海沉浮，诸多的罣误失落，曾经的锦绣年华，难堪的卑
琐回忆。只剩下往事如烟的感触不已，浮生若梦的无限惆怅。
此时此刻，阳关三叠的诗人，已无当年强求发达的政治抱负，
更无驰骋官场的雄心壮志，所剩下的一点点精气神，也就只
有赋几首闲诗了。

　　这首情深意切的七律，真是心绪阑珊，感慨万千，欲言
又止，欲罢不能啊！"烟月扬州如梦寐，江山建业又清明"，

那命运跌宕，家国碎落的无望前程，那岁月如磐，沧桑黍离的不堪命运，将诗人一生的颠扑悲喜，跌宕熬煎，全部凝缩其中。这首诗写得精工致密，含蓄深沉，其阴霾气氛，其惜别场景，令人仿佛置身其中，由不得也随之怦然心动。

这首诗的作者钱谦益，在那改朝换代的岁月里，是时人公认的文坛巨擘。

你也许并不赞成他这个负面大于正面的诗人，然而，你却不能不钦服他的才气，他的文采，他的学问，以及他在清代文学史上的意义。

无论是当时的人，还是后来的人，论清诗，或论明清之际的文学，首先必然要谈到他。所谓众望所归，所谓有口皆碑，钱谦益是当之无愧的。四百多年过去，读其诗作，那些感人肺腑的伤逝名篇，那些动人情愫的思念佳什，仍令人难以释怀。诗之好，在于动情，在于共鸣，但钱诗之好，更在于引导诗歌潮流，左右诗歌动向，具有楷模榜样作用。中国诗人很多，多若过江之鲫，但能启一代先声的诗人，也只屈原、谢灵运、李白、苏轼有限数人而已。钱谦益之所以重要，就在于他所发轫的崭新诗路，主宰着大清王朝的诗歌格局。

《明史》认为他的诗歌革新，非同小可，评价为"至启、祯时，准北宋之矩矱"，不可谓不高。这就是说，明诗到了天启、崇祯年间，已经奄奄一息，是他重新连接起上至北宋的诗歌命脉。在这个世界上，没有长命百岁的文学，文学属于时代，时代完蛋，文学也会跟着完蛋。明代诗歌的前七子、后七子，以及随后的"复古派""竟陵派""公安派"，已经是每况愈下的式微局面。文学这东西，说来也怪，老是循着一条路走下去，不求新，不图变，必然会走到不可延续，也无法延续的死胡同里。尤其诗歌，是最能呼应其所处时代，而发出回声反响的文体，不论诗人如何洁净高雅脱俗，如何不食人间烟火，如何躲进象牙之塔，诗运与国运，文运与世运，有着不以人们意志为转移的内在联系。说得直白一点，国强诗盛，时衰文弊，这是谁也无法违背的客观规律。时下出现的"梨花体""羊羔体""咆哮体"诗歌，与层出不穷的三聚氰胺、瘦肉精、染色馒头一样，都是近些年来太物质、太金钱、太低俗的社会风气下的产物。所以，当朱由检被李自成团团围住，坐困愁城时，没出路的明代诗歌，要比最后上吊的这位皇帝，死得更早。这也是钱谦益从唐宋诗歌的规章法度（即《明史》所说的"矩矱"一词）中，开拓出一条新路的原因。

作为明末遗民，他从心底里不会认同这个既野蛮又落后的王朝，然而它生气勃勃，方兴未艾地横亘在他面前，躲不开也避不掉。明末清初的钱谦益，既不能如沈从文那样放下笔杆，改行转业；也不能如万家宝那样悔其初作，回炉重作；更不能如舒舍予那样蔚然改观，面目一新；尤其不能如郭沫若那样昨非今是，脱胎换骨。因此他所开辟出来这个新时尚、新风格、新气势、新思路的诗歌体系，既没有努尔哈赤的蛮夷色彩，也没有明末诗坛的僵尸气味。于是，一人倡之，万人随之，诗人追从，诗坛认可，竟然形成大清王朝的一代风流。

领风气之先，就了不起，创时代潮流，那就更了不起。没有大才华、大气度、大眼界、大成就，在文学界、诗歌界要想开天辟地，只是痴人说梦而已。钱谦益的伟大就在于他为人相当不怎么样，仍在文学史上有其一席之地。

清代凌凤翔在钱谦益《初学集》序中谈到其诗歌之影响深远，之风靡所及，极尽赞美之能事："牧斋宗伯起而振之，而诗家翕然宗之，天下靡然从风，一归于正。其学之淹博，气之雄厚，诚足以囊括诸家，包罗万有，其诗清而绮，和而壮，感叹而不促狭，论事广肆而不诽排，洵大雅元音，诗人之冠冕也！"凌为康熙时人，稍后于钱的出版家或编辑家，政治倾向显然与钱谦益、屈大均等明末遗民心气相通，这也是当时汉族知识分子对于异族统治下反抗心态的必然共鸣。所以，凌对钱的学问文章，推崇备至。甚至抬高到"昌大宏肆，奇怪险绝，变幻不可测者，洵煌煌乎一代大著作手"的程度，虽然心仪过度，难免渲染，但事实上，文章国手之钱谦益，确也当之无愧。

不光他这样高看，与钱同时代的那些响当当的名家，也无不折服其诗，尊崇其文：如陈子龙，誉他为"汉苑文章首"；如顾炎武，推其为一代"宗主"；如黄宗羲，认为他是王弇州（世贞）后文坛"最负盛名之人""主文章坛坫者五十年"。至少在清乾隆朝禁绝其著作前，他的诗篇，他的文字，一经脱手，不胫而走，天下翻刻，海内传行，此前此后的中国文坛上，还少有这样公认的领袖人物。

当然，这是要撇开他朝秦暮楚、首鼠两端的人格，置而不论以后，方能得出的结论。

钱谦益（1582—1664），江苏常熟人。字受之，号牧斋，晚号蒙叟、东涧老人。顺、康年间，也有人抬捧之为"当代文章伯"者。依旧习，礼部主管称宗伯，或大宗伯。因他在明朝做过的最大的官，为礼部尚书，在清朝做过的最大的官，为礼部侍郎。因而提及钱谦益必伯，必宗伯。如果他到此为止，做一个有名无实的伯，做一个拿干薪，而不干事的伯，那该多好啊！不蹚政治浑水，不涉官场是非，不用鞠躬敬礼，一心诗歌文章，也许他在中国文学史上，将是一个空前绝后的完人。然而，中国文人心灵中的"学而优则仕"情结，不能说百分之百的都有，但百分之九十九点几的皆有，是绝对可以肯定的。牧斋先生自然属于那百分百之中，其之热衷官场，甚于热衷文坛，"我本爱官人"，是他自己情不自禁写出来的心声。

上帝却跟这个文学智商很高、政治智商并不高的人开了一个不大不小的玩笑。文场上让他极其成功，官场上让他绝对碰壁。他的科举应试，如探囊取物，求则必得。万历三十八年（1610）钱谦益中进士，殿试一甲三名，即探花，授翰林院编修。他的仕途功名，则重重设障，寸步难行。先是父丧守制三年，除服后，赋闲将近十年。直到天启年间典试浙江，放了一任学差，其间还牵涉到科场舞弊案，差点要命，幸好查清与他无碍。遂转右春坊中允，为东宫属官，以少詹事官衔编纂《实录》。

在封建社会中，能得到一份史官的差使，也是很不错的饭碗了，但钱谦益却认为这是个坐冷板凳的闲职，很不开心。

出名快，成名早，成了他自负、自大、自恋、自矜的包袱，下笔千言，倚马可待，学问文章，扛鼎文坛，是他不甘寂寞，一再折腾的本钱。天启年间的钱谦益，可想而知，既无奈郁闷，又心急如焚。其实，做一个单纯的文人，最快活自在了。如果有情趣，画两笔山水，练一手书法，那是多么风雅的行为啊！如果有力气，唱两口二黄，打四圈麻将，也是蛮潇洒的生活嘛！为官和为文，是两条轨道上的火车，各走各的，万不可脚踩两条船。

其实，在中国，甚至在这个世界上，文人的最佳状态，说到底，就是做文人。做不成大文人，可以做中文人，做不成中文人，可以做小文人，至不济，做孔乙己，也比遗臭万年，钉在历史的耻辱柱上强。但是，钱谦益羡慕为官者体面、光彩，眼馋有权者特牛、威风，立志要在仕途上有所出息，做梦也想在名利上有所企图。话说回来，文人为官，非不可为，偶一为之，当无不可。但若做不到浅尝辄止，见好就收，而是食髓知味，不能自拔，想在官场上呼风唤雨，取得为文人所得不到的一切，迷途而不知返，那就步入文学的歧路，非完蛋不可了。

钱谦益，就是这样太在乎官，太在乎位，太在乎名，太在乎利，而成为失足者、失节者、失败者的"三失"人物。

天启年间，寂寞无援的他，真是到了"冠盖满京华，斯人独憔悴"的地步。当时，以顾宪成为首的东林党人，正处于强势出击的阶段，左右朝政，影响时局，操纵人心，掌握舆论。顾宪成为无锡人，钱谦益为常熟人，儿时曾随父拜晤过这位风云人物，有这点因缘，加之他需要奥援，需要靠山，便与东林人士走得越来越近，这是再自然不过的事。

"东林党"是继西汉之党锢之祸，魏晋之清流误国，中唐之二王八司马事件、牛李党争，北宋熙宁党争以后，又一起知识分子在政治上的聚合。中国文人一旦抱团，伸张正义，主持公道，是其好的一面；争权夺利，排斥异己，是其坏的一面。而且，文人团契的恶习，必门户，必排他，必清教徒，也必原教旨。结果，统治者怕危及政权，老百姓怕舆论一律，非党人怕彻底没戏，旁观者怕出头无日，于是，必群起而攻之。因而，成事者少，坏事者多。东林党以及随后的复社之败，就败在树敌过多上。

不过，时为东林主将的高攀龙、左光斗、杨涟等，对于钱谦益这位声闻天下的才子，却张开怀抱欢迎，恨不得立刻将其网罗于旗下。一般来说，政治上合作，基础是观点相同，立场一致，这才能同声共气，党同伐异。实际上，东林拥抱钱谦益，在意的是他的明星效应，招牌价值，看到的是当下；钱谦益投入东林怀抱，注重的是这个集团的人气，以及社会人脉，很大程度是为了将来。所以，钱与东林的联手，既有彼此借重的需要，也是互相利用的结果。

明熹宗朱由校继位的天启元年，为公元 1621 年，正是东林党人与阉党决战的关键时刻。现在看起来，四十出头年纪的钱谦益，虽为东林一员，并没有很卖力气投入这场殊死战中，这可以根据阉奸魏宗贤授意炮制的《东林点将录》判断出来。阉党马屁精以《水浒传》碣石的天罡地煞排名，将东林人士编入黑名单，凑齐一百零八人予以整肃。排第一位的为"开山元帅托塔天王南京户部尚书李三才"，排第二位的为"天魁星及时雨大学士叶向高"，钱谦益虽然名列其中，不过是天罡星三十六员的压轴，为"天巧星浪子左春坊左谕德"，名次相当靠后。第一，说明阉党未视钱谦益为东林骨干分子。第二，说明阉党对其处分，较之高攀龙、杨涟、左光斗、顾大章、魏大中等系狱酷刑而死，系属从轻发落，只是削籍归里，回乡为民，不曾要他的命。

据《东林始末》："崇祯二年春正月，定逆案，上召廷臣于文华殿，先是，御史毛九华劾礼部尚书温体仁有媚珰诗刊本。上问体仁，体仁谓出自钱谦益手。"明思宗朱由检并未再追究下去，因为连他自己抬进宫来接位当皇帝，也是提心吊胆魏忠贤下毒手的。最初几天，粒米滴水，不敢沾牙，只靠皇嫂在他进宫前塞给他的几张烙饼充饥。可想而知，魏为九千岁，生祠遍地，不可一世时，屈从于淫威的文人，写两首马屁诗，也是可以理解的。当然，温体仁媚珰，绝有可能，但若以为钱谦益不媚珰，那倒也未必。一个在歧路上越走越远的文人，有什么不会做和做不出呢？

天启七年（1627）八月，朱由校驾崩，朱由检即位。他登极后的第一件大事，就是肃清魏忠贤及其阉党，也就等于对东林人士的彻底平反。在家乡赋闲的钱谦益，当然没想到他的东林身份，行情突然见涨，含金量顿时升值，做梦也笑出声来。拨乱反正，意味着重新起用，即将有戏，而且有重头戏，自是情理中事。因为原来那些真正铁杆的东林人士，都被魏忠贤收拾得死的死、亡的亡，无一遗噍。至此，他作为幸存者，以其声望、资历，以其学问、才华，成为理所当然的东林领袖，应该是毫无疑问的。估计在那些秋风蟹熟的日子里，冷落已久的常熟钱府，又门庭若市起来。长幼咸集，群贤毕至，恭喜这位文学大师，重迎他的辉煌生涯。

早在《九月二十六日恭闻登极恩诏有述》诗中，他写的"旋取朝衣来典库，还如舞袖去登场"两句，就表现出他的政治敏感，他觉得时来运到了，咸鱼翻身了，应该准备了，等着出场了。次年，崇祯元年（1628）七月，果然一纸令下，任命他为礼部侍郎兼侍读学士，"重向西风挥老泪，余生保以答殊恩"，钱谦益随即风雨兼程，应诏北上，追求荣华富贵而去。

文人为官，千古以来，只有一个陶渊明，不肯为五斗米折腰，卷铺盖打道回府，剩下的那些沉迷于官场者，无一不是只嫌官小，不怕官大。在位的，求高升；到顶的，怕下台；有权者，赶紧用；能捞者，快下手。在这条歧路上走得越来越顺溜的钱谦益，胃口大了的同时，野心也跟着大，一是钱谦益天性之张扬，之骄矜，一是东林余辈之期许，之拥戴，到达京都之后，大家给他起哄架秧子，他也跟着自抬身价，并不满足礼部侍郎，朝廷命官，侍讲学士，帝王顾问的安排，而是向政治领域的更高层挺进，投入阁辅争夺战中。

东林最困难的时期，他不但努力撇清自己，还与内监方面维持着良好的关系，所以他才得以在《东林点将录》，排名靠后，免受牢狱之灾。如今却凭着东林这块金字招牌，伸手要更大的官。这充分证明跌宕起伏的钱谦益，在文学歧路上的表现，是一个不折不扣的滑头。滑头，说得好听一些，是识时务为俊杰，说得不好听一些，就是朝秦暮楚，投机倒把。凡是处于不利的形势下，能够迅速地摆脱困境，跳出是非，洗刷干净，面目一新，很快地站到对立面，从而取得有利优势，站在上风位置者，在他人眼里，就是滑头。

一般来说，小的滑头，容易得手，因为无伤大雅，也就一笑置之。大的滑头，就难以成功，因为在这个世界上，称得上真正傻子者，极少极少，谁的眼睛里都不揉沙子。所以，也许短期奏效，长久终露马脚，滑得一时可以，滑得长久不行。小滑头，针头线脑，捡个便宜，鸡零狗碎，落个实惠，人们是可以无所谓的。大滑头，前黑后白，上下颠倒，昨是今非，左右错位，恐怕就不易被人原谅了。钱谦益之所以活着时贻人笑柄，死去后为世不耻，就由于他在明清鼎革之际，先作斗士，后为降臣，尽忠不成，苟且偷生的充分表演。

他对清算魏忠贤的思宗估计过高，以为他是天纵聪明的英主，其实这个弱势皇帝，是受不了强势宰辅的。对于钱谦益，作为信众云集的东林领袖，从者遍野的文坛泰斗，朱由检更在意万历、天启年来左右朝廷的东林党人，不能不担心会不会再被牵着鼻子走。而这位陛下，生性多疑，看到他志在必得、胸有成竹地要做首辅，形色嚣张、不余遗力地排斥劲敌，不由得大为愠怒，心头冒火。那年17岁的朱由检，正是成长期的年轻人，通常有着逆反的抗拒心理，遂改变了周延儒、温体仁、钱谦益同入阁辅的构想。会推尚未开始，钱谦益不知道自己已经出局，还在张罗"枚卜"法，而不采取"钦定"法，使这两个顺竿爬、低姿态的马屁精不大可能胜出。很显然，皇帝身边的大小太监，钱谦益早有关照，猫腻小动作之类，自不可免。

钱谦益说不上是多么好的人，但也说不上是多么坏的人。他的缺德也好，他的作损也好，是无论如何赛不过头顶生疮、脚底流脓，坏透了，坏到家的周延儒与其马仔温体仁的。钱至多想将这两个对手踢出内阁，而周和温却是要将钱置之死地。这两个绝对的政治恶棍，早有阴谋，新账老账一锅端，黑材料全放在朱由检的御案前。

凡文人，善于文字者，往往不擅长于政治；富于学问者，往往不精通于权术；长于著作者，往往不娴熟于世路；工于笔墨者，往往口讷于语言。面对龙颜大怒的钱谦益，结结巴巴，口呆目瞪，嗫嚅其词，不知所云，一流的文学家，败在了三流的政治家手下，这就是走在文学歧路上的钱谦益，眼看得手，却不慎失手的最大失败了。

《东林始末》记叙其事："十一月庚申，会推阁员，温体仁讦谦益天启初主试浙江，贿中钱千秋。上召廷臣及体仁、谦益于文华殿，质辩良久。上曰：'礼仁所参神奸结党，谁也？'曰：'谦益党与甚众，臣不敢尽言；即枚卜之典，俱自谦益主持。'吏部给事中章允儒曰：'体仁资浅望轻，如纠谦益，欲自先于枚卜也。'体仁曰：'前犹冷局，今枚卜相事大，不得不为皇上慎用人耳。'允儒曰：'朋党之说，小人以陷君子，先朝可鉴。'上叱之。下锦衣卫狱，削籍。礼部以钱千秋试卷呈，上责谦益，引罪而出。旋回籍，除名为民。下千秋于刑部。"

随后，"周延儒曰：'自来会推，会议皆故事，仅一、二人主持，余无所言，即言出而祸随之矣。'上大称善，遂停枚卜，卒用延儒。延儒力援体仁，明年亦入政府。初，延儒以召对称旨。至是枚卜，谦益必欲得之，而虑以延儒同推，势必用延儒，遂力扼止之。不知上意，果在延儒，不推适滋上疑耳。于是党同之疑，中于上者深，体仁发难而延儒助之，谦益不知也。忽蒙召对，谦益自为枚卜定于此日，及入见，方知有体仁疏，体仁与谦益廷辩，体仁言如涌泉，而谦益出不意，颇屈。"

钱谦益的仕进情结，并不因此稍息，干谒奔走，一如既往，持续未断。可他哪里知道（也许知道当作不知道），文路固然狭窄，官路可更险恶。政治的搅肉机定律，其无情之处，就在于你若不想成为齑粉，必得先将对手搅成肉泥才行。温体仁尽管如愿以偿地进入内阁，但远在江南的钱谦益，仍是他的眼中钉、肉中刺，怕他一旦复出，东山再起，对自己不利。于是，唆使常熟城里一无赖汉，挟嫌诬告钱谦益五十八条罪状。

温体仁如获至宝，随即派出快马缇骑，将钱火速押解至京，投入大狱，情势危殆。万般无奈之下，钱谦益不得不走内官门路，求救于司礼监太监（最接近皇帝，最拥有权势的首席宦官）曹化淳、东厂太监（最黑暗的特务机构）王之心与锦衣卫（最杀人不眨眼的中央警卫部队）掌印指挥吴广明。作为一个东林领袖，走内珰路线，那是最犯众忌的事情。然而，钱本来一非东林铁杆，二非十分在乎廉耻的人，自然无所谓清流浊流，壁垒分明的界限。连死去太监庙里的碑文，这位文学大师都肯下笔，肯定私下早有来往，心存默契，况且到此性命攸关时刻，脑袋比风节更重要，遂不管三七二十一，拜求这些实力派太监，救他一命了。

"崇祯十年春正月，常熟章从儒讦奏前礼部右侍郎钱谦益、科臣瞿式耜。疏上，温体仁修郤逮之，下刑部狱，几殆。谦益尝作故太监王安祠记；曹化淳出王安门，愤其冤，发从儒阴谋，立枷死；谦益等寻得释。"这帮内官的办案手段，真够毒辣，根本不让章从儒说话，"立枷死"，大有杀人灭口之嫌。于是，本想将钱谦益塞进政治铰肉机的温体仁，想不到自己马上要变成肉糜。

朱由检终于看透这个唯知逢迎讨好，低声下气，阳为曲谨，阴为鬼蜮的宠臣，竟是骗了他多年的坏蛋，于是免了温的官。钱谦益在北京并没马上走，而是又等了一程，以为思宗回心转意，重新起复他这位老臣。其实，漫说这位皇帝，对他心存疑虑，就是一个普通老百姓，也不会不心生暗鬼，你这个钱谦益，何德何能？居然将朕的左右、亲信、身边人都撬动起来，组成强大的营救阵势，足见其能量之大，人脉之广，根基之深，追从之多。思宗想想，有点后怕，这种人怎么能够起用呢？焉知将来会不会尾大不掉，又成麻烦？

于是，心如死灰的钱谦益，终于打道回府。

崇祯十七年三月十九日，李自成的大顺军攻占北京，朱由检自缢于煤山，明亡。这以后的钱谦益，就不是一般的"有才无行"，而是相当的恬不知耻了。

五月十五日，明福王朱由崧即位于南京，年号为弘光。马士英、阮大铖拥立有功，主持朝政。距南京咫尺之遥的钱谦益，本来就心浮气躁，现在看到趋炎附势之徒，阿谀奉承之辈，团团转住这南明小朝廷，他又按捺不住，跃跃欲试。这位一辈子求官谋位之文学大师，本着机不可失，时不再来的紧迫感，携其妻赶赴建康。据《南明野史》："谦益之起也，以家妓为妻者柳如是自随，冠插雉羽，戎服骑入国门，如昭君出塞状，都人咸笑之。谦益以弥缝大铖得进用，乃出其妾柳氏为阮奉酒，阮赠一珠冠，值千金。谦益命柳姬谢，且移席近阮，闻者绝倒。"

一个文人卑污到如此程度，次年五月（清顺治二年，南明弘光二），多铎、洪承畴率军逼近南京，马、阮与小王朝逃亡，钱谦益写下了他一生中最为臭名昭著的《降清文》，也就不足为奇了。"大事已去，杀运方兴，为保全百姓之计，不如举郡以降。谁非忠臣，谁非孝子，识天命之有归，知大事之已去，投诚归命，保全亿万生灵，此仁人志士之所为，为大丈夫可以自决矣！"当我们今天读他字字珠玑的诗句时，想起这篇投降文字，便产生一种好比嚼了一只苍蝇的感觉，真是恶心欲吐。

当时，江南一带流传这样一首讽刺诗："钱公出处好胸襟，山斗才名天下闻。国破从新朝北阙，官高依旧老东林。"清代钱泳在《履园丛话》也说："虞山钱受翁，才名满天下。所欠惟一死，骂名至千载。"于是，这位大文学家、大史学家、大藏书家，江左三大家的领衔人物，公认的清代第一诗人，却因其在大节上的失德，官场上的投机，政治上的奸巧，所构成的品行上的玷污，而成为一个在文学歧路上最为失败的典型。

ⓒ 李国文 2016

图书在版编目（CIP）数据

李国文说明 / 李国文著 . —沈阳：万卷出版公司，2016. 6
 ISBN 978-7-5470-4168-0

Ⅰ . ①李… Ⅱ . ①李… Ⅲ . ①中国历史 – 明代 – 文集
Ⅳ . ① K248. 07–53

中国版本图书馆 CIP 数据核字（2016）第 093847 号

策 划 人：刘一秀
出版发行：北方联合出版传媒（集团）股份有限公司
　　　　　万卷出版公司
　　　　　（地址：沈阳市和平区十一纬路25号　邮编：110003）
印 刷 者：北京鹏润伟业印刷有限公司
经 销 者：全国新华书店
幅面尺寸：146mm×210mm
字　　数：220千字
印　　张：10.75
出版时间：2016年6月第1版
印刷时间：2016年6月第1次印刷
责任编辑：孙郡阳
装帧设计：刘萍萍
责任校对：张　黎
ISBN 978-7-5470-4168-0
定　　价：42.80元

联系电话：024-23284442
传　　真：024-23284448
E－m a i l：vpc_tougao@163.com
网　　址：http://www.chinavpc.com